北京中宣文化研究院资助出版

“钦点”城市

陈柳钦◎著

知识产权出版社
全国百佳图书出版单位

图书在版编目（CIP）数据

"钦点"城市．一 / 陈柳钦著．—北京：知识产权出版社，2017.8
ISBN 978-7-5130-5014-2

Ⅰ．①钦…　Ⅱ．①陈…　Ⅲ．①城市管理—中国—文集
Ⅳ．① F299.23-53

中国版本图书馆 CIP 数据核字（2017）第 166082 号

内容提要

本书收集了作者近年来发表的关于城市建设发展方面的文章，涉及城市治理、城市建设、城市发展、城市产业、城市公共服务等方面一系列问题，为各级党政部门城市管理战略决策与统筹协调、城市管理与发展，以及开展战略性和综合性研究，提供前瞻性政策思路和决策性建议。

责任编辑：宋　云　王颖超　　　　责任校对：王　岩
文字编辑：褚宏霞　　　　　　　　责任出版：刘译文

"钦点"城市（一）

陈柳钦　著

出版发行：知识产权出版社有限责任公司　　网　　址：http：//www.ipph.cn
社　　址：北京市海淀区气象路 50 号院　　邮　　编：100081
责编电话：010-82000860 转 8388　　责编邮箱：songyun@cnipr.com
发行电话：010-82000860 转 8101/8102　　发行传真：010-82000893/82005070/82000270
印　　刷：北京科信印刷有限公司　　经　　销：各大网上书店、新华书店及相关专业书店
开　　本：720mm × 1000mm　1/16　　印　　张：16
版　　次：2017 年 8 月第 1 版　　印　　次：2017 年 8 月第 1 次印刷
字　　数：236 千字　　定　　价：48.00 元
ISBN 978-7-5130-5014-2

前 言

城市是人类文明在空间上的结晶。城市是一个国家一个地区文化的中心，自从有城市以来，人类文化的创新、扩散和变异都是最先从城市开始。

为美好生活，人们聚集在城市。2010年上海世博会首次将人类未来的主要生存地——城市作为主题，提出了21世纪人类必须正视的共同课题——“城市，让生活更美好”。随着城市化的推进，如何完善城市本身作为人类生活的载体，以及塑造城市与乡村、与自然环境之间的健康和谐的关系，正日益成为全球关注的命题。“城市，让生活更美好”这一主题，表达了全人类追求未来更加美好生活的共同愿望。在全球化浪潮下，21世纪人类之发展，城市将作为主体在全球网络中参与竞争。只有城市，没有国界；只有全球之城，没有政治之都。谁抢滩，谁就获得新的发展机遇。

近年来，城市化进程已成为中国经济发展的主要动力之一，城市化已经成为中国国家发展战略。2011年是中国城市化发展史上具有里程碑意义的一年。这一年，城市人口占总人口的比重首次超过50%。中国从一个具有几千年农业文明历史的大国，进入以城市社会为主的成长新阶段。目前，中国已经成为世界上城市化发展速度最快的国家，中国进入以城市社会为主的成长新阶段，城市化将引领中国进入新的发展阶段。

美国著名城市史研究专家刘易斯·芒福德曾指出：“这个世界，从许多实际内容来看已变为一座城市。”城市，作为经济社会发展的一个综合产物，在人类生活中起了非常大的作用。刘易斯·芒福德说：“城市是一种特殊的构造，这种构造致密而紧凑，专门用来流传人类文明的成果。”

城市兼收并蓄、包容万象、不断更新的特性，促进了人类社会秩序的完善、文化的聚合和财富的积累。在城市中，各种文化得以汇聚、交流、融合；各种经济要素得以组合并转化为巨大的生产力和发展动力；各种创新元素得以集聚并互动，推动科学技术日新月异的发展。

21 世纪是城市的世纪，21 世纪是新城市时代，21 世纪是城市化经济时代。“这是一个最好的时代，这是一个最坏的时代。”一百多年前，英国作家狄更斯在其名作《双城记》的开头如此写道。随着中国城市化的快速发展，城市发展不可避免地带来众多的城市问题，这些问题涉及城市治安、城市建设、城市治理、城市交通、城市就业、城市产业、城市公共服务等诸多方面，这些问题的出现和累积，带动了人们对城市相关领域的深入研究。

城市时代需要独特的城市智慧，需要深邃的城市思想者，需要一流的城市智库。在中国，城市智库是一个越来越重要的智库领域。目前，除了具有政府背景的官方城市智库、协会学会城市智库和高等院校之外，城市专业媒体智库也扮演着重要的角色，不仅为政府提供参考决策，还积极为城市政府提供咨询服务。而中国城市管理研究院正是以中共中央机关报人民日报旗下传媒《中国城市报》为依托，在人民日报社支持下建立的专业城市经济管理研究平台，致力于打造服务于城市管理战略决策、统筹协调、城市管理和城市发展的城市智库，围绕城市发展重大问题开展战略性、前瞻性和综合性研究，及时为各级党政部门提供前瞻性政策思路和决策性建议。

中国城市管理研究院将秉承“以质量求生存、以创新谋发展、以服务赢信誉、以品牌占市场”的执业宗旨，崇尚“诚信、务实、合作、创新”的核心价值观，坚持“学习求变、合融求进”的精神，充分发挥自身的科研、技术和人才优势，积极探索和开拓新的领域和市场，有效整合跨区域、跨部门、跨专业的各类资源，创新研究咨询理念，创新研究方法和手段，创新研究成果展现和应用方式，搭建与政府、研究机构和权威专家联系沟通的平台，进一步发展成为集研究咨询、行业培训、会议交流、信息服务、编辑出版等业务于一身的综合性城市管理研究机构，努力成为“最具竞争合力的城市智库”，为中国城市发展及管理绘就精彩、贡献力量。

笔者有幸成为中国城市管理研究院的一员，并从此立志在城市研究领域深耕细作。理念支撑行动，用心改变一切！尽管笔者在城市研究领域浸润多年，对许多城市发展问题也有一些自己独特的看法和经验之谈。但是，在新常态下，城市发展将面临诸多新变化和新挑战，需要我们更新思维，以崭新的视角来审视和研究城市发展进程中的诸多新问题。“雄关漫道真如铁，而今迈步从头越”，虽然困难重重，但笔者坚信一切从头开始，从基础做起，脚踏实地，定有收获。因为我深信：“勤奋：最强的工作态度”“达摩：支撑生命之根”“执着：坚强才能赢”，也牢记“诚者，天之道也；思诚者，人之道也”。

人间正道是城市！正如培根所言，“跛足而不迷路的能赶过虽健步如飞但误入歧途的人”，笔者坚信“天道酬勤”和“勤奋成就梦想”，并不断地耕耘勤奋，终于拾得几朵小野花，汇集成为《“钦点”城市》。“钦点”，非“皇上亲派”，此乃“陈柳钦点评”之意。“钦点城市”乃“陈柳钦点评城市”之简称，为避免冒天下之大不韪，故在“钦点”二字上加上引号，是为《“钦点”城市》。

爱因斯坦曾经说过：“在最后突破、豁然开朗之前，那在黑暗中对感觉到了却又不能表达出来的真理进行探索的年月，那强烈的愿望，以及那种时而充满信心，时而担忧疑虑的心情——所有这一切，只有亲身经历的人才有体会。”“钦”亦如此啊！

陈柳钦
2017年6月

目 录

1 迈向可持续的城市中国

2011年中国城镇化率历史性突破50%，意味着中国已经从“农村社会”迈入“城市社会”，势必带来城市管理模式、经济和社会结构以及文化形态的根本变化，城市发展理念、规划和管理体制亟须改革完善。从未来的发展趋势来看，按照最近的一些分析，预计到2020年，中国的城镇化水平大概会达到60%，到2030年，中国的城镇化水平大约达到70%，也就是说我们从过去农业人口占多数逐步向城市人口占多数转化。2030年城镇化水平70%是什么概念？到那时中国差不多有15亿人，将有10亿人在城市。

习近平总书记在2015年11月10日召开的中央财经领导小组第十一次会议上提出“要推进农民工市民化，加快提高户籍人口城镇化率；要增强城市宜居性，引导调控城市规模，优化城市空间布局，加强市政基础设施建设，保护历史文化遗产；要改革完善城市规划，改革规划管理体制；要改革城市管理体制，理顺各部门职责分工，提高城市管理水平，落实责任主体；要加强城市安全监管，建立专业化、职业化的救灾救援队伍”等“六个要”，为“十三五”中国城市发展指明了方向。“六个要”是一个体系，形成指导中国迈向城市社会的纲领性框架思路。

一个城市的发展是有其自身内在规律的。人口向城镇集中是产业发展吸引的结果，城镇化发展离不开当地的自然禀赋、产业基础、民俗乡情等实际情况，这就决定了城镇化的发展不能无视质量、无视人的需要、无视产业基础，片面追求速度或单方面突进。在城镇化快速推进过程中，中国的空城现象有了新的更大发展，空空荡荡的小区在全国许多城市已不鲜见，更出现了鄂尔多斯康巴什新区这样整个城区建筑和园林苑囿豪华却荒无人烟的"鬼城"，这很大程度上正是违反城市发展规律的结果。因此，认识、尊重、顺应城市发展的规律，端正指导思想，是生态文明建设在城市发展上的必然要求。

推进农民工市民化是未来加快城镇化进程、释放更多发展红利的必由之路。党的十八届五中全会提出全面建成小康社会新的目标要求，加快户籍人口城镇化率，这主要是加快农民工市民化的过程。农民工市民化的主要任务是解决已转移到城镇就业的农业转移人口落户问题和有能力在城镇就业、居住的常住人口市民化问题。农民工是否愿意举家进城，并落户城镇，还要看农民工及其后代能否真正在城镇久居。然而，目前城镇常住7.5亿人口中还包括2.5亿的以农民工为主体的外来常住人口，他们在城镇还不能平等享受教育、就业、社会保障、医疗、保障性住房等方面的公共服务，带来一些复杂的经济社会问题。因此，提高城镇化率需保障农民工权益。在多地农业人口可以自愿选择落户城镇的当下，让农民工连人带户留在城里，需要政府、企业、农民工乃至全社会的共同努力。

增强城市宜居性，也表明未来中国城市发展会回归自然，回归社会，成为人们"诗意栖居"的家园。对于当今城市社会来说，必须考虑到城市"人"的最本质的持续的需求，使每一个城市对居民来说，不仅仅是一个生存的空间，更是一个人性得以复苏和生息的乐土与梦境。如此一来，"诗意栖居"便不仅是完美城市形象的绝妙写照，也应该是当代国际范畴的城市化建设所追求的最高境界。而由此大为增强的城市吸引力也使高素质的城市居民、大量的科技人才的加入和优美完善的投资环境、积极活跃的文化氛围的形成成为可能，从而也就为增加城市的潜在价值，为城市的进一步发展创造条件。

城市规划在城市发展中起着重要引领作用，考察一个城市首先看规划，规划科学是最大的效益，规划失误是最大的浪费，规划折腾是最大的忌讳。新型城镇化要告别"摊大饼"和"伪城市化"，首先要改变各级政府用行政命令推动城镇化的办法，要通过市场运作和政府的土地利用规划来提高城镇化效率。这就要求我们“改革完善城市规划，改革规划管理体制”。“十三五”规划建议提出，要推进以人为核心的新型城镇化，要提高城市规划、建设管理水平，要促进人与自然和谐共生，包括构建科学合理的城市化格局、根据资源环境承载力调节城市规模、防治“城市病”，等等。城市发展新理念下，未来城市规划必须是基于个体体验和家庭友好的政策设计，教育、住房、养老、医疗政策必须回归到公共服务的本位。生活与闲暇必须成为城市重大公共议题并成为城市决策和城市规划的重要理念。也就是说，新时期的城市规划必须凸显以人为本，要从百姓的需求出发，既要尊重自然，也要尊重历史和文化，让城市被每一个市民所认同，成为每个市民的精神归属。同时，以内涵提升为重点的存量规划与设计，以保护再生为复兴根基，以资源活化为复兴载体，以功能转型为发展思路，以策略创新为发展驱动，成为城市再生与发展的重要导向。

总之，中国迈向城市时代后，必须牢固树立创新、协调、绿色、开放、共享的发展理念，高度重视城市科学发展，全面提高城市品质和城镇化质量，积极推动经济发展与生态环境保护深度融合，加快完善城市治理体系，高水平规划，高标准建设，精细化管理，推行绿色生活和消费方式，强化绿色管理、考核和支撑体系，追求创新驱动，促进城市经济、政治、文化、社会和生态协调发展与共同繁荣，走低碳、环保、高效、和谐、安全、健康的绿色繁荣之路。

2 以规划先行引领城市科学发展

城市规划是指导城市发展建设的总蓝图，是全局性、综合性、战略性、前瞻性规划。城市规划的主要任务是：科学评判城市发展的内外部条件，针对城市发展建设中的主要问题，合理把握城市发展趋势，综合安排空间资源配置，并对一定时期内城市土地利用、空间布局和各项建设进行统筹安排。可见，科学制定城市规划的过程，就是认识城市发展规律并形成共识的过程，就是遵循、顺应规律，提出可行的解决方案并落实到行动的过程。

城市规划对城市的发展起着重要的指导作用。随着我国社会经济的发展，城市的发展变化也是越来越大，城市规划在城市不断进步发展的趋势下也出现一些问题。由于城市规划在环境保护方面、历史文化方面、生态发展方面的工作没有得到足够的重视，让城市的规划工作出现一些问题，这些问题关系到我们生活城市的发展，关系到我们城市历史文化财产，还关系到人类赖以生存的生态环境系统。

城市规划的水平高低，直接体现了城市发展水平，对城市未来发展至关重要。做好城市规划，确定中国的城市未来走向，习近平总书记有着系统化的思路，并在不同场合有过很多的阐述。“考察一个城市首先看规划，规划科学是最大的效益，规划失误是最大的浪费，规划折腾是最大的忌讳。”习近平总书记深谙此道。2017 年 2 月 23 ~ 24 日，习近平总书记考察北京工作时强调，城市规划在城市发展中起着重要引领作用，要立足提高治理能力抓好城市规划建设。“城市规划在城市发展中起着重要引领作用”，明确指出了城市规划的战略地位。城市规划在城市发展中起着战略引领和刚性控制的重要作用，做好规划，是任何一个城市发展的首要任务。在新时期、新常态背景下，只有以时代眼光和改革思路，创新规划理念，改进规划方法，提高规划的科学性、实效性，切实维护规划的权威性、严肃性，才能充分发挥城市规划的战略引领作用，保障城市健康协调可持续发展，才能营造良好的城市人居环境，实现“城市，让生活更美好”的目标。

城市规划乱象并不陌生，“一届政府一个规划”，不仅破坏了城市建设的科学性、连续性，还“造就”了一个又一个“规划之神”。根源在哪里？是有规划无规矩，还是有规矩无规约？坦率地讲，真正缺少的还是规约，规划乱象其实就是权力乱象。因此，城市规划需要有严格的法规。2013 年 12 月，改革开放以来首次举行的中央城镇化工作会议明确城市规划要保持连续性，“不能政府一换届、规划就换届。编制空间规划和城市规划要多听取群众意见、尊重专家意见，形成后要通过立法形式确定下来，使之具有法律权威性”。城市规划是一个系统性的工作，要发挥城市规划的法定效力，健全而行之有效的决策和执行机制必不可少。2015 年 12 月，习近平总书记在中央城市工作会议上强调，要全面贯彻依法治国方针，依法规划、建设、治理城市，促进城市治理体系和治理能力现代化。2016 年 2 月，中共中央、国务院印发《关于进一步加强城市规划建设管理工作的若干意见》，四大着力点、七大重点任务、三十项具体意见，问诊把脉当下的城市规划管理。该意见特地强调，经依法批准的城市规划，是城市建设和管理的依据，必须严格执行。习近平总书记强调，“总体规划经法定程序批准后就具有法定效力，要坚决维护规划的严肃性和权威性”。因此，我们务必依法执行城市规划，切实提高城市规划的严肃性。

当前我国正处于全面建成小康社会、推进新型城镇化和城市转型发展的关键阶段，做好城市工作，事关国家发展全局和城市发展质量。习近平总书记谈到规划实施时强调，“要放眼长远、从长计议，稳扎稳打推进”。在习近平总书记看来，城镇化是一个自然历史过程，涉及面很广，“越是复杂的工作越要抓到点子上，突破一点，带动全局”，“不要拔苗助长，而要水到渠成，不要急于求成，而要积极稳妥”。习近平总书记强调，“规划建设管理都要坚持高起点、高标准、高水平，落实世界眼光、国际标准、中国特色、高点定位的要求。不但要搞好总体规划，还要加强主要功能区块、主要景观、主要建筑物的设计，体现城市精神、展现城市特色、提升城市魅力”。城市规划离不开城市设计。城市设计是对城市形态、空间环境和景观风貌进行综合性三维控制、引导和设计，能够起到保护自然山水格局、传承历史文脉、规范城市空间秩序的作用，引导建筑风貌设计，提升宜居环境品质。我们要强化对城市设计的管理，挖掘整理传统城市文化，鼓励城市设计继承创新，使城市规划建设越来越多地体现中国特色、民族特性和时代特征。

习近平总书记强调，“城市规划建设做得好不好，最终要用人民群众满意度来衡量”。城市的资源总是十分有限的，每一步规划，没有城市利益相关者的积极参与以及最广泛参与，规划就可能会因为缺乏客观、科学因素而成为“负规划”，进而造成资源的巨大浪费。因此，我们要坚持开门编规划，利用多种渠道，在规划编制全过程充分倾听群众意见。想让城市规划接地气，这就需要充分考虑公众的意图，建立公众参与城市规划的互动机制，让“自上而下”与“自下而上”相结合，变“精英规划”为“社会参与式规划”。当然，让公众、企业自下而上地参与城市规划的编制，影响城市规划的决策，需要建立连接“上”和“下”的沟通途径，多方共同对城市的发展负责，让公众认知规划、理解规划、支持规划，自觉维护规划。

总之，规划是城市发展的龙头。各级城乡规划主管部门要从全面依法治国、全面从严治党的高度提高对城市规划工作的认识，创新规划理念，改进规划方法，要履行法定程序，健全决策机制，建立健全规划编制和实施管理一体化的长效机制，要认识到规划工作对保护和传承文化的重要作用，要坚持人民城市为人民的思想，在提高城市规划工作的前瞻性、综合性、整体性、系统性、协同性上下功夫，全面深入推进规划体制改革，努力工作，勇于创新，承担起在提高国家治理能力中的新任务、新使命。

3 让公众参与城市规划成为常态

长期以来，城市规划似乎仅是政府部门的事，公众往往很少获知情况或参与决策，只有在规划被正式批准公示后，才能了解规划的大致情况。让公众参与城市规划，其实也是政府赋予公众以民主权利的一种行为。目前，我国在公众参与规划方面虽说比以前已经迈出了一大步，但仍然存在很多不足，公众参与规划刚刚起步，任重道远。

规划失误是最大的浪费。城市的资源总是十分有限的，每一步规划，没有城市利益相关者的积极参与以及最广泛参与，规划就可能会因为缺乏客观、科学因素而成为“负规划”。因此，城市规划，应该力避“一把手拍脑袋就决策”的传统模式，尽可能让广大市民参与到城市公共规划中来。通过推进公众参与，增进政府、规划部门、居民三者之间的沟通理解，使政府领导和规划人员能真正了解居民的真实想法和愿望；通过共享规划成果，增强居民对所生活城市、社区的认同感、自豪感和幸福感。

公众参与城市规划的意识是逐步培养起来的，这里面除了公众自己要努力以外，政府和规划管理部门也要改造环境，让公众觉得参与自己家园的规划建设是一种崇高的义务。在加强公众参与规划方面要做的工作至少有以下方面。

第一，要通过各种舆论宣传导向，增强公众参与规划意识。城市规划的目标，是城市的建设与发展达到经济发展、社会进步、环境优化的协调统一和最佳结合，使城市沿着可持续发展的道路健康迈进。城市规划的着眼点，应该是城市广大居民与自然的和谐，人们充分享受城市发展带来的文明和优美环境。城市规划的前瞻性、广泛性、空间性、系统性、科学性、可操作性很强，涉及各行各业、千家万户的切身利益，以及经济、文化、社会的协调发展。既然城市规划是一项事关全社会发展前途的公众事业，就必须让全社会认知规划、理解规划、支持规划和最大限度地参与规划。

第二，改革规划教育，加强社会实践中公众参与规划的内容。公众参与意识的建立，不仅是社会公众的事，从事规划工作的专业人员自身的公众参与规划的意识也必须先行强化。为实现公众参与，规划师必须在遵守政府政策方针和符合城市规划技术原则的前提下，使公众、利益团体和政府得以沟通、联络、协商、调解，最后达成一致意见。规划师职责之一就是组织讨论，调停分歧，促成共识。公众参与给规划师素质提出更高、更广的要求，也迫使城市规划教育加速改革。城市规划必须在社会、政治和经济等各种利益面前做出公正的选择，而这种选择的着眼点又必须以公共利益最优为前提。

第三，建立充分的相关利益者和公众意见的表达机制。当下不排除有城市规划的专业自大、轻视和排斥公众的非专业表达，但许多国家的城市规划与公众参与实践，已经很好地解决了这个专业要求与民意表达的矛盾，完全值得借鉴。我们应进一步建立健全城市规划中公共参与的组织机构，使市民之间形成交流网络，彼此可以发展潜力、启发心智、增强城市规划社会意识的责任感，使规划师得以了解和把握市民的特殊意识和价值观，从而准确把握住规划所必需的历史、文化等地域资源，可以使决策者充分体察民情和规划方案的科学性，从而为科学决策和民主决策奠定坚实的基础。没有充分的相关利益者和公众意见的表达机制，就不能平衡各种关系和利益，达到和谐的城市规划。

第四，形成制度，逐步将公众参与纳入规划立法体系。在城市规划过程中，强化公众参与的基础就是明确公众参与的法律地位。目前，我国现行的《中华人民共和国城乡规划法》对公众参与有明确的规定。但是与其他国家相比，我国公众参与城市规划的法律地位还是比较模糊的，公众在参与城市规划中的法律地位还不够明确，还需要有关部门重视和改进。公众参与规划必须形成制度，将公众参与规划的目标、性质、内容、职能、机构、组织、权限、程序、处罚等逐步明确规范，并将其纳入城市规划立法体系中，通过制度和法律保障公众参与规划的权利得以实现。制度设计和安排的合法性、合理性从根本上取决于既定的制度能否为社会成员提供新的参与机制，并且使公众获得更多的制度收益等。当然，参与程序性制度以公众权利为优先原则。公众参与的权利，即知情权、参与决策权、寻求救济权。

4 城市色彩是城市规划不可忽视的元素

色彩是城市的霓裳。谈到红瓦绿树、碧海蓝天，人们首先想到的是魅力无限的厦门；说起黄绿色的琉璃瓦、古朴灰色的四合院，厚重大气的北京肯定会立刻浮现在脑海中。这就是城市色彩的作用。城市色彩是城市品牌的有机元素，指城市公共空间中所有裸露物体外部被感知的色彩总和（城市地下设施及地面建筑内部装修与城市色彩无关；地面建筑物处于隐秘状态的立面，其色彩无法被感知，也不构成城市色彩），主要包括土地、植被等自然环境色彩，生活的常用色彩等人文色彩，以及建筑物、广告、交通工具等人工色彩。城市色彩是一种系统存在，完整的城市色彩规划设计，应对所有的城市色彩构成因素统一进行分析规划。

城市色彩是判别一个城市性格的重要因素，而每个城市的性格是不一样的，因此一个优秀的城市设计，要因地制宜、因人而异、因山而起、因水而洄、呼应历史、回应未来。每个城市都是不一样的，北京有北京城市的特色，内陆城市有内陆城市的特色，平原城市有平原城市的特色，山地城市有山地城市的特色。所以城市色彩设计，绝对不是根据个人喜好粗暴选择，而是需要遵循原则。城市可以有不同的色彩风格，但是不可以没有统一的“指挥”，而这个“指挥”就是城市色彩规划。对城市进行色彩规划，要确定城市色彩的基调、主旋律，约定一种主色调，通过色彩规划重置，改善城市面貌，塑造城市的个性魅力。

在国外，城市色彩规划早已有之，专家将色彩称为城市的“第一视觉”。科学有序的城市色彩规划与建设，使很多国外城市个性鲜明、赏心悦目。城市色彩规划与建设为这些城市带来难以估量的无形资产。

改革开放以来，中国城市在超高速发展的过程中，由于普遍缺少审美文化修养和对城市色彩的重视，城市建设的投机、浮躁和短期行为在城市蔓延起来。城市的差异越来越少，面貌越来越雷同，而杂乱无章的色彩让生活在其中的人们失去了安全感和归属感。正是在这样的背景下，城市色彩问题开始受到关注，要想改变现状，就要积极开展城市色彩规划设计。

城市色彩的效能体现在以下多个方面。

第一，城市色彩影响人居质量。一个有品质的生活，需要一个有魅力的生活环境，而色彩恰恰是展示这种魅力的关键要素。城市色彩是城市人居环境质量的重要组成部分，它在一定程度上可以影响人们对地理环境的心理感受。同时，城市色彩又是城市美的重要体现，也是影响城市居民生活质量的重要因素。

第二，城市色彩凸显城市形象。城市色彩和城市形象之间的关系就好比一个人长相和肤色、气色之间的关系，重要性不言而喻。城市色彩设计体系的合理规划，对城市文化氛围的营造和城市整体形象的提升有重要的协调作用，能够塑造、美化城市品牌形象。

第三，城市色彩展现城市特色。城市色彩具有直接或间接地表达城市政治、经济、文化特色的特殊功能，是城市特色的重要标志，是城市魅力的重要构成，也是城市性格的一种符号。

第四，城市色彩提升城市品位。城市的品位体现在很多方面，而最直观的就是城市的色彩。一个有品位的城市必然以和谐漂亮的色彩出现在人们的视野里，给人以视觉享受。

当然，城市色彩规划要遵循一定的基本原则。

第一，注重整体和谐。和谐的色彩在提高城市品位过程中起着不可替代的作用。和谐是色彩运用的核心原则，也是城市色彩的核心原则。这里的色彩包括所有城市色彩的构成因素：自然的、人工的；固定的、流动的；永久的、临时的；等等。这里的和谐，是要求城市色彩在变化中、差异中实现统一或协调。如果色彩没有变化、差异，就无所谓和谐；但变化、差异过大，也就没有和谐。老北京的灰墙、灰瓦和绿树构成北京城市色彩的基调，透出古都浑厚、朴实、宁静的文化底蕴，也衬托出紫禁城金碧辉煌的帝都气派。青岛老城的红瓦、朱墙、碧海、蓝天，也充分显示出这座美丽滨海城市的风采。城市色彩是与环境相互融合，长期形成的，贵在统一与和谐。人们视觉认为最美的色彩，如果出现的地方不对，或搭配的比例不协调，便可能是最丑的色彩。色彩协调了，城市就越看越顺眼。城市色彩的协调，包括两个方面。一是指人工色与自然色或与城市自然环境色彩的协调。“天然去雕饰”的自然色彩比人工装饰色彩多了一份真实和活力，回归自然的渴望使自然色彩具有更强的吸引力。人类的色彩美感来自于“自然向人生成”的历史进程，来自大自然对人的陶冶。对人类来说，自然的原生色总是易于接受的，甚至是最美的。因此，城市的色彩永远不能与大自然争美，不能脱离自然色的空间规定，而要尽量保护突出自然色，特别是树木、草地、河流的自然色。在存有自然色的情况下，我们应尽量使其构成城市底色，使文化色服从自然色，师法自然，向自然借景，这是使城市色彩和谐的捷径。二是指人工色之间或人工色与城市建筑环境色彩之间的协调。城市的建筑群、道路、桥梁、绿地、花卉等具有各种各样的色彩，城市色彩必须从整体上考虑，把这些色彩和谐地组合在一起，处理好人工装饰色彩之间、人工装饰色彩与自然色彩之间、单体内部、单体与环境的色彩关系，达到和谐统一。对城市要确定一个统一的风格，注重主色调的选择，在不同的功能区中用一个或几个适当的辅助色调使城市色彩有所变化，而功能区之间的色彩也渐变过渡、协调一致，色彩的分区要切合城市空间结构特点，以形成美好的城市景观。和谐的城市色彩环境与文化、人性、传统是一个良好的互动关系，是静态环境与动态环境的和谐构成，是城市各个视觉形态环节的有序组成。那种“头痛医头，脚痛医脚”的城市色彩设计观念应被彻底抛弃。

第二，体现以人为本。城市的建设和发展，最终目的都应该是更加适合人的居住，所以在整个城市色彩景观设计过程中，要始终坚持“以人为本”的原则。2009 年有一本畅销书叫《每天懂一点色彩心理学》，是日本的原田玲仁写的。作者说：“如果在蓝色的会议室里开会，会觉得时间过得飞快；而在红色的会议室里开会，时间过得特别慢。除了把握尊重历史、师法自然、科学主控的原则，城市色彩规划还必须做到以人的舒适度为本，做到愉悦双眼、便利生活。”色彩有着神奇的功能，可以调节人的情绪。城市色彩规划是为了创造一个舒适、宜人、美观的人居环境。城市色彩要符合市民的生理、心理和文化的特点，以人性为设计核心，与普通公众的审美情趣一致，杜绝不考虑人性、张扬夸大、杂乱无序、色调刺激的色彩环境，损害市民的身心健康。应关注人性和人的视觉心理，同时利用人的色彩视觉特点，如色彩的错觉、进退感等，来丰富城市色彩效果和造型层次。西方先哲说，最美的猴子对人类来说也是丑的，人总是以人为第一审美对象。因此，在城市色彩设计中，要尽量使大面积的色彩不张扬、不艳丽，以突出人的美。巴黎街头最美的风景就是时装女郎了，而巴黎的地面、墙壁都是素雅的灰色、米色，这便突出了流动人群的色彩美。

第三，符合地方文化特色。作为人类文明的成果与载体，城市离不开多样的地域环境。坐落在不同地域环境的城市，除了为人们的生存与发展提供物质环境之外，还体现出多姿多彩、各具特色的面貌，从而展现出地域特色和民族文化。地域文化是指在一定的地域条件下，由地域社会的组织结构、经济形态、宗教信仰、传统民俗等决定的，在历史上形成的、定型化的某种特定的意识形态、价值观念与行为方式，并在此地区的历史发展中遗存与积淀下来。不同地域内人们的行为模式和思维模式的不同，便形成地域文化的差异性。城市色彩是地域文化的一部分，是在该地域地理气候等自然条件的差别和文化传统差别的共同作用下，形成的顺应其自然和人文传统的、相对稳定的色彩风格面貌和习惯。古人说，“一方水土养一方人”。“一方水土”包括特定的地理环境、气候、植被等，这些因素促成地域内特定的文化习俗和审美取向。“一方人”在特定的地域内生存，要营造合适的生活空间，最多的是表现在建筑上。在我国古代城市中，城市色彩在一定程度上反映了当地的自然和气候特征，地域的自然条件对城市色彩具有很强的筛选作用，可以说一方水土养育了一方环境色彩。罗素说：“须知参差多态，才是幸福的本源。”说得真好。马克思也说：“我们不能要求世界上的鸟儿都只唱一种音乐，花儿只绽放一种颜色。”21世纪的人们已经厌倦了“缺乏个性，文脉断裂，文化荒芜，千城一面”的城市面貌，追求文化、历史、乡土味、自然的回归。城市里林林总总的视觉事物的色彩组合成城市的独特风貌，色彩从某种程度上反映了文化的成熟程度。每个城市在发展过程中，都会因为社会和自然条件的原因，形成特殊的、并为本地居民所喜爱的色调。在城市景观的建设中必须考虑色彩的地方性，顺应当地的气候环境，尊重人们的色彩喜好传统，注重本地历史文脉的延续和气候特点，用色彩来体现城市的风格和文化气质。要在每一座城市独有的一种人文文化中寻找色彩，即在性格风貌以及生活习惯上和其他城市的区别。城市中的人是大步走路还是慢悠悠地走，所适合的色彩是不一样的，大庆的大气、血性和扬州的小桥流水是不一样的。比如巴黎，在城市色彩的选用上，“浪漫”的巴黎人则显得如此朴实无华。就像法国文学家纪德对古希腊艺术的评述：“单纯的高贵，宁静的伟大。”从地理角度来看，由于巴黎受温带海洋性气候的影响，常年阴雨连绵，鲜见阳光，于是不知哪位富于想象的文人墨客便给巴黎起了一个“爱流泪的女人”的绰号，而选用具有光感十足的奶酪色，也可以看出色彩规划者的“独具匠心”。这令人们无论走到城区的哪个角落，只要看到这两个色系都会明确无误地知道自己是身处巴黎。而简单明了、整齐划一的颜色，也使得巴黎在欧洲众多城市色彩建设当中显得出类拔萃、独树一帜。因此，能不能挖出自己的色彩文脉，成为彰显一座城市艺术品位非常重要的“一笔”。

第四，服从城市功能区分。城市不仅是生活空间，也是建筑景观、文化载体和开放的经济体。随着现代城市的不断发展，城市的功能在空间发生着巨大变化，不同的功能区承载着不同的景观色彩和活动内容，也形成不同的环境气氛，因此，遵循不同的功能区划进行色彩定位以满足人们的审美需求，体现人们的文化品位，展示城市色彩的丰富性，是城市发展的必然选择。色彩远比形体更能引起人们的注意，城市公共空间的色彩建设是社会公共利益的要求，它作为城市建筑体的“衣服”，有很多固有色彩是需要在时间和空间中积累的，人为地去改变，过分夸张自我，这都只会加重视觉污染。如同人的服饰要服从人的身份一样，城市色彩也要服从城市的功能，也就是说，城市色彩要与城市自身功能定位相符。这包含两层意思：一层指城市的整体功能，一层指城市的分区功能。有些色彩是城市政治或经济文化的反映，像北京皇城的金黄屋顶与民居的灰褐屋顶对比，便是中国封建社会皇权至上的写照。上海外滩建筑凝重的铅灰色，则透视着国际金融资本的威严。城市各个主体功能的区划，要确定不同的主色调，以彰显城市功能区特有的文化品位和个性，使城市在整体上也更加美丽，更适宜人居。一座商业城市与一座文化或旅游城市，其色彩自然应该有所区别，一座大城市与一座小城市，其色彩原则也应有区别。对于像香港这样的商业大都市来讲，城市色彩服从于商业目的，即使色彩有些混乱，人们也能容忍。但对于像巴黎、维也纳这样的文化名城，假如其城市色彩混乱，便对城市形象有极大损害。相对说来，欧洲一些旅游小城，其建筑色彩都比较艳丽，给游客留下鲜活印象；而欧洲的大城市，其建筑色彩都比较淡雅，追求一种宁静的感觉，避免色彩火爆而形成“噪声”。从城市区域划分来说，市行政中心（或广场）的色彩，一般应凝重一些；商业区的色彩，可以活跃一些，富于动感，烘托出商业的活力与生机；居住区的色彩，应素雅安静，在较大范围内形成宁静温馨的色彩氛围；旅游区的色彩，则要强调自然、和谐、悦目。只要我们能制定包括建筑色相、明度、饱和度在内的分区色彩控制标准并严格执行，就能逐步解决城市色彩混乱及平庸问题。总之，城市功能区之间的色彩过渡要渐变、协调一致，色彩的分区要切合城市空间结构特点，才能形成美好的城市景观。

总之，城市色彩规划要立足于现代城市发展规律，注重城市色彩整体的和谐性，充分发挥环境优化的功能，为城市发展注入新的活力。

5 科学厘清城市发展边界

近20年来，我国土地城镇化明显快于人口城镇化，一些地方在城市建设中出现“摊大饼”现象，特别是在新型城镇化建设中热衷于造“新城”，动辄规划数十平方公里的新区、新城。国家发改委城市和小城镇改革发展中心课题组曾对12个省区的调查显示，12个省会城市，平均1个城市要建4.6个新城新区；144个地级城市，平均每个规划建设约1.5个新城新区。然而，由于缺乏合理规划，不少“新城”成为“空城”“鬼城”。

回顾我国大城市发展轨迹，科学合理规划并不缺少，但“换一届市长就改一次规划”的痼疾，使原本设定的城市发展边界频频被突破，众多约束性规划最终成为白纸一张。国土资源部部长姜大明曾直言：我国城市建设无序发展，原因就是没有控制好开发强度，没有划定城市发展边界。

针对城市无序扩张的现象，2013年年底召开的中央城镇化工作会议明确提出，城镇建设用地特别是优化开发的三大城市群地区，要以盘活存量为主，不能再无节制扩大建设用地，不是每个城镇都要长成巨人，并将城市规划由扩张性规划向限定城市边界规划转变。2014年7月，住建部和国土资源部共同确定了全国14个城市开展划定城市发展边界试点工作。首批试点城市包括北京、沈阳、上海、南京、苏州、杭州、厦门、郑州、武汉、广州、深圳、成都、西安及贵阳。目前，试点工作已取得初步成效，相关划界原则和方法已基本确定。2015年6月初，国土资源部土地勘测规划院专家透露，包括北京、上海、广州、深圳等在内的14个城市的发展边界划定工作将于2015年年底完成，发展边界将作为城市发展的刚性约定，不得超越界限盲目扩张。此后，全国600多个城市也将陆续划定发展边界。

所谓“城市发展边界”，不同于当前的城市规划，它是根据地形地貌、自然生态、环境容量和基本农田等因素划定的、可进行城市开发和禁止进行城市发展建设区域的空间界限，即允许城市建设用地扩展的最大边界。比如，美国旧金山100多年前做的规划，就考虑了资源与环境的承载能力，目前人口也只有80万，并没有超过100万的边界。再如，英国伦敦5年前就宣布人口规划达到了极限，不再新增一寸建设用地。德国宪法规定，每一个城市不要赋予太多功能。

城市发展边界至少体现在三个层面：物理配置、环境承载和易居宜居。之所以要划定发展边界，重要考量就是限制城市发展规模，避免其无序扩张，尤其是“摊大饼”式的发展，从而鼓励“串联式、组团式、卫星城式”发展。其重要意义在于：促进城市转型发展，提高城镇化质量；有利于节约用地和保护耕地；通过划定城市发展边界，尽可能地把自然本底守住。从一定意义上说，把城市发展边界明确下来，会成为新型城镇化发展的一个新动力。

划定城市发展边界，这是一项对地方政府影响比较大的决策。城市发展边界一旦划定，城市规模即形成物理意义上的边界，对于超出边界的用地，作为全国土地工作和新增建设用地的主管部门，国土资源部将不予审批。这意味着对地方政府十分熟悉的“土地换发展”模式，将被终结。

总之，划定城市发展边界红线，连同基本农田数量红线和生态红线，将成为未来耕地保护和城市发展不可逾越的“三条红线”。如是，今后城市发展就不能没有“边”了！

6 “精明增长”：告别城市野蛮生长

目前，我国正处在快速城市化发展进程中，在许多城市都出现类似于西方国家的城市蔓延现象，引发了日益严重的城市问题，尤其在人口较多的超大城市。目前，唯经济导向的城市发展模式正在面临前所未有的困境，而生活质量导向的经济、社会、环境等多元协调的新型城市管理模式则逐步为社会各界接受和提倡。

2015年召开的中央城市工作会议指出，要控制城市开发强度，划定水体保护线、绿地系统线、基础设施建设控制线、历史文化保护线、永久基本农田和生态保护红线，防止“摊大饼”式扩张；要坚持集约发展，树立“精明增长”“紧凑城市”理念，科学划定城市开发边界，推动城市发展由外延扩张式向内涵提升式转变。

“精明增长”强调环境、社会和经济可持续的共同发展，强调对现有城市的改建和对现有城市设施的有效利用，强调城市生活品质与发展的联系，是一种较为紧凑、集中、高效的城市发展模式。“精明增长”最直接的目的就是控制城市的蔓延过程，意味着在拓宽容纳社会经济发展用地需求的途径的基础上，控制土地的粗放利用，改变城市浪费资源的不可持续发展模式。“精明增长”就是强调在城镇化过程中更加注重集约节约用地、更加注重生态环保、更加注重经济建设服务民生福祉。“精明增长”致力于让每一个人在城市的发展中分享利益，实现社会公平；致力于实现经济发展与环境保护的综合平衡，形成城市发展的良性循环。

资源浪费、用地紧张是我国许多城市的现状，提高土地利用效率是解决这一问题的主要手段。适当提高容积率和紧凑度，不仅可以提高土地的利用效率，有效利用基础设施和公用设施，而且有利于建立各阶层混合居住的多样性社区，而这正是城市规划经济目标与社会目标的体现。“精明增长”找到了城市发展新空间。“精明增长”以资源的优化配置、人文理念的充分体现、环境要素的合理保护及社会利益的公平分配为前提，强调对已开发城市空间的再更新，致力于恢复已建成区环境的活力，二次开发、集约利用让土地重新焕发生机，从而产生巨大的经济效益。也就是说，提倡“精明增长”，不是说放慢增长，关键要跑得“又快又好”。

随着内外部环境和条件的深刻变化，我国城市建设已进入以提升质量为主的转型发展新阶段，要实现跨越式发展、可持续发展，就必须有一个科学的城市空间布局，统筹兼顾生产、生活、生态三大空间协调发展。“精明增长”模式要求城市规划注重适度提高建筑容积率、寻求城市人口密度与规模的合理比例、提升城市公共设施的效能、改善城市管理技术和效率、提高城市单位面积的经济容积率、注重城市防灾能力建设、提升城市生态承载能力、优化城市生活成本等。“精明增长”作为一种充分体现保护生态环境、服务于经济发展、促进城乡协调发展和人们生活质量提高的发展理念，契合了我国城市在新常态下的发展要求。

“精明增长”要求我们在城市发展导向上，从新开区转变到对老城区的综合利用；在空间形态上，由蔓延空间形态转到紧凑空间形态；在地区功能上，由单一用途地区向复合用途地区转变，形成从单中心到多中心的城市结构；在开发强度上，从过低开发强度向合理开发强度转变；在交通模式上，从私人交通主导向公共交通主导转变。

理性的城市用地扩张可以推动城市化发展，而非理性的城市用地扩张从长远来看一定会成为城市发展的绊脚石。粗放型扩张已经成为中国城市化巨大的包袱和灾难。要走出这种误区，必须实施“精明增长”战略，要以大战略、大视野的理念重新思考城市化的模式与路径。要创新城市规划理念，切实杜绝“摊大饼”式的无序蔓延状况，合理划定中心城区开发边界，积极探索卫星城发展模式，真正让“精明增长”成为城市建设的主导战略。

7 “逆城市化”真伪之辩

“逆城市化”的思想最早是英国人霍华德于1898年在其专著《明天的田园城市》中提出来的。真正意义上的“逆城市化”是在人类社会进入20世纪70年代以后才发生的。20世纪70年代，发达国家的城市化在经历快速发展之后，进入城市化进程中的高级阶段，其主要特征是大城市人口停止增长甚至减少，人口和其他资源开始流向中小城市，特别是大城市周围的郊区小城镇。这种现象首先在美国出现，并被美国地理学家波恩在1976年命名为“逆城市化”。其含义是指西方国家的城市化发展到一定阶段后，人口增多、交通拥挤、环境污染等“城市病”越来越严重，大量城市人口向郊区流动或者农村流动。美国在“逆城市化”阶段，人口流动有着一定的阶层秩序——富人最先搬出，随后是中产阶级，伴随着新居住地功能的完善，最后形塑成为新型小城镇，这样的格局跟美国的国情有关。

逆城市化抑或城市病?

20世纪90年代，中国进入城市化迅速发展的黄金期，随之而来的“城市病”也呈现在世人面前，并且有愈发严重之势。与此同时，城市的迅猛发展又导致城乡发展不平衡、农村发展严重滞后于城市发展的局面。进入21世纪以来，随着中国城市化进程的不断加快，大城市交通堵塞、就业难、房价高、看病贵、高污染、能源不足等“城市病”问题越来越突出，在一些地方出现城市人口向农村或者远郊转移的现象，如土地价格制度导致的反常“非转农”现象、农村户口升值引发的公务员主动进村“当农民”现象、大城市生活成本高昂、社会保障不到位造成的被动“逃离北上广”现象等，引起了学术界较多的关注，并被视为中国的“逆城市化”现象。同时，也有人认为，中国当前出现的城市人口向农村转移，与理论上的“逆城市化”根本不是一回事。

中国出现的所谓“逆城市化”是真正的“逆城市化”吗？答案应该是否定的。第一，“逆城市化”是城市人口向农村和小城镇的流动，而目前出现的人口外迁，严格地说不是“逆城市化”，而是一种“郊区化”现象。第二，就目前中国城镇化的现状来看，城市化仍然是主流。第三，从人口流动的实质来看，不管是哪种形式的人口回流，都不能与西方的“逆城市化”相提并论。第四，从“逆城市化”的条件来看，西方的“逆城市化”是在城乡基础设施和公共服务均等化或一体化的前提下实现的，而中国目前的城乡基础设施和公共服务差距还非常明显。

实际上，正如有两种“城市化”：市场驱动的与政府主导的，“逆城市化”也有两种：城里人自愿回到农村与城里人被强迫去农村。只要出乎自由与自愿，无论“城市化”与“逆城市化”，都是有效率的。但如果实行强制，那就成了“被城市化”或是“被逆城市化”，都会造成惊人的资源浪费。在城市化进程中，中国曾有两次“逆城市化”过程：一次是“三年自然灾害”后，政府调整“大跃进”决策失误，减少城镇人口甚至撤销部分城镇；第二次是知识青年“上山下乡”，1/10 以上的城镇人口被送到农村。这两次都是计划经济年代自上而下的被动“逆城市化”。历史证明，“被逆城市化”的代价是非常惨重的。

“逆城市化”假象背后的“中国式逃离”

如果从现象上看，当下的城市化进程简直是一片乱象，有的地方到处造城却抵制农民进城；有的地方赶农民上楼，农民却不愿意；有的城市农民想进而不得；有的城市却是市民想办法当农民。这一片乱象中，其实纠结的不过就是户籍改革和土地制度改革两条线。目前中国出现的所谓“逆城市化”，同户籍制度以及土地制度有着千丝万缕的联系，并不单纯是城市化发展到一定阶段的必然产物。由于当下城市内部养老保险制度、医疗保险制度的不统一，教育资源的不均衡现象，即使获得了城市户口，也不一定能享受完善的公共服务。相反，农村户籍因为与土地有紧密联系，集体土地在城镇化进程中，可能会以各种各样的方式给农村人口带来颇为可观的收入。因此，随着户籍背后庞大的利益链条以及土地生钱功能的日益凸显，城市户籍已经并非一些地区人们的首选，反而是农村户口存在更大的吸引力，再加之城市公共服务均等化尚需时日，进城容易留城难的现象也让一部分人“望城却步”。

“逆城市化”这种现象的出现，是城市化发展到一定阶段之后，城市功能自我优化、减轻空间压力的内在要求和必然冲动，其中隐含了工作地和居住地分离的特征。而中国的“逆城市化”并非市民为追求更美好、更舒适生活的内驱选择，更多的是由于严重的分配平衡，由利益或者是土地诱惑所催生出的暂时之举。另外，从城镇化的动态过程来看，人口从城市向村镇的回流只是个别现象，城市化仍是主流。因此，社会人口离开城市并不一定就是“逆城市化”，特别是中国目前所出现的中国式“城市逃离”，这谈不上是真正的“逆城市化”，而是一种“伪逆城市化”。

那么，在中国城市化进程中为何会出现此等“中国式逃离”现象呢？在纷繁错杂的现象背后，所隐藏的是怎样的现实矛盾？接下来，笔者将对中国的“逆城市化”假象的原因进行探讨。

不科学的“城市化”之果

“逆城市化”是城市化发展到较高阶段的产物，而中国的城市化尚不充分。城市化是和工业化、信息化紧密相连的一种社会进程，在城市化大势所趋的背景下，在中国迈向更高水平城镇化的道路上，在这个城市化水平并不高的国度里，出现“逆城市化”现象值得深入思考。中国所出现的“逆城市化”假象其实更多的是一种无言的倾诉，其所掩盖的恰恰可能是城市化过程中的现实矛盾。一方面，现行的户籍制度仍然是年轻人进入大城市的制度性藩篱；另一方面，基于收入分配制度和社会劳动分工的城乡二元分割之势不减反增。如果任由这种现象发展，对其背后的社会问题不予理会，无异于掩耳盗铃，也势必造成更加严重的城乡割裂，在一定程度上消解过去数年间的城市化成果。因此，目前在中国极力推崇“逆城市化”多少有点悲哀。

在正常的“逆城市化”进程中，城市人口流向小城镇是“主动选择”，而我们国家的绝大多数都是“被迫离开”。入不敷出的生活现实以及户籍门槛的掣肘，使他们成了大城市的“弃儿”，唯有“逃离”才是符合经济人理性的无奈选择。正所谓“顺势者昌”，谁也不愿意“逆势”而动，以致在我国城市化的加速阶段，主动放弃眼前的城市福利。只不过城市居，大不易，尤其是高房价的压力下，城市福利可望而不可即，在“挤出效应”之下，只能演绎一曲“逆城市化”的生存悲歌了。

西方人提出“逆城市化”的概念，是从以人为本的角度，毕竟人人平等的社会也无须考虑户籍问题，更多的是纯粹地从个人爱好出发。而目前中国所谓的“逆城市化”是固有的户籍、土地、财税等制度催生的利益之争和福利之困。多年来依附于户口层面的利益分配格局不打破，尤其是有关社保、财税、土地、教育等方面的配套制度不能及时跟上改革步伐，农民就难以享受到应有的公共服务，进城也会出城，甚至弃城。实际上，真正意义上的“逆城市化”有两个重要前提：一个是现代化的基础设施开始向农村延伸；另一个是城市市民的福利制度开始覆盖农村地区。如果不能满足这两点要求，即使现在劳动者流向小城镇和乡村地区，也将很难享受城市化的成果。对照这样的标准，我们不难发现，中国一些地区出现的“逆城市化”是提前的、不正常的现象。这种提前出现的“逆城市化”，在很大程度上是不科学的“城市化”的结果，甚至可以说是部分进城者根本就没有“城市化”的必然反映。

“逆城市化”的科学效应

“逆城市化”不是城市化的反向过程，不是城市人口重新回归为农村人口的过程，而是城市化发展的更高阶段。“逆城市化”并非单纯的人口由城市向农村的流动，也不是大城市被分解，而是城市布局的分散化和功能的优化，是城乡空间布局结构的优化。城市人口向郊区和农村疏散，并没有改变他们的城市生活方式和价值观念，而是把城市生活方式和价值观念扩散到更广阔的地理空间。不要以为西方国家的“逆城市化”是向农村地区的延伸（农村城镇化）而忽略了大城市的发展，西方国家在“逆城市化”的同时，国际大都市还在不断发展，并且形成大中小城市功能互补、协调发展的格局。真正的“逆城市化”是城市化的必要补充与微调，也是缩小城乡经济差距与治理差距的契机。我们可以借助“逆城市化”来分解城市功能，并且通过分流城市人口的趋势发展村镇。同时，在此基础上发展起来的小城镇和乡村有助于减轻城市空间压力，并且优化城市功能，促使中心城市的空间结构更加明显、产业优势更加突出、聚集效应更加明显、引擎力更加强大，形成中心城市与中小城镇和乡村彼此产业呼应、优势互补、良性循环的“城乡一体”发展格局，从而让城市化在新的格局下得以持续发展。可见，“逆城市化”并非大城市的衰落。

“逆城市化”的良性进阶

中国作为一个人口众多的大国，既不可能走像韩国靠少数大城市吸纳绝大多数人口的道路，也不可能走小城镇星罗棋布的道路，而是要走大中小城市协调发展的道路。因此，我们要深刻反思一下跟风的“造城运动”了。

首先，要加强公共文明设施的建设和维护，不能让城市成为“没有器官的城市”。其次，城市化应把重心放到实现人的城市化，保持城市对人才的吸引力，以及如何让居民生活有保障、有尊严上来。最重要的是，我们要打破城镇化的制度瓶颈，进行制度创新；要加快推进城乡户籍制度改革，使城乡居民基本权力均等化；要不断完善城市公共服务保障体系，让城市各阶层平等享受城市化发展成果；要加强城市化进程中的环境保护，还城乡居民绿色生活环境。因此，我们要正视“逆城市化”中的各种利益诉求和权益保障。只有这样，我们才能有效理顺扭曲的城乡关系，全方位缩小城乡差距，早日实现城乡一体化的和谐发展目标，让城市居民的生活更美好。

毋庸置疑，等城市发展更完善了，我们也会像欧美国家一样，富人慢慢搬到郊区去住，郊区的配套也就起来了，然后中产阶级再搬出去住。接着是很多公司、工厂搬出去，最后形成一个配套完善的城镇。这才是真正的“逆城市化”阶段！唯有如此，城市化及其相伴而来的“逆城市化”最终才会造就一种新的城乡一元化社会。

8 城镇化切忌重蹈"重物轻人"覆辙

"融不进的城市，回不去的乡"已成为城镇化进程的一道难题。任何激荡的时代变革，总是伴随着不确定性和艰难探索。历史惯性的力量如此强大，我们看到，各地城镇化仍然难抑制大跃进的冲动，而土地制度和户籍制度的变革之路依然布满荆棘。很多地方借着城镇化的名义"圈地造城"，急于求成地改变城市面貌，结果演变成单纯的争项目、上工程，一些房地产开发商也大举涌入中小城市占地，地方债务风险和中小城市房地产泡沫问题令人担忧。城镇化向何处去？种种路径之争一直存在。有些争论正逐渐形成共识，有些争论仍将长期伴随着城镇化的历史进程。

城镇化不是去乡村化。如果农村文化消失了，那么城镇化将是单调的。古村落和村落是中华民族文化多样性的体现，需要得到保护，推进城镇化建设绝不能以瓦解农村文明、牺牲文化遗产为代价。现代化的城镇，不应是建筑和道路堆积而成的"水泥森林"，而应是人与城镇、经济与社会、人与自然和谐统一的"生态化"。谁是城镇的主体？毫无疑问，是生活在城镇中的人。亚里士多德曾说过，人们之所以愿意来到城镇，是为了生活得更美好。城镇需要让人幸福！城镇是人性的产物，所以城镇化进程应坚持"以人为本"。

能够抓住改革的"牛鼻子"——城镇化，是一种智慧，但未来能否推动城镇化改革最终取得实际成果，可能还需要勇气和智慧。自2012年党的十八大明确以"人的城镇化"为核心的新型城镇化，到如今社会各界对于新一轮城镇化的目标正逐渐形成共识。新型城镇化的核心价值是"以人为本"的、追求人的自由全面发展的城镇化，是"质量型"的城市化，是追求创新驱动的，经济、政治、文化、社会和生态建设协调发展的城镇化。"重物轻人"的城镇化模式，首先表现在重视劳动力非农化，轻视劳动力城市化，其次表现在重视土地城镇化，轻视人口城镇化。城镇化要把眼光从物转移到人，尤其是农民。如果只是关注高楼大厦的增长，那这种城镇化只能对少数人有利。在"重物轻人"的城镇化模式下，农村人口只是城市劳动力的蓄水池，通过"钟摆式""候鸟式"城乡迁徙，补充城市产业化过程中劳动力的短缺与不足。"重物轻人"的城镇化模式造成城镇内部新的二元结构：一个群体是2.5亿无法享受市民待遇的农业转移人口，另一个群体是5亿多市民。"重物轻人"的城镇化模式，导致城乡之间不合理的发展差距越来越大。《国家新型城镇化规划（2014 ~ 2020年）》针对传统城镇化中存在的"重物轻人""见物不见人"、空间失衡、生态恶化、文化流失、粗放低效、"城市病"蔓延等弊端和问题，提出"走以人为本、四化同步、优化布局、生态文明、文化传承的中国特色新型城镇化道路"，要求"把生态文明理念全面融入城镇化进程，着力推进绿色发展、循环发展、低碳发展"。其中不仅包含对传统城镇化的反思，也蕴含对城镇化发展新方向、新道路的探索，是转变现行盲目追求数量和速度的城镇化发展模式，推进以人为本、质量为重的中国特色城镇化建设的必然选择。强调新型城镇化，强调"人"的城镇化，这是一大进步，说明我们从物质层面转向了更深层次的精神层面，也说明这一轮城镇化建立在理性的思考基础上，减少了冲动的成分，至少是有了遏制运动化的意识。

2014年中央城镇化工作会议和中央农村工作会议明确提出了"三个1亿人"目标，即到2020年，要解决约1亿进城常住的农业转移人口落户城镇，约1亿人口的城镇棚户区和城中村改造，约1亿人口在中西部地区的城镇化。这"三个1亿人"问题的解决并非一蹴而就，其难度是相当大的，极具挑战性，也正因为如此，才彰显出中央推进以人为核心的新型城镇化的决心。

国务院总理李克强多次强调，新型城镇化贵在突出"新"字、核心在写好"人"字，要以着力解决好"三个1亿人"问题为切入点。2015年6

月29日，李克强总理在"2015中欧城镇化伙伴关系论坛"上进一步强调指出，中国的城镇化还存在不少难题，解决之道是走"以人为本"的新型城镇化之路，建设更加包容、更加和谐的城市。当前，特别要解决好"三个1亿人"问题。

解决好"三个1亿人"问题，是推进新型城镇化的硬任务。总体上看，经过长期发展，我国城镇经济实力、基础设施和服务功能不断增强，城镇从外延扩张转向品质提升的物质基础已经具备。当前，要紧紧围绕中央关于新型城镇化战略部署，树立以人为本、产城结合、城乡统筹、绿色发展、金融支撑的发展思路，找准解决问题的突破口。

首先，有序推进农业转移人口市民化，解决好约1亿进城常住的农业转移人口落户城镇问题。全面建成小康社会，最艰巨最繁重的任务在农村特别是农村贫困地区。1亿农业转移人口的市民化，任务虽然艰巨，但又必须完成，否则60%的城镇化目标即使达到，其中也会包含很多水分。因此，一方面，我们要降低城镇落户门槛，创新人口管理，加快户籍制度改革。另一方面，要稳步推进城镇基本公共服务常住人口全覆盖。

其次，完善住房保障体系，解决好约1亿人口的城镇棚户区和城中村改造。棚户区和城中村改造，不仅关系到城镇1亿低收入人口居住条件和居住环境的改善，而且涉及其中农村集体土地的产权保护与相关人口的市民化，这既是保障人民群众基本居住权利的客观需要，也是政府履行公共服务职能的内在要求。因此，必须深化土地制度改革，平等保护集体土地产权，要允许集体土地的承包经营权、建设用地使用权、宅基地使用权，在接受城乡规划指导和土地用途分区的用地规则限制下，自主有序地进入市场，公平竞争，平等交易。

最后，优化城镇化布局和形态，解决好约1亿人口在中西部地区的城镇化。未来中西部地区将是加快城镇化建设的主战场。在中西部一些资源环境承载能力较强的区域，加快推进交通、水利、能源、市政等基础设施建设，加快培育发展新的城市群，促进经济增长和市场空间由东向西、由南向北梯次拓展，是推动区域协调发展的重要途径，也是新型城镇化的重点之一。

因此，我们不能把城镇化简单等同于城市建设，而是要围绕“人的城镇化”这一核心，实现产业结构、就业方式、人居环境、社会保障等一系列由“乡”到“城”的转变。在推进新型城镇化的过程中，我们不仅要注重改善人们的居住和生产环境，建立宜居、人性化的城镇，而且要更加注重满足居民的多样化需求，使其有充分选择的空间，节约资源、保护环境。要从城镇化的规模型扩张转向人口城镇化的有序发展，并以制度创新为重点破题人口城镇化，并以此为契机推动城镇化过程中的民主化进程。

9 产城融合托举新型城镇化发展之路

在中国城镇化快速发展的进程中，城市新区开发与建设成为城市发展的主要态势。但是，在传统的地产开发模式引领之下，各地一味追求城市的跨越式发展，盲目大拆大建，"摊大饼"成为城建主导，导致很多新城面临大量农业人口向城市人口转化、城市社会服务设施和基本功能薄弱、新区入住率偏低、产业竞争力弱、新老城区功能衔接不够等诸多问题。特别是有的新城建设不考虑产业的长远发展，盲目追求眼前的房地产开发，新城建设就是"房地产化""产业空心化"，导致城市"宜居"与"宜业"矛盾突出，由此出现一个个产业上的"空城"、生活上的"睡城"，而在交通上则呈现"潮汐化"状态。

党的十八大提出把城镇化作为今后我国经济结构战略性调整的重点之一，有序推进农业转移人口市民化、优化城市布局和形态、提高城市可持续发展能力、推动城乡发展一体化。这一"新型城镇化"目标的提出，明确了我国未来城市化发展的方向，既不会走20世纪大力发展乡镇企业的城镇化老路，更要注意避免近年来各地出现的"空城""睡城"之殇。

其实，产业和城镇化具有较强的互动关联性。城镇化是产业集聚发展的空间载体，产业是城镇化建设的动力源泉，两者融合能够实现城镇化的顺利推进和产业的优化升级。没有产业支撑的城镇化是"沙漠上的大厦"，"有城无产"和"有产无城"都割裂了两者的内在联系，不利于彼此的高质量发展。"空城""睡城""潮汐化交通""人气低迷"等"表象"下隐含的深层次问题是，作为城市经济功能的"产业"与城市政治、文化等主要功能之间出现了比较严重的不平衡和不协调。

党的十八大报告中明确提出："坚持走中国特色新型工业化、信息化、城镇化、农业现代化道路，推动信息化和工业化深度融合、工业化和城镇化良性互动、城镇化和农业现代化相互协调，促进工业化、信息化、城镇化、农业现代化同步发展。"党的十八届三中全会通过的《中共中央关于全面深化改革若干重大问题的决定》也明确指出："坚持走中国特色新型城镇化道路，推进以人为核心的城镇化，推动大中小城市和小城镇协调发展、产业和城镇融合发展，促进城镇化和新农村建设协调推进。"2014 年 3 月颁布的《国家新型城镇化规划（2014 ~ 2020 年）》提出，新型城镇化的核心是"人的城镇化"。人的城镇化，本质是农业转移人口的市民化。这就要求在推进新型城镇化建设中，应始终坚持以人为本，遵循中央"顶层设计"，把有序推进农业转移人口市民化作为核心要素和关键环节，在制度安排、政策导向、资金保障、工作部署上，把产城融合发展、促进农民就业、完善社会保障、提高基本公共服务水平摆在更加突出的位置，走出一条新型城镇化与农民市民化协调发展的道路。

在倡导新型城镇化发展的大背景下，产城融合成为产业和城镇发展的主导性规划思想。"产城融合"作何解？顾名思义，主要指的是城市合理布局产业功能与城市功能，承载产业聚集和城市发展的重任，同时，以"产城人"互动为基点，构建产城人互动的有机体系，以人的发展为目标，以城市功能为载体，以产业高级化为动力，进而达到产业、城市、人之间有活力、持续向上发展的城镇发展模式。产城融合集合了工业转型、城镇一体化、互联网 + 以及智慧城市等新趋势、新思维，嬗变为城市发展新常态并带来一系列焦点性问题。产城融合是我国在转型升级关键期，基于"产城分离"提出的发展思路，也是当前两化融合与智慧城市协同发展的普遍路径。产城融合以"以人为核心，以产兴城、以城促产、产城相容"为目标，核心在于产业，产业属性决定新城的功能结构、用地布局、交通导向、景观格局等战略；关键在于行政管理体制创新、基础设施和公共服务设施配套、房地产功能复合化开发等；最终落脚在于人，坚持"以人为本"的规划原则，营造"宜居、宜业、宜创业"的新环境。

2015年3月24日，中央政治局会议首提“新五化”（新型工业化、城镇化、信息化、农业现代化、绿色化），并将其定性为政治任务。探究“新五化”对产城融合的带动价值，以及理念、主流模式与趋势，对于推进城市转型，优化产业升级，提升“以人为本”的城市新境界具有重要意义。“新五化”作为推进社会转型和经济结构战略性调整的重要手段，已经从政策层面进入到实践层面。具体到产城融合，新型城镇化是顶层要件中的基础架构。产城融合体现的是“有质量的城镇化”和“人的城镇化”，是城市区域发展到一定阶段的产物。从党的十八大“有质量的城镇化”到党的十八届三中全会“人的城镇化”，再到《国家新型城镇化规划（2014～2020年）》，都在启示新一轮经济结构下，城镇化和产业化要相互依存与平衡。产城融合的本质是从功能主义导向到“以人为本”导向的一种回归，由注重功能分区和产业结构向关注融合发展、关注人的能动性和关注创新发展的转型。产城融合重在平台，胜在生态。它是政府、企业的共同诉求，从政府角度，产城融合是超级大盘，既能提高土地利用率，提升城市形象，带来持续税收，又能解决经济发展和居民就业；从企业角度，产城融合确保企业拥有良好的发展空间和成长环境。

近年来，国务院及国家发改委相继在全国批复设立了一批国家级新区、城乡统筹发展试验区、承接产业转移示范区、临空经济示范区等特殊功能区，在促进区域协调发展、推动新型工业化和新型城镇化融合发展等方面发挥了重要作用，已经成为稳增长、调结构的重要引擎。为深入贯彻落实党的十八大和十八届三中全会精神，根据《国家新型城镇化规划（2014～2020年）》有关要求，进一步完善城镇化健康发展体制机制，推动产业和城镇融合发展，加快培育一批新的经济增长点或增长极，形成功能各异、相互协调补充的区域发展格局，2015年7月9日国家发改委办公厅发布《关于开展产城融合示范区建设有关工作的通知》（以下简称《通知》），提出将在全国范围内选择60个左右条件成熟的地区开展产城融合示范区建设。具体来说，产城融合示范区是指依托现有产业园区，在促进产业集聚、加快产业发展的同时，顺应发展规律，因势利导，按照产城融合发展的理念，加快产业园区从单一的生产型园区经济向综合型城市经济转型，为新型城镇化探索路径，发挥先行先试和示范带动作用。《通知》明确了试点目标，到2020年，产城融合示范区经济社会发展水平显著提升，经济增长速度快于所在地区总体水平，常住人口城镇化率明显快于所在地区平均水平，现代产业体系加快形成，城镇综合服务功能不断完善，生态环境进一步优化，居民生活质量明显提高，将示范区建设成为经济社会全面发展、产业和城市深度融合、城乡环境优美、居民生活更加殷实安康的新型城区。为了实现上述目标，国家发改委明确了产城融合的五项任务：优化空间发展布局，推进产城融合发展；促进产业集聚发展，构建现代产业体系；加强基础设施建设，提升公共服务水平；注重生态环境保护建设，促进绿色低碳循环发展；完善城镇化体制机制，推进城乡发展一体化。

然而，目前产城融合示范区的出发点主要还是着眼于“稳增长”，在当前经济新常态背景下，这在某种程度上来说是必要的，但这是远远不够的。我们必须意识到工业化速度之所以快于城镇化速度，主要是因为我们的基本公共服务相对滞后，阻碍了城镇化的进程。更何况，《通知》并未对产城融合示范区提供具体的配套政策，国家发改委主要希望发挥地方政府的积极性和主动性，实际上地方却面临动力不足的问题。

产城融合是一幅立体展示城市长尾效应的完整拼图，体现了城市产业空间与社会空间协调发展的内在要求。它的基本内涵包括：空间融合要素齐备，产业融合优势明显，基础融合纵深推进，以及公共服务深入渗透。产城融合要求产业与城市功能融合、空间融合，“以产促城、以城促产、产城融合”。因此，产城融合的新型城镇化建设必须强化顶层设计，在制度设计中植入和强化人的发展权理念；培育和扶持乡镇集体经济发展，推进农村社区建设和功能完善，创新农民主导的就地转移的新型城镇化模式；探索资源分配共享机制，促进城乡居民发展权的公平性与均衡性；优化城镇空间布局，制定全方位的产业发展体系，在产业与城市的协调发展中增强人的发展的可持续性。

产城融合是以人为核心的高质量城镇化的重要内容，是“新五化”良性互动的有效途径，代表了新型城镇化发展的方向与趋势。我们必须看到的是，在经济自由主义的弊端在全球范围内日益凸显的当下，由政府和市场共同主导的城市化进程明显具有容易控制和发展更均衡的优点。因此，产城融合首先应该遵循的是“放开市场这只‘看不见的手’，用好政府这只‘看得见的手’”这一基本原则。当然，产城融合不能仅停留在形式上，而应回归到“以人为本”的价值导向上。只有基于人的真实需求所进行的功能安排、设施统筹和制度设计，才能真正引导城市功能、效率及生活质量的不断提高，从而实现真正意义上的产城融合。

在产城融合具体实践中，我们应该遵循“五化指引、规划先行、系统稳固、格局致胜”这一实施框架。五化指引是构建城市经济新秩序的治理路径，是产城融合的灯塔。城镇化新生态需要“工业化、信息化、现代农业化、绿色化和城镇化”等“新五化”的共同驱动，其中，最重要的是，政府不能唱“独角戏”。产城融合与新五化应相濡以沫、和谐共生。规划先行的核心是做好前瞻性的规划与定位，避免盲目建设导致城市“空心化”与“鬼城”现象。城市规划不能任性，应根据产城融合总体发展方向确定的基础上深化内部产业定位、功能配套、公共服务设施等相关内容，从而指导控制性详细规划的进一步落地，从而实现上下规划的进一步衔接。产城融合的实现，依赖于科学的规划，以及对规划精确而严谨的有序推进，其规划编制要围绕中心结构、用地结构、布局结构和交通结构，实现道路交通、土地利用、人口分布、就业分布以及强度分区的五位一体。系统稳固是城市立足之本，城市是产业发展的载体和平台，没有这一平台，产业是无源之水。“产城分离”规划倾向下，产业和城市功能分离，割裂了要素之间的联系，在小范围低程度上实现了要素资源的配置，但在更大范围上造成产业和城镇要素联系上成本的增加，实际上使资源的优化配置和高效利用变得更加困难。产城融合是一个动态变化的系统，这一系统是实体要素在非实体要素作用下，逐渐实现要素与要素之间、要素与结构之间、结构与系统之间各层次良性互动关系的过程。产城融合不仅互为依托互为促进，而且互为渗透复合发展，成为具有丰富内涵和多元价值并可创造更大生产力的新的经济社会复合体或新的经济社会形态。格局致胜，产城融合在于构建宜居宜业的城市发展新格局。在构建新格局的过程中，我们既要从产业层面考虑空间架构和建设强度，也要从城市层面考量产业牵引和产业前景，保证城市持续、健康、稳定、协调发展。

当前，无论是在国家制度层面，还是在行业发展层面都面临着转型。实现由“物的城镇化”向“人的城镇化”、由“工业文明”向“生态文明”的战略转型，这是时代发展的大势所趋，是从“功能”向“人本”，继而向“多元”的价值观转型。因此，在未来的发展中，我们需要的不仅是“产”“城”之间的融合，更是“产、城、人、境、意”等各方面要素的碰撞与融合。实现从产城融合向多元融合的转型，必将成为城市发展的总体趋势与方向。

10 城市化建设应尊重自然

诺贝尔奖获得者、奥地利学者康拉德·洛伦兹在《人性的退化》中指出，“文明对自然环境的不断摧残已经达到了极限。这种慢性的死亡，比原子弹带来的毁灭更为可怕。由于人类只对技术和经济感兴趣，注重工具理性的发挥，忽略了价值理性的重要性，导致人类居住环境恶化，人类社会向有害方面发展”。

康拉德·洛伦兹在《人性的退化》第一章中对当今世界城市化过程做了生动、深刻的描述：“销毁这片土地上所有的自然植被，然后铺上水泥，或者最好在公园里铺上草坪；如果还有一块海滩的话，再用水泥砌起一道加固的堤坝，修直小溪的走向；或者如有可能，再让小溪从管道中流过，最后再喷上农药，以尽可能高的价格卖给一个顺从并因被城市化而变得愚钝的消费者。”

这样的描述在中国也并不陌生。30多年来，伴随中国经济社会的高速发展和城市化进程的加快，环境污染、生态危机着实让人们感受到了自然无形力量的警告与惩罚：热岛效应带来的自然热循环被破坏，让“城市烧烤”有了另外一种解读。现在的城市气候变得越来越恶劣，气温节节攀升，夏天炎热无比，冬天也不见冷，这就是城市热岛效应导致的恶果。城市硬化面积的急剧增加和绿地面积的减少直接导致暴雨产流量增加、汇流速度加快，引发不同程度的城市内涝，让“城市看海”的调侃不再新鲜，这不仅严重影响城市的正常生活秩序，也造成严重的生命财产损失。地下水过度开采导致地面下沉、地下水位降低、海水倒灌、周边湿地系统退化，成为城市之殇。频繁光顾的雾霾，在改变中国人出行习惯的同时，空气俨然成为会呼吸的痛……

确实，城市是人类文明的重要结晶，也是各种资源和先进文化、理念及技术的集聚和交流之地，这些便利条件使得城市拥有让生活变得更美好的强大资本。然而，严酷的现实表明，人们对城市自然环境的改造应有一定的限度，其底线在于不应将一个城市的自然脉络破坏殆尽，使得城市难以发挥自我平衡和修复功能。城市建设者该明白：你不尊重自然，自然也不会善待你。城市管理者应该更多尊重自然，不能总想通过人定胜天的路数来和自然对着干，否则很容易陷入“道高一尺，魔高一丈”的困境。确定合理的城市承载力边界，与自然友好相处，更多通过借助而非改造自然来提升城市的运行效率应成为城市决策者的重要参考。

自然之力是伟大的。2500多年前，伟大的思想家老子在《道德经》中写道：“人法地，地法天，天法道，道法自然”，不仅点明了自然是万物之根本，更阐述了人与自然的关系。“天人合一”的核心思想，就是把人类看作自然里的一个和谐的组成部分。离开自然的哺育和滋润，人类就脱离了生存的基本条件。所谓“人定胜天’，说的也不是人类一定能战胜老天，而是指只有人的内心安定、团结和谐，才能迸发出超自然的能量。在自然面前，人类是脆弱的，不堪一击的。面对自然，科技可以主宰一切的观念是极端错误的，科学技术带给我们的是福祉与祸害同行。人类不应该将作为智慧结晶的科学置于自然的对立面，在运用科学对自然进行改造时一定要谨慎行事，有所为有所不为。对科学技术进行批判、监督、制约和改造，是对科学技术负责，更是对人类、对整个宇宙负责。尊重自然，才是真正的科学观，也才是真正科学的自然观。

今天，矫正人类活动的某些僭越之处，让自然法则重又成为人类生活的主宰性规则，在狂飙突进的城市化进程中确立尊重自然、节制开发的坚定信念，理应成为中国走向现代化的不二法则。尊重自然就是要尊重自然价值和自然规律，只有尊重自然，才能发挥人的主观能动性去发现、认识和利用自然规律，科学选择趋利避害的方法，主动适应自然。顺应自然是实现人与自然和谐的基本方法，是人类主动适应自然的基本策略。党的十八大提出“尊重自然、顺应自然、保护自然”的生态文明理念，“坚持节约优先、保护优先、自然恢复为主”的生态文明建设方针。《国家新型城镇化规划（2014 ~ 2020年）》提出，要加快绿色城市建设，将生态文明理念全面融入城市发展，构建绿色生产方式、生活方式和消费模式。当然，对于建设生态文明而言，回归尊重自然，不是要把自然重新“神圣化”或“神秘化”，更不是对内在价值的抽象认同，而是要从根本上消除文明发展与生态环境保护的对立，切实保证人类文明的持续发展。只有尊重自然的城市，才能够让生活更美好！

11 切勿刻意将城镇化率作为硬性考核指标

大量农民工涌入城镇，广阔的农田化为鳞次栉比的楼盘，全国各地一座座新兴城市不断崛起……作为全球发展速度最快的新兴经济体，中国正以前所未有的速度推进城镇化步伐。历史惯性的力量如此强大，我们看到，各地城镇化仍然难抑制大跃进的冲动，而土地制度和户籍制度的变革之路依然布满荆棘。很多地方借着城镇化的名义"圈地造城"，急于求成地改变城市面貌，结果演变成单纯的争项目、上工程，一些房地产开发商也大举涌入中小城市占地，地方债务风险和中小城市房地产泡沫问题令人担忧。"冒进式"城镇化后患无穷啊！

一般来说，人们用"城镇化率"来反映城镇化水平的高低，这一指标指的是一个地区常住的城镇人口占该地区总人口的比例。但是，过去我国城镇化心情过急，发展目标设置超过正常合理速度，对城市定位太全，且管理方式瞬息万变，因此造成"空城""鬼城"等现象。根据《国家新型城镇化规划（2014 ~ 2020 年）》，2020 年常住人口城镇化率要达到 60% 左右，户籍人口城镇化率达到 45% 左右，努力实现 1 亿左右农业转移人口和其他常住人口在城镇落户。2014 年的城镇化率为 54.77%，如果 2020 年城镇化率目标要达到 60%，未来每年城镇化率应提高 1 个百分点左右。但从现实情况来看，实现这样的目标仍然任重道远。尽管有专家学者认为要完成"十三五"城镇化指标并没有那么难，目前应考虑的主要不是调低指标。但是，由于城镇化是一个经济、社会、历史、文化等各种因素相互融和演进的过程，不是一个简单的规模和空间扩大的过程，因此，在科学预测城市化率的基础上，未雨绸缪地布局未来的基础设施和公共服务建设，以尽可能地满足未来城市增长的需求，这才是理性的和负责任的。我们不放弃城镇化率指标，并不意味着可以不严格质量指标，不是鼓励各地竞争名义上的城镇化率，更不能由 GDP 崇拜转为城镇化率崇拜。

经过多年快速发展，我国城镇化进程正站在一个新的历史起点上。新型城镇化问题仍是十八届五中全会将涉及的热点问题，特别是“十三五”城镇化指标将备受关注。城镇化仍是“十三五”发展的重点，但在新经济常态下，新型城镇化发展将不再一味追求速度的发展，不再简单地将城镇化看作经济发展手段，城镇化率不再是拉动 GDP 的硬指标，而是真正从造房建城转向以人为核心。这意味着，“十三五”期间城镇化将从速度型向质量型转变。

现代化的城镇，不应是建筑和道路堆积而成的“水泥森林”，而应是人与城镇、经济与社会、人与自然和谐统一的“生态化”。谁是城镇的主体？毫无疑问，是生活在城镇中的人。亚里士多德曾说过，人们之所以愿意来到城镇，是为了生活得更美好。城镇需要让人幸福！城镇是人性的产物，所以城镇化进程应坚持“以人为本”。基于对过去 30 多年城镇化快速发展经验教训的深刻总结，我们万万不能要“病态”的城镇化。《国家新型城镇化规划（2014 ~ 2020 年）》针对传统城镇化中存在的“重物轻人”“见物不见人”、空间失衡、生态恶化、文化流失、粗放低效、“城市病”蔓延等弊端和问题，提出“走以人为本、四化同步、优化布局、生态文明、文化传承的中国特色新型城镇化道路”，要求“把生态文明理念全面融入城镇化进程，着力推进绿色发展、循环发展、低碳发展”。其中不仅包含对传统城镇化的反思，也蕴含对城镇化发展新方向、新道路的探索，是转变现行盲目追求数量和速度的城镇化发展模式，推进以人为本、质量为重的中国特色城镇化建设的必然选择。新型城镇化的核心价值是“以人为本”的、追求人的自由全面发展的城镇化，是“质量型”的城市化，是追求创新驱动的，经济、政治、文化、社会和生态建设协调发展的城镇化。国务院总理李克强曾多次强调，新型城镇化贵在突出“新”字、核心在写好“人”字，要以着力解决好“三个 1 亿人”问题为切入点。

城镇化的本质是现代化，核心是各方利益统筹，关键是政府与市场边界，归根结底是经济社会的重构，跨越“重物轻人”的城镇化模式。解决好“三个1亿人”问题，是推进新型城镇化的硬任务。因此，我们不能把城镇化简单等同于城市建设，而是要围绕人的城镇化这一核心，实现产业结构、就业方式、人居环境、社会保障等一系列由“乡”到“城”的转变。城镇化的路还很长，应该积极稳妥地推进之。加快推进更高质量的城镇化，必须发挥好政府与市场两个方面的作用。按照“政府搭台，企业唱戏”的分工，政府重点要抓好城市布局长远规划、抓好基础设施建设、抓好社会公共服务和社会管理。在推进新型城镇化的过程中，要结合区域发展总体战略和“一带一路”等三大战略的实施，科学优化全国城镇化布局，健全空间规划体系，推进探索“多规合一”，构建城乡发展一体化体制机制。要注重改善人们的居住和生产环境，建立宜居、人性化的城镇，要更加注重满足居民的多样化需求，使其有充分选择的空间，节约资源、保护环境。要创造良好的城市发展环境，使市场配置资源的基础性作用得到更充分发挥，协调人、财、物等各类要素资源按照福利最大化原则在城乡之间合理配置，引导制造业、服务业围绕城市平台合理布局。要从城镇化的规模型扩张转向人口城镇化的有序发展，并以制度创新为重点破题人口城镇化，并以此为契机推动城镇化过程中的民主化进程。要顺应人民群众对良好生态环境的期待，将生态文明的理念融入城市建设当中，鼓励各个城市利用独特的自然、人文环境，创建山水相依、人城和谐的生态型城市，真正让城市融入大自然，让居民望得见山、看得见水、记得住乡愁。

12 古城（镇、村）要保护与发展结合

2016年4月12日，习近平总书记在全国文物工作会议上对文物工作作出重要指示：文物承载灿烂文明，传承历史文化，维系民族精神，是老祖宗留给我们的宝贵遗产，是加强社会主义精神文明建设的深厚滋养。

一个民族的文化遗产，承载着这个民族的认同感和自豪感；一个国家的文化遗产，代表着这个国家悠久历史文化的“根”与“魂”。保护和传承文化遗产，就是守护民族和国家过去的辉煌、今天的资源、未来的希望。

文化就像一条源远流长的河流，源头很远，流过历史，流到今天，还要流向未来。古城（镇、村）承载着历史与人们的记忆，不仅是过去文明与发展的见证，也是中华文化的重要组成部分。在近年的快速发展建设中，一些有历史文化价值的古建筑已经遭到破坏。当前和今后一段时期是城镇化建设的高峰期，县城要做大，乡镇要扩建，有的村落可能面临消亡。特别是一些地方对文物的保护意识不强，片面强调利用，盲目开发，盲目追求短期的经济利益，对古城（镇、村）的保护增加了难以承受的压力！因此，对古城（镇、村）的研究与保护不仅十分重要，而且刻不容缓。

文化是民族的精神命脉和创造源泉。习近平同志曾指出：“将传承文化作为新型城镇化建设必须把握的一项基本原则，要求提高历史文物保护水平，发展有历史记忆、地域特色、民族特点的美丽城镇。”这就要求我们正确处理古城（镇、村）保护与城镇化建设的关系，把古城（镇、村）保护、文化传承作为城镇化发展中的“软实力”和“助推器”。“每一个民

族的文化复兴，都是从总结自己的遗产开始的。”著名建筑学家、中国科学院和中国工程院两院院士吴良镛先生曾如是说。我们要像爱惜自己的生命一样保护好文化遗产。古城（镇、村）是历史留给我们的宝贵遗产。保存在古城（镇、村）内外的文物古迹，是当地历史文化资源的精华所在，也是其历史文化价值最集中的体现。古城（镇、村）中的物质和非物质的文化遗产，赋予我们民族记忆的真实感和生活环境的延续感。只有保护好古城、古镇、古村，才能真正延续民族记忆。

文化是一脉相承、生生不息的，需要数百年、数千年，甚至是数万年的积累。如果说保护文化遗产不仅留住了先辈栖居的物质场所，也为今人留下心灵的栖息地，那么找到通往一段尘封历史的入口，更是祖先的馈赠。

在城镇化过程中，大部分地方对古城（镇、村）的保护还是比较重视的，但也有一些地方主动或是被动地没有保护好。主动的是指一些地方在拆迁过程中拆掉一些有价值的古建筑；被动的是指对于当地的古城（镇、村）保护不力。甚至有不少古城（镇、村）都以保护的名义搞破坏，明明是新建的，却要仿古成风，这就形成假文化，这也是要不得的。

习近平同志曾说：“保护古城是与发展现代化相一致的，应当把古城的保护、建设和利用有机地结合起来。”著名作家冯骥才说：“城市，你若把它视为一种精神，就会尊敬它、保护它、珍惜它；你若把它只视为一种物质，就会无度地使用它，任意地改造它，随心所欲地破坏它。”

古城（镇、村）的保护与发展，离不开社会各界的关注与支持，尤其离不开政府的后盾力量。很多时候，古城（镇、村）如何保护？古建筑如何修缮？修缮后又怎么办？政府自始至终需要扮演主导者的重要角色，进行全方位地权衡和安排。正是政府的全方位介入，才能更好地引导古村落健康稳定发展。我们要坚持底线思维，任何时候、任何情况下，对不可移动文物、历史街区、优秀历史建筑都要立足于保，而不是拆。在此基础上，妥善、慎重地搞好古城（镇、村）开发利用。同时，我们要注意防止和纠正以下三种错误倾向：一是不尊重法律和科学，未经报批就擅自动手；二是割裂文物与其周边环境的共生关系，将历史文化古城（镇、村）保护中的“文物”仅仅局限为各级“文物保护单位”；三是不把保护、利用的出发点放在传承地域文化、彰显本地特性、服务本土居民之上，而是仅仅将之当作发展旅游、刺激经济的赚钱手段。我们要力求做到，一是要古今兼容：既要加快城市发展和建设，也要保护好文化遗产，在发展中保护，在保护中发展；二是要短长兼顾：既要重视经济发展，又要重视人文环境的保护，做到保护文物和发展生产两不误；三是要建章立制：为留住文化根脉奠定法制和制度基础，让文化遗产保护有法可依、有序推进。

古城（镇、村）保护和发展是政府职责、是公益事业，利及当代，福泽后世。

13 田园城市是统筹城乡发展的理想城市形态

霍华德的“田园城市”思想

19世纪末的欧洲特别是英国，面临工业化带来的严重的城市问题。工业化革命促进了城市化的进程，大量的农村劳动力涌入市区，使城市人口与用地规模急剧膨胀，也使城市原有的市政基础设施不堪重负，住宅需求问题日益突出；不仅如此，城市的居住生活环境也持续恶化，贫富差别日益悬殊，环境异质性加强，贫民窟与华屋美宅共存的现象随处可见，这一切都导致社会矛盾的日渐尖锐。这时人们开始认识到，城市规划对于一个城市的有序发展是十分重要的，包括英国在内的欧洲各国都希望找到一种改变局面的新方法，因此各种城市问题的研究和实验得到政府的重视。正是在这样的时代背景下，1898年，英国社会活动家埃比尼泽·霍华德（Ebenezer Howard）在他的著作《明日：一条通向真正改革的和平道路》（*Tomorrow: A Peaceful Path to Real Reform*）中提出了关于城市规划的设想，认为应该建设一种兼有城市和乡村优点的理想城市，他称为“田园城市”。1902年《明日：一条通向真正改革的和平道路》改名为《明日的田园城市》(*Garden Cities of Tomorrow*）并沿用至今。这是一本具有世界影响，知名度很高的书。在它的影响下，英国于1899年建立了田园城市协会（Garden City Association），以后改名为田园城市和城市规划协会（Garden Citiesand Town Planning Association），1941年改称城乡规划协会（Town and Country Planning Association）。该书后来多次再版，被翻译成20多种文字流传全世界，被学界奉为现代城市规划领域的一部经典著作。田园城市运动也发展成世界性的运动：除了英国建设的莱奇沃思（Letchworth）和韦林（Welwyn）两座田园城市以外，奥地利、澳大利亚、比利时、法国、德国、荷兰、波兰、俄国、西班牙和美国都建设了“田园城市”或类似称呼的示范性城市。它代表了19世纪到20世纪之交，人们对于理想城市的一种思考，同时从另一个侧面反映了当时人们社会改革的强烈愿望。该著作因其高度的前瞻性在城市规划和城市理论的发展史上具有举足轻重的地位。

霍华德倡导的是一种社会改革思想：用城乡一体的新社会结构形态来取代城乡分离的旧社会结构形态。他在序言中说：“城市和乡村都各有其优点和相应缺点，而城市—乡村则避免了二者的缺点。……这种该诅咒的社会和自然的畸形分隔再也不能继续下去了。城市和乡村必须成婚，这种愉快的结合将迸发出新的希望、新的生活、新的文明。本书的目的就在于构成一个城市—乡村磁铁，以表明在这方面是如何迈出第一步的。”霍华德第一次把人民解放的愿望表达出来。他说：“那些拥挤的城市已经完成了它们的使命；它们是一个主要以自私和掠夺为基础的社会所能建造的最好形式，但是它们在本质上就不适合于那种正需要更重视我们本性中的社会面的社会——无论哪一个非常自爱的社会，都会使我们强调更多关注我们同伴的福利。”1919年，英国田园城市和城市规划协会经与霍华德商议后，明确提出田园城市的含义：“田园城市是为健康、生活以及产业而设计的城市，它的规模能足以提供丰富的社会生活，但不应超过这一程度，四周要有永久性的农业地带围绕，城市的土地归公众所有，由一委员会受托掌管。”霍华德设想的田园城市包括城市和乡村两个部分。城市四周为农业用地所围绕；城市居民经常就近得到新鲜农产品的供应；农产品有最近的市场，但市场不只限于当地。田园城市的居民生活于此，工作于此。所有的土地归全体居民集体所有，使用土地必须缴付租金。城市的收入全部来自租金；在土地上进行建设、聚居而获得的增值仍归集体所有。城市的规模必须加以限制，使每户居民都能极为方便地接近乡村自然空间。霍华德对他的理想城市作了具体的规划，并绘成简图。他建议田园城市占地为 6000 英亩（1 英亩 =0.405 公顷）。城市居中，占地 1000 英亩；四周的农业用地占 5000 英亩，除耕地、牧场、果园、森林外，还包括农业学院、疗养院等。农业用地是保留的绿带，是城市功能与乡村功能的缓冲区，包括耕地、林地以及疗养院等，作为永久性保留绿地，为田园城市确立了一个明确的城市空间边界。在这 6000 英亩土地上，居住 32000 人，其中 30000 人住在城市，2000 人散居在乡间。城市人口超过规定数量，则应建设另一个新的城市。田园城市的平面为圆形，半径约 1240 码（1 码 =0.9144 米）。中央是一个面积约 145 英亩的公园，有 6 条主干道路从中心向外辐射，把城市分成 6 个区。城市的最外圈地区建设各类工厂、仓库、市场，一面对着最外层的环形道路，另一面是环状的铁路支线，交通运输十分方便。霍华德提出，为减少城市的烟尘污染，必须以电为动力源，城市垃圾应用于农业。霍华德还设想，若干个田园城市围绕中心城市，构成城市组群，他称为“无贫民窟无烟尘的城市群”。中心城市的规模略大些，建议人口为 58000 人，面积也相应增大。城市之间用铁路联系。霍华德提出田园城市的设想后，又为实现他的设想作了细致的考虑。对资金来源、土地规划、城市收支、经营管理等问题都提出具体的建议。他认为工业和商业不能由公营垄断，要给私营企业以发展的条件。

根据霍华德的设想，田园城市的规模必须加以限制，目的是避免大城市过度集中和拥挤而产生的城市问题，同时也可使市民更方便地接近乡村自然生态空间。霍华德的“田园城市”深刻地阐述了城乡结合的发展模式，并为城市的进一步发展提供了广阔的空间：田园城市是城市和乡村的有机动态平衡。一方面城市为农村提供了广阔的市场，另一方面围绕城市的田野是支持城市发展、保持城市生态平衡、抑制城市无节制膨胀的关键。这种对城乡的积极认识与当今城市的可持续发展是一致的。田园城市是一个功能相对完整的城市。它是一个多功能混合的城市，为人们提供了从居住、工作、教育、购物到休闲的一整套生活方式。因此，每一个田园城市可以不依赖其他城市而存在，形成独立自足的发展模式，由此来吸引大城市和农村的人口。田园城市避免了传统单一核心的城市在发展过程中的恶性膨胀。从空间形态上看，田园城市必然是一组城市群体的概念：当一个城市达到一定的规模后应该停止增长，要安于成为更大体系中的一员，其过量的部分应当由邻近的另一个城市来接纳。当若干个田园城市发展到合理规模时，就组合成社会城市。社会城市是由若干个田园城市组合形成，之间以绿地间隔，并通过铁路交通来联系，这样既可以保证每个田园城市的合理规模，又可以享受到大城市的优点，并避免大城市资源浪费、效率低下的缺陷。

霍华德的田园城市理论，其思想的核心内容是通过城乡结合控制合理的城市规模，形成一种有机平衡的发展模式——建立城乡融合、具有适合规模的田园城市，形成田园城市簇群，最终构建社会城市结构体系，确立城市增长的正确原则。从广义上讲，霍华德的田园城市理论并不单纯是一种形式上的或是图面上的城市规划，实质上是一种对社会的改革，即对构成社会并对社会发展起着关键作用的城市风貌、城市有机体的总体规划。不仅包括城市的总体布局与周围城市的关系，而且很大一部分是针对影响城市发展的各有机体方面的规划及安排，从而解决不断畸形发展的大城市带来的种种问题，阻止大城市无节制地发展。该理论具有极大的超前性，甚至超越了很多现代城市规划的思想，规划界将其称为“现代城市规划的开端”。

“田园城市”思想所产生的影响

自霍华德时代以来，尽管整个世界已经变得无复辨认：两次世界大战和其间一场重要的经济萧条、战后的长期繁荣、全球能源危机、经济全球化，或不是基于商品制造而是基于信息过程的经济的结构性转变，但是人们的关注就如同在霍华德时代一样，依然是通过有实效的、可实行的规划政策，寻求与环境质量相结合的社会的正义、繁荣和平等。从欧洲历史上田园城市运动的思想发展轨迹中可以进一步看出，田园城市运动不仅仅是一场城市建设运动，它产生于社会转型之际，蕴含了深刻的社会改良和文化变革的追求。将大城市的先进技术和乡村迤逦的田园风光相结合的理想，其本质上是一种消除工业化过程中日益尖锐的社会矛盾的诉求。总的来说，田园城市是建立在对历史和现实深刻批判上的理想之城，它唤起了人们对美好生活环境的向往，并为这一理想的实现提出了许多富有建设性的方法，甚至它的影响渗透到后来的很多城市规划的实践中。刘易斯·芒福德曾说过："20 世纪，我们目睹了两项预示了一个新时代诞生的伟大发明。第一项发明（飞机）使人们得以展翅飞翔，第二项则使人们有希望在返回地球后能住在最美好的地方。"这"第二项"即指田园城市。霍华德的"田园城市"思想对后来的城市发展与城市规划理论产生深刻影响，并影响到世界大多数国家的城市规划尤其是第二次世界大战后西方国家的新城建设。赖特（F.LWright）的"广亩城市理论"，雷蒙·恩温（Raymond Unwin）的"卫星城市理论"、沙里宁（Eliel Saarinen）的"有机疏散论"（Theory of Organic Decentralization）都是对霍华德的"田园城市"理论的继承、深化与发展。1932 年，赖特提出广亩城市理论，将城市空间扩散理论发展到极致。赖特认为，现代城市不能代表和象征人类的愿望，也不能适应现代生活需要，是一种反民主机制，需要将其取消。他在《消失中的城市》一书中指出，现代城市背离了人类的愿望，也不能适应现代生活需要，因而需要将其取消，尤其是取消大城市。他认为：反映人类的愿望、适应现代生活需要的城市，应该是无所不在而又无所在的，这将是一种和古代城市或任何现代城市差异如此之大的城市，以致我们根本不会把它当作城市来看待。在随后出版的《宽阔的田地》中，他正式提出广亩城市理论，把城市向乡村扩散，把集中的城市重新分散在地区性农业网格之上。相比之下，赖特提出的设想，从人与自然的天然联系的本能出发，满足了人在城市功能的异化（弊病）中对克服异化和追求本能的需求，因而更能被人们所接受。可以发现，赖特的广亩城市理论是在美国小汽车大量普及的条件下出现的，美国 20 世纪 60 年代的"市郊商业中心"和"组合城市"可以认为是这种思想的真实体现。沙里宁为缓解由于城市过度发展而产生的一系列问题，在1943年出版的《城市：它的发展、衰败和未来》一书中提出了有机疏散理论以解决城市布局和发展问题。他认为今天趋向衰败的城市，需要有一个以合理的城市规划原则为基础的革命性的演变，使城市有良好的结构，以利于健康发展。沙里宁全面考察了中世纪欧洲城市和工业革命后城市发展的历史，分析了有机城市形成的条件，揭示了现代城市衰败的根源，提出促进其进一步发展的对策。该理论最显著的特点是主张将原来密集的城区分成一个一个的集镇，集镇之间用保护性的绿化地带联系起来。沙里宁的有机疏散理论讨论了城市发展思想、城市经济状况、土地、立法、城市居民教育、城市设计等方面的内容，将城市看作一个有机联系同时存在相对分离的区域，从区域角度讲，这是一种城乡差距较小的城乡区域均质体。有机疏散论在第二次世界大战后对欧美各国建设新城，改建旧城，以至大城市向城郊疏散扩展的过程有重要影响。

从城市规划与建设的实践来看，20世纪20～40年代的卫星城建设、第二次世界大战后以英国为代表的新城运动、20世纪80年代兴起并延续至今的“新城市主义”运动，也都深受“田园城市”理论的影响。新城市主义是20世纪90年代初提出的新的城市设计运动，认为目前发生在许多大城市的一系列社会问题，都或多或少的是由于第二次世界大战后几十年无序的郊区化趋势所带来的，而这一趋势是基于奉行功能分区，汽车主导、忽视公共领域、漠视人文精神和自然环境而形成的。为此，新城市主义理论提出了相应的规划主张，其核心思想为：重视区域规划，强调从区域整体的高度看待和解决问题；以人为中心，强调建成环境的宜居性以及对人类社会生活的支持性；尊重历史与自然，强调规划设计与自然、人文、历史环境的和谐性。在这样的核心思想下，新城市主义理论形成两种主要的发展模式，一种是杜安尼与普拉特（Andres Duany & Elizabet Hplater）夫妇提出的“传统邻里发展模式”（Traditional Neighborhood Development，TND），它强调城镇内部街坊社区建设理念，TND是社区中心、邻里中心模式，即商业服务设施布局于居民小区的中心，在交通干道的框架内通过次级道路网络连接居民区；另一种是由卡尔索尔普（Peter Calthorpe）在其所著的《下一代美国大都市地区：生态、社区和美国之梦》中提出的“公交主导发展模式”（Transit-Oriented Development，TOD），它则更加强调城市从整体方面出发的建设理念，TOD是公交主导的发展单元，即以公交站点为中心布局商业服务设施，扇状辐射小区。二者间没有本质区别，都体现了新城市主义城市建设的最基本原则：（1）紧凑性原则。新城市主义的邻里单元是一种限制在一定区域中和围绕一个限定中心的城市化模式。其社区具有固定边界，以利于对周围生态环境的保护。另外，在社区中应该达到足够的人口密度，保持人口居住的紧凑度，提高土地和资源的利用率。（2）适宜步行原则。新城市主义认为应该发展大运量、快速的节约能源消耗的公共交通系统辅以无须消耗能源的步行系统，并尽可能多地考虑步行易达空间，保持城市生态的可持续发展。但是新城市主义者也意识到汽车对于现代生活的必要性，他们并不排斥使用小汽车，而是推崇传统市镇的那种“网格状”道路体系，因为它既便于紧凑化的布局，又能提供灵活多样的出行路线，减轻交通干道的压力，提高运输效率。（3）多样性原则。人的多样性，主张在城市、社区和邻里内应该有多种多样的适合不同类型人群居住的房屋，从而保持入住主体的多样性，并强调社区互动以加强这些不同主体之间的社会交流与联系，以解决贫富隔离、社会两极分化等社会问题；社区功能多样性，反对过去的建设理念中过分注重功能分区的做法，强调城市特色和活力来自对丰富的资源的混合使用，使居民、工作单位、商业活动等融入邻里和社区的生活中；社区环境多样性，强调在城市社区建设中应保持该地区的特色，维持当地文化与传统，最大限度地寻求各个社区的多样性，保持整个城市文化传统的可持续发展。（4）珍视环境原则。新城市主义把区域中的城市和郊区及其自然环境看作一个经济、社会和生态的有机体，共生共荣，城市既要注重内部更新、完善和有机组织，又要保持与郊区农田、自然生态环境的和谐关系。它主张建立多中心的有机的城镇体系结构，不同的城镇之间存在互补的关系。中心城市、普通城镇和郊区共同构建一个完整的城市生态体系。（5）可支付性原则。由于紧凑性的发展，一定程度上降低了土地及基础设施建设成本，并且通过开发多种类型和不同价格水平的住宅，让不同阶层的家庭都能支付得起，这又有利于保持住宅主体的多样性。

进入21世纪后，世界正在经历着全球化和信息化的进程，可持续发展已经成为整个人类的行动纲领。无论是机遇还是挑战，这些宏观趋势都会影响城市和城市规划。但是，我们可以非常肯定地预言，城镇的社会机遇和乡村的自然环境将仍然是人类对于居住地的双重追求。从这个意义上讲，霍华德的田园城市理念对于城市规划的影响也将持续下去。

“田园城市”：城乡统筹发展的理想价值目标

城乡关系是指城市与乡村作为一定区域内共同存在的两个空间实体，在政治、经济、文化等各领域的相互联系、相互制约的互动关系。“田园城市”理论强调的田园城市实质上就是城乡的结合体，田园城市的设计理念是围绕健康、生活以及产业而展开的，其规模被严格限定在能够足以提供满足丰富社会生活的幅度之内（目的是使每户居民都能方便地接近乡村自然空间），其四周必须要有永久性农业地带围绕（农业用地是被保留的绿带，永远不得改作他用），这样的理论无疑是对城乡融合的完美描述，由城市中心到乡村外围的和谐“田园城市”应该作为我国城乡统筹发展的理想价值目标。

霍华德“田园城市”的理想模式，把城市作为一个主体，强调了城乡之间的相互联系。这些都是相当进步和具有一定科学性的见解，对当时的城市化进程作出了较好的反思，也有助于后来城市和乡村的规划与发展。“田园城市”的价值并不是形成城市系统中一个个互相无关的城市雏形，而是建立一个城市生长发展的机制，把城市与农村的优点融合在一起，构成一个统一的整体；吸收城市和城镇的优点，而避免所有缺点。“田园城市”不仅仅是规划意义上的空间形态，它更是一种空间载体，是城乡高度融合后所表现出来的社会形态。“田园城市”在第一时间浮现在人们脑海的就是优美的英国式田园风光，乡村、农庄以及小城镇的空间形态。田园城市是城市和乡村的有机动态平衡。一方面，城市为农村提供了广阔的市场，另一方面，围绕城市的广阔田野是支持城市发展、保持城市生态平衡、遏止城市无节制膨胀的屏障。田园城市的意象是自然的意象、和谐的意象、健康的意象、幸福的意象和创新的意象。从今天的角度看，霍华德的“田园城市”有点类似于宜居城市。这种宜居城市有着和乡村紧密联系的开放系统，既有发达的工商业，更有永久的农业生产；既有城市的便利，也有着美丽的田园；既有优美、整洁、和谐的自然生态环境，也有安全、便利、舒适的社会人文环境。社会城市的宗旨还有为居住者提供更多的就业机会以及更好的发展机遇的意思。这样，把良好物质环境、生态环境和人文环境相结合，确实是宜于人类居住和生活的集聚场所，而宜居城市无疑是现代人所追求的。在这个意义上，田园城市没有过时，而且有着强烈的现代性。从今天的角度看，田园城市使城乡交融，达到了城乡统筹。按霍华德的设计，在每个田园城市里，既有生活居住社区，又有配套齐全的文、教、卫、体等基础设施；城市的周边是大面积的生态用地、农业田地，确保城市的生态环境质量。中心城市、周围城镇和乡村之间通过发达、便捷的交通线，实现人员、物资的快速低成本流动。所以，田园城市是将农村的发展纳入城市的发展系统，乡村的美好环境与城市生活的优点有机结合起来的和谐城市。在这个意义上，田园城市堪称和谐城市，有着强烈的国际性。

“田园城市”不只是美如花园的城市，它的深刻内涵在于注重城乡之间的均衡发展。田园城市是一种统筹城乡发展的城市化理念，建设田园城市是统筹城乡发展的重要路径。霍华德的“田园城市”理论兼具城市乡村优点、推崇城乡一体发展的理想形态，生动诠释了城乡统筹、区域平衡、社会和谐、生态文明的科学发展理念，向世人展示出“自然之美、社会公正、城乡一体”的动人画卷：自然之美——水清洁、无烟尘、空气清新、田野与城市相融；社会公正——社会机遇平等、充分就业等；城乡一体——城市繁荣和乡村发展互动取代城乡分离。这也是田园城市理论中最具时代意义、最具有生命力的内容。自然之美，就是要严格保护农业地带，让居民能够方便地享受到乡村的清新乐趣，要突出住宅和公共建筑的园林化，建设亲近自然的居住环境，要大量使用清洁能源、减少污染等，其实质是一种可持续发展理念；社会公正，就是要改革分配制度、减少收入差距、保障就业和发展的机会均等，为穷困者建设住宅，逐步减少和消除贫困差距，建立一个公正的社会结构；城乡一体，就是要把乡村和城市作为一个整体进行建设和改造，建立一个兼具城市和乡村优点的新型城乡结构形态，实现城市和乡村的有机动态平衡。这是一条新型城市化道路，既是随着生产力的发展而促进城乡居民生产方式、生活方式和居住方式变化的必然过程，也是打破城乡相互分割壁垒，逐步实现生产要素合理流动、优化组合的现实要求，将有力推动生产力在城乡之间合理分布，逐步缩小城乡之间的基本差别，使城乡融合为一体，达到城乡空间有序平衡、经济社会一体发展的格局。因此，“田园城市”是统筹城乡发展的理想城乡形态，有巨大潜力成为推进城乡一体化的有效途径、功能区规划的现实样本、生态文明建设的重要保障。

“田园城市”这四个字把它放到一起来理解，实际上体现了很多东西，统筹也好，融合也好，一体化也好，这个词都可以包含。它实际上也是一个统筹区域的概念。比如，统筹人与自然和谐发展，“田园城市”强调的是要和大自然融为一体；统筹经济与社会发展，“田园城市”里蕴含着一种和谐的关系。“田园城市”实质上是城和乡的结合体，即用城乡一体的新社会结构形态取代城乡分离的社会结构形态，这与当前我们要走的统筹城乡发展之路形同神合、高度契合。城乡统筹和田园城市是一脉相承的，田园城市是城乡统筹的一个高级目标。城乡统筹是田园城市所体现的、真正的城市规划所需要表达的方面。田园城市与我们倡导的城乡统筹、维护公正、和谐社会是一致的。城乡统筹就是要充分发挥工业对农业的支持和反哺作用、发挥城市对农村的辐射和带动作用，建立以工促农、以城带乡的长效机制，促进城乡协调发展。在物质文明建设方面，学习田园城市理想，实现城乡的一体化。目前的城乡公共产品供给失衡，城市美轮美奂，乡村破烂不堪，或者新农村集中居住区成为“乡村里的都市”，成为农村汪洋中的一点红，而传统村庄面貌依旧，基础设施建设严重不足，城乡居民的生存和发展环境差距越来越大。城乡统筹就应该从根本上改变这个面貌，让乡村生活与设施城市化，让乡村居民拥有城市的基础设施，享受城市的生活方式。田园式的城市形态，意味着形成多中心、组团式、网络化的城乡空间布局和人性化、生活化的城市空间结构，既有优美的田园风光，也有强大的现代化功能，并体现丰富的历史文化内涵。因此，现代“田园城市”是统筹城乡发展的一种新模式，它是对当前城市化进程的进一步探索和再次反思，它充分体现以人为本的发展理念，要求打破城乡二元壁垒，与城乡一体化的发展战略和路径选择是高度契合、一脉相承的，是统筹城乡发展的理想城市形态。现代“田园城市”所要处理的并不是以往“城市—乡村”中所表现得比较单纯的两者之间的关系，而是一种围绕城市与乡村展开的多向量关系，它的内容更为丰富，特色也更为鲜明。现代“田园城市”建设还与统筹城乡发展的取向高度契合，其最终目的是要在迈向现代化的道路上实现城市与乡村协调发展，人类与自然和谐相处。

当前我国正处于城乡空间地域畸形发展的拐点期，社会整体持续发展能力递减和社会整体合法性危机加剧要求我们清晰地认识到城乡统筹的紧迫性和重要性：一方面，城乡统筹是实现中国现代化的根本途径；另一方面，城乡统筹又是破解社会矛盾的直接抓手。当前，城乡统筹是社会效率与社会公平的集结点，是统领社会事业全面发展的内在主线，是和谐社会和小康社会得以建成的根本保障。而田园城市思想，为我们的城乡统筹发展提供了重要的思路，可以作为我国城乡统筹发展的理想价值的参考目标。因此，我们要深入推进统筹城乡发展工作，促进现代田园城市建设。

14 将城市生态文明建设提升到新高度

生态文明源于对发展的反思，也是对发展的提升、对工业文明的超越。正是从文明进步的新高度重新审视中国的发展，党的十八大将生态文明建设载入新党章，纳入"五位一体"总布局的战略决策。在当今全球生态治理仍处于"西强东弱"的话语体系格局之下，把建设生态文明提升到治国理政的战略高度，彰显了中国共产党加强生态文明建设的理论自觉和政治追求。十八届三中全会提出加快建立系统完整的生态文明制度体系，十八届四中全会要求用严格的法律制度保护生态环境，再一次提高了生态文明建设的制度维度。

随着生态文明建设不断推进，很多深层次的利益冲突、制度缺陷和体制机制障碍等问题逐渐暴露出来，许多地方感到创新的空间受到各种外部条件的制约，有的地方和部门感到生态文明建设涉及的方面很多，看不清进一步深化工作的方向。2015 年 9 月，中共中央政治局会议审议通过的《生态文明体制改革总体方案》，无论是在理念层面还是在制度建设层面，都堪称生态文明建设顶层设计的里程碑。与之前已经发布的《关于加快推进生态文明建设的意见》《党政领导干部生态环境损害责任追究办法（试行）》等制度一起将一幅比较完整的生态文明建设蓝图清晰地展现出来。

习近平总书记在生态文明建设方面提出了很多新的思想、新的论断，这些新的思想和论断都是走在理论前沿和时代前沿的。所以，在制订《生态文明体制改革总体方案》时，归纳为"尊重自然、顺应自然、保护自然，发展和保护统一，绿水青山就是金山银山，自然价值和自然资本，空间均衡，山水林田湖是生命共同体"六个理念，"坚持正确方向、自然资源公有、城乡环境治理体系统一、激励和约束并举、主动作为和国际合作结合、试点先行与整体推进结合”六个原则，希望能够用思想的高度和理念的深度来引领整个生态文明体制改革。同时，生态文明体制改革确立的理念、遵循的原则，都需要具体的制度予以贯彻实施：自然资源资产产权、国土开发保护、空间规划体系、资源总量管理和节约、资源有偿使用和补偿、环境治理体系、市场体系、绩效考核和责任追究……一系列制度将为生态文明体制改革的顺利推进提供保障。

城市是生态文明建设的主角。然而，快速的城市化进程导致我国城市生态环境问题日益凸显。部分城市 PM2.5 过高，城区绿地、湿地减少，地下水、湖泊和河流水质恶化，土壤退化，城市的绿色生态线受到冲击。城市发展超过生态承载力、环境质量日益不宜居、能源资源产出的低效率以及对生态利益享受和生态环境成本责任分担不公平等，成为制约我国城市化科学发展和生态文明建设的重要因素。建设城市生态文明要以敬畏自然、尊重自然、顺应自然、保护自然为理念，使城市建设全过程真正实现依托现有山水脉络等独特风光，让城市融入大自然，让居民望得见山、看得见水、记得住乡愁。因此，全面推进城市生态文明建设，要重点从以下几个方面入手：一是科学制定城市生态文明建设规划，优化城市空间开发格局。二是加强城市环保基础设施建设，因地制宜打造四级城市建设系统。三是要加强自然资源的管理和保护，既要做好显山露水文章，又要进行湿地开发与保护。四是加强城市绿化建设，完善城市宜居的生态标准。五是推行绿色产业发展，用绿色规划引导产业转型改造。六是推行生态宜居社区建设，推崇绿色健康的生活方式和出行方式。

城市生态文明建设，目标高、任务重，必须采取有力举措保障城市生态文明建设长久、顺利推行。因此，我们首先要建立多元化投入体制，切实以多元化、大力度的投入加快推进生态城市建设步伐。其次，树立城市生态文明法治理念，完善相关的法规制度；创新生态环境执法体制，强化执法监督保障机制；加大司法保护力度，大力推行生态环境公益诉讼。再次，构建包括资源利用、环境质量、生态安全、生态制度、生态文化、经济发展以及社会进步等子系统在内的生态文明建设综合评价体系，客观地反映城市生态文明建设成效。最后，进行人—境生态系统建设，实行人—境生态系统建设的生态责任制和生态接力制，引导城市生态文明建设的社会参与。

生态文明建设是理念、制度和行动的综合，它通过科学理念指引制度设计，通过制度规范和引导行动，从而构成一个完整的体系。推进生态文明体制改革的总体方案，就是要搭好基础性框架，构建产权清晰、多元参与、激励约束并重、系统完整的生态文明制度体系，推进生态文明领域国家治理体系和治理能力现代化，从而实现城市可持续发展！

15 大力加强生态文明城市建设

生态是生存之本，环境是发展之基。良好的生态环境是人和社会持续发展的根本。一个城市的发展不仅要扩大外向度，更需增强内生力。在发展与环境的关系日益密切的今天，良好的生态环境无疑是实现城市经济社会腾飞的最强内生力，这是我们的立世之本、发展之基。习近平总书记指出，要把生态环境保护放在更加突出的位置，像保护眼睛一样保护生态环境，像对待生命一样对待生态环境，在生态环境保护上一定要算大账、算长远账、算整体账、算综合账，不能因小失大、顾此失彼、寅吃卯粮、急功近利。

20 世纪以来，人类工业文明的发展使得人类在地球上的足迹迅速扩张，人类居住环境也因为人类活动加剧而受到广泛的影响。在实施可持续发展战略条件下出现的工业文明与生态文明并行交叉过程，是我国城市发展面临的大背景和大趋势。党的十八大将生态文明建设载入新党章，并提出将生态文明建设融入经济、政治、文化、社会建设各方面和全过程。生态文明凸显了推进科学发展观和构建和谐社会的执政新思维，是我国党和政府对人类文明发展作出的杰出贡献。不同的文明范式特征借由特定的经济发展模式、政治理念、科技功能、价值观念、运行方式等表现出来。生态文明作为一种理念提出，是对工业文明发展范式所造成的生态危机的深刻反思。从工业文明迈向生态文明，涉及价值理念、目标导向、生产和消费方式等全方位的发展转型。生态文明作为一种全新的文明是解决城市问题，构建社会主义和谐，实现可持续发展的最佳途径。

当前，城市之间的竞争已经不再单纯地依赖经济总量，判断一个城市或地区的发展潜力和竞争优势，越来越多地会考虑到生态环境因素。生态环境不仅是城市经济社会可持续发展的基础，更是影响百姓生活幸福感的重要指标，良好的生态环境才是一个城市最具魅力之处。研究和实践都表明，倡导节约资源，建设高效、安全、健康、人文的生态城市，是我国城市建设的理想模式和现实选择，是推进生态文明建设的重要途径和内容之一，是解决我国城市问题和实现可持续发展的必由之路，是顺应民意、功在千秋的民心工程。正如习近平总书记指出的，"提高城镇化水平，必须体现尊重自然、顺应自然、天人合一的理念，依托现有山水脉络等独特风光，让城市融入大自然，让居民望得见山、看得见水、记得住乡愁"。

随着时代的发展，人类正走向生态文明建设，而城市生态化是现今时代的发展特征和过程。人类的文明程度越高，城市的驱动效应就愈加突出。所以，生态文明城市建设是生态文明社会建设的重心。习近平总书记对生态文明建设作出重要指示强调，生态文明建设是"五位一体"总体布局和"四个全面"战略布局的重要内容。各地区各部门要切实贯彻新发展理念，树立"绿水青山就是金山银山"的强烈意识，努力走向社会主义生态文明新时代。因此，我们决不能以牺牲生态环境为代价追求一时的经济增长，决不能以牺牲绿水青山为代价换取所谓的金山银山，决不能以影响未来发展为代价谋取当期增长和眼前利益，决不能以破坏人与自然关系为代价获得表面繁荣，决不能对环保突出问题束手无策、无所作为，对苗头性问题疏忽大意、无动于衷。

生态文明既是一种发展理念，也是人类社会发展的新时代。建设城市生态文明，不能仅仅局限于生态环境建设，必须将生态文明建设上升到发展理念优化、城市功能提升的高度，建设生态和谐、以人为本、功能多元、独具特色的新型城市，推动城市均衡发展。加快城市生态文明建设是当前社会主义文明发展的时代要求和最大的民生工程。坚持人与自然和谐的思想，不断改善人与自然的关系，使人、自然和社会达到和谐发展，是当下城市建设的目标追求。为了让城镇化进程符合发展规律，需要确立以生态红线为顶层约束的可持续理念、建设"经济—生态—民生"相协调的城市宜居环境、提高生态文明建设的生态效率，以及促进城市与相关利益主体的生态公平是城市生态文明建设的核心内容，也是城镇化的发展方向。

生态文明城市，作为城市建设的高级阶段，顺应时代和历史发展的潮流，是实现美丽中国构想的重要组成部分，当前如何持续推进城市的生态文明建设已成为人们关注的焦点。生态文明城市可以帮助人们寻求经济与生态的协调关系，改善人们的居住环境，人们将逐渐实现理想居住环境，做到可持续发展。当然，建设生态文明城市是一项复杂的系统工程。目前，重点要抓好以下工作：一是要根据资源环境承载力调节城市规模，依托山水地貌优化城市形态和功能，实行绿色规划、设计、施工标准。二是要增强生态责任意识、发展生态经济、丰富生态文化建设，建立和完善生态保障机制。三是要破除治污不发展的思维定式，树立绿色生态发展政绩考核观，构建生态经济文明、生态社会文明、生态环境文明、生态文化文明和生态制度文明五项主要的生态文明城市发展评价指标体系。四是要防治“城市病”，推进现代城市文明建设。在大气污染防治上，要坚持标本兼治和专项治理并重、常态治理和应急减排协调、本地治污和区域协调相互促进，多策并举，多地联动，全社会共同行动。五是创新生态文明城市建设的制度保障。建设生态文明城市是一个创新，必然要求体制机制随之创新，从法律法规、共建共享、资金投入、鼓励创业、人才支撑、自然灾害和突发事件应急等方面，深化公众参与，鼓励多方主体参与并加强第三方合作，通过各种途径推动多元化的环境监督机制建设，全面贯彻法治理念，为建设生态文明城市这一全新事业提供有力的制度保障。

16 生态文明新时代呼唤"智慧生态城市"

传统城市是建立在工业文明的基础上，通过对自然资源的粗放式获取、加工、消耗、废弃的利用模式与生产方式发展起来的。为了应对全球气候变化、资源能源紧缺、生态恶化的挑战，人类正在寻求以低碳为导向，推广和普及低碳绿色建筑，智慧生态城市则开始引领城市的转型发展。智慧城市引领的新型城市化是对传统城市发展的扬弃，是以人为本、质量提升和智慧发展的城市化。

几十年来，中国城市快速发展，大城市人口集聚，不少城市相继出现垃圾围城、交通拥堵、空间紧张、环境污染严重、生态系统退化等"城市病"，严重地影响居民的幸福指数。智慧城市是中国城市转型升级、提质增效的必由之路，是融合新型城镇化、工业化、信息化、农业现代化和绿色发展的有效载体。截至2016年6月，全国95%的副省级城市、超过76%的地级城市，总计超过500座城市（占世界智慧城市创建总数的一半以上），在政府年度工作报告中明确提出或正在建设智慧城市。目前，以277个智慧城市试点为代表的地方城市，正在致力于让理念落地，编制与智慧城市相关的顶层设计、实施方案和若干意见等。总体而言，中国现有的智慧城市建设及其评估指标更注重经济效应，而忽略了环境保护。建设智慧城市，需要建立资源节约型、环境友好型的科技技术体系，运用绿色科技解决城市发展中的新问题。物联网、大数据、云计算、"互联网+"等新技术的发展和应用，给城市建设和发展带来了新的内涵，"智慧生态城市"概念得以从理论探讨到实践落地。

智慧被赋予太多理想与完美的期许，智慧城市的生态性是基于智慧城市的本质与内涵，从技术、经济、信息化应用层面来实现高度智能的、具有生态环境可持续性的现代化城市。然而，在面对智慧生态城市建设上，对于“智慧城市”与“生态城市”的认知还存在片面性，还面临更多的制约因素。特别是在构建城市公共服务环境中，还遭遇诸多不相适应的困境。坚持城市规划的科学性、经济性、效率性、多极性，需要从智慧生态城市的决策、规划、绩效考核等方面来满足城市“公共利益”诉求，破解各类难题，促进城市建设的智慧化、生态化的协同发展。

智慧城市创新生态文明建设。走向生态文明新时代，建设美丽中国是实现中华民族伟大复兴的中国梦的重要内容，必须更加自觉地推动绿色发展、循环发展、低碳发展，把生态文明建设融入经济建设、政治建设、文化建设、社会建设各个方面和全过程。智慧城市是实现城市治理创新的关键理念与重要技术支撑，依托大数据、互联网、物联网和云计算等技术平台，有助于实现城市规划的方法创新和生态文明目标的实现。建设智慧城市是向生态文明城市转型的一个大好机遇，通过智慧城市的建设，着手解决城市实际问题，智慧地规划和管理城镇，智慧地挖掘、整合和配置城市各类有形和无形资源，努力实现信息化、智慧化与经济化的深度融合，实现城市发展目标的高度融合。智慧生态城市是将智慧核心特征与生态核心特征融为一体并予以升华，包含所有自然与人类文明精华的智慧与生态主题，顺应城市发展规律，利用综合手段，从能力、结构、系统、关系、环境、心理艺术与美学、美德等方面构建以人类与自然和谐共生境界为目标的城市发展模式和城市类型。智慧生态城市协同推进新型工业化、信息化、城镇化和农业现代化，探索生产、生活、生态协调发展的路径；加快构建低能耗、低物耗、低排放、低污染、低风险的智慧生态发展模式，努力开创生态文明新时代。

智慧生态城市是一种新出现的城市建设理论，也可以看作生态城市理论的升级版。这一理论重新审视了城市建设路径，重构了传统城市建设理论的结构和面貌，而且作为生态城市理论的深化和发展，智慧生态城市理论力争把信息化元素和人文关怀融入现代城市建设中，使城市成为真正的宜居之所。智慧生态城市是按照生态学原理进行城市规划设计而建立的高效、和谐、健康、可持续发展的人类宜居环境，并把新一代信息技术（互联网、云计算、大数据、社交网络等）充分运用在城市的各行各业之中的知识社会创新的高级信息化形态的宜居城市。智慧生态城市不是简单的智慧城市加生态城市，而是信息化与工业化、城镇化和农业现代化融合发展的新模式，也是新型城镇化的重要模式。与智慧城市或生态城市的理念不同，智慧生态城市超越了人类臣服自然、征服自然的技术主导下经济优先的发展理念，采取人与自然协调发展、以技术为手段科学利用自然的发展路径。智慧生态城市的建设遵循"以人为本，生态为基，智慧发展"的原则。智慧生态城市融合智慧城市、生态城市、绿色城市、低碳城市、数字城市、田园城市和园林城市等特点，用信息流引领技术流、资金流、人才流，提升信息采集、处理、传播、利用等能力，便于实现稳增长、调结构、惠民生、绿色环保的目标。

城市系统中资源的利用方式由单一的链状演变成复合的网状结构，知识成为重要资源。在对自然资源的利用中，智慧生态城市采用"资源（减量化使用）—产品—废弃物处理、循环利用和可再生资源"流程，开发智力促进科技进步，信息化带动工业化、农业现代化，调控城镇化；城市生产和生活考虑自然生态系统的承载能力，尽可能地节约自然资源，不断提高自然资源的利用效率。从总体上而言智慧生态城市的核心目标是在提高城市的智慧化水平和生态化水平的基础上，将智慧化与生态化予以最完善的融合，提升城市文化的传承和创新，最终增强市民的幸福感和城市的可持续发展。因此，智慧生态城市的战略推进，必须与中央城市工作会议要求密切结合，加强与城市规划和生态文明的协同创新，促进城市数字化、信息化建设与城镇功能提升的有机融合和智慧城市运营服务端的有效实现。

17 以人为本 拂去智慧城市的虚火

随着人们生活水平的提高，高科技的发展应用将人们带入互联网时代，进而产生智慧城市，并带动一系列产业的发展。相较于传统城市的发展，智慧城市的规划更依赖大数据分析和互联网的贯通，智能化也成为不少城市新的发展规划方向。作为未来城市的发展方向，提升城市综合承载力和市民生活品质的重要支撑，智慧城市建设正被国内越来越多的城市所重视。然而，如果细致分析就不难发现，在很多城市加入智慧城市规划和建设中存在诸多“趋之若鹜”现象：有些城市盲目跟风，把智慧城市建设作为政绩工程和形象工程，贪大求全，只看结果不看过程，只求速度不求质量；有的把智慧城市仅仅定位在工程建设，没有明确主要的工作任务和实施路线，也没有跨部门的共享和业务协同的信息机制、政策机制，只重投资，不求效果，贴标签的现象明显；有些地方甚至连什么是智慧城市都没有搞清楚，却把旗子举得非常高，当作政治口号在宣扬；等等。更为重要的是，对于智慧城市建设的价值归宿到底应该落脚在何处也并没有清晰的认识。

城市发展在很大程度上决定一个国家现代化进程，智慧城市是高质量城市化的重要途径，可以促进经济增长、推动产业升级、优化社会管理、普及更高水平的公共服务。所谓“智慧城市”，其核心在于运用移动互联网与大数据的力量，搭建能对城市居民之需求作出实时回应的城市生活体系。这个被构建出来的“城市”，应该能善解人意地了解你的需求，体谅你的不便，一切回归人性化。因此，智慧城市建设不能只是听上去很美。从管理者角度讲，就是促使城市“不得病”“少得病”或者得了病之后“快治病”，保障城市健康和谐发展；从企业角度讲，利用智慧城市技术手段，提升企业自身运营效力，降低运营成本，提升竞争力；从百姓角度讲，让民众感受到智慧城市带来的“便民”“利民”“惠民”，同时也对政府进行有效监督。

智慧城市既是承载大数据、“互联网+”落地实践的载体，也是促进大众创业万众创新的肥沃土壤，更是实现信息惠民的重要途径。技术革新了城市生活轨迹，技术带来了巨大的商业诱惑，技术进步的累累硕果更是对城市管理者的极大考验。智慧城市并不是单纯信息化的问题，也不是单纯数字城市的问题，而是一场深刻的变革，它不仅融合了云计算、物联网、大数据、地理信息等新一代信息技术，智慧城市还将推动城市管理方式的变革，让公众成为驱动城市发展的真正核心。其中，一个高效运转的政府、一个可持续发展的产业环境、一个便捷的民生环境，才是智慧城市的核心要件。

智慧城市是充分利用现代信息通信技术，汇聚人的智慧，赋予物以智能，使人和物互存互动、互补互促，以实现经济社会活动最优化的城市发展新模式和新形态。通过全面感知、互联互通、信息智能处理，实现城市经济、社会资源的优化配置和智能管理，实现政府、企业、家庭和居民智能化，确保城市管理和公共服务的高效率与人民生活的高质量，实现绿色可持续发展，加快城市化进程。对于智慧城市建设来说，有三个阶段需要递进，第一个阶段聚焦于“技术”层面，包含物联网、云计算等基础网络的铺设；第二个阶段属于“管理”层面，即如何通过大数据将各种网络管理起来，从而实现有效性的结果；第三个阶段才是“人文”的阶段，即在智慧城市的建设中是否符合人们的习惯，是否懂得人性化设计，等等。建设智慧城市不能仅依靠技术，以人的智慧加上先进的技术，才有可能实现智慧城市。因为技术本身并不会考虑人的需求，所以智慧城市的核心思想是要用智慧去建设、推进城市发展，而不是用技术来主导城市。当然，任何技术和管理的本质，都是要让人变得更加强大、让环境更适宜人的生活、为人提供更多的发展机会、让人与人的沟通更加顺畅……这意味着智慧城市建设应以城市居民为主体，强调市民体验，以增强城市的人文关怀和文化精神作为新的智慧城市建设价值定位，提升市民的幸福感，其所对应的是生命体城市观。智慧城市的核心在于运用移动互联网与大数据的力量，搭建能对城市居民之需求作出实时回应的城市生活体系。这个被构建出来的“城市”，应该能善解人意地了解你的需求，体谅你的不便，一切回归人性化。智慧城市建设就是要让这一切更加“以人为本”，从而实现城市的可持续发展，这已成为不可逆转的历史潮流。因此，从智慧城市递进的三个阶段看，“以人为本”才是智慧城市建设的终极目标。

智慧城市，不只是智能手机与APP，更不只是“互联网 +”。智慧城市建设涉及方方面面，涵盖智慧政府、智慧社区、智慧家庭、智慧交通、智慧医疗、智慧气象等，但其核心是人，“智”只是技术，“慧”才是根本，智慧城市的真正落脚点是惠民。因此，以民生为导向推动智慧城市建设是智慧城市的重要突破口。“人们来到城市，是为了生活；人们留在城市，是为了更好地生活。”亚里士多德曾经这样说道。理想的智慧城市应该是智能化无处不在。小到智能家居、智慧养老，大到城市管理、产业发展，信息技术在城市社会各领域实现全面普及和融合应用，城市居民将时刻感受到信息化带来的便利和实惠。

智慧城市在经历了以电子政务为中心的第一个发展阶段后，进入到系统融合、数据开放以及如何与社会互动的第二阶段，此后的第三阶段将会是真正通过科学技术使政府和老百姓更深入地融合在一起，这便是城市建设中最具价值的部分，即人性化的极大回归。技术再先进，硬件再完善，只要人这个关键环节出了问题，一切将无从谈起。说到底，智慧城市建设问题，不只是技术问题，而是主事者是否贴近一般市民生活层面来思考的问题。智慧城市的居民，是否有以科技便利其生活的自觉？智慧城市的管理者，是否有开阔的心胸、明亮的双眼，真正用科技力量解决民生难题？智慧城市建设决不能玩概念，要坚持以人为本，切切实实从改善民生入手，照顾到老百姓生活的方方面面。唯有这样，智慧城市才能深入人心，得到百姓支持，才能推广开来。

城市是为了让人的生活更美好！智慧城市建设，如果离开了这个本义，就会成为空中楼阁。城市优化与现代城市治理有着共同的价值理念——人的管理与服务。因此，智慧城市建设应时刻追问“以人为本”，不能离开“以人为本”和“以人为中心”的城镇化。智慧城市建设当用哲学思维来引领，万万不可缺了人文精神。“人”的智慧，才是城市能不能“智慧”起来的核心。不论何情何景，秉承智慧城市回归人性化的理念，才不会让精心打造的智慧城市建设误入歧途。因此，真正的智慧城市，必须时时刻刻坚守“以人为本”的基本价值诉求，从“人”本身出发，获得一种人性的灵感，这才是智慧城市的最终价值归宿。

当然，建设“以人为本”、更为包容、更加持续的城市绝非易事，智慧城市建设中顶层设计的完善、体制机制的创新、解决方案能否做到以人为核心、大众参与度等问题，必须集众人之能，借各领域之力才能实现。

18 能源互联网驱动智慧城市建设

城市发展离不开能源，能源是城市经济建设和社会发展的动力和血液。在城市发展的历史长河中，能源深刻地影响着城市生产和生活的各个层面。能源不仅提高了资本、劳动力和其他生产要素的生产率，而且成为城市经济发展的命脉，维持着城市经济的高速增长。世界上没有哪一个城市能够在能源供应不足的情况下维持城市实力的稳定上升。中国是世界上城市人口最多的发展中国家，同时也是世界第二大城市能源消费国。随着中国城市经济的持续快速发展，中国城市面临能源结构不尽合理，能源效率低下，能源安全保障程度较差等问题，并已经成为制约城市发展的瓶颈之一。

随着国家提出“互联网 +”战略，互联网正在向能源产业进行全方位渗透。能源产业为适应能源革命的要求，必须借力互联网技术及理念，并将其创新成果融入本产业，赋予能源信息数据属性，改造能源物理网络形态，优化能源传统组织结构，突破发展瓶颈，全面提高创新力和生产力。能源与互联网结合各自优势和特点的深度融合，共同推动着新业态的产生与发展，形成具有深远影响的全新业态——能源互联网。利用能源互联网的用户思维、平台思维、整合思维以及大数据思维能够有效推动能源供应的管理水平、协调优化、多能互补和交易体系的完善，可以更好地促进能源生产与消费革命，提高能源利用效率，推动节能减排目标的实现。

国务院非常重视以“互联网 +”智慧能源为代表的能源产业的创新发展。国务院总理李克强多次强调，能源供应和安全关系我国经济社会发展的全局，要推进“互联网 +”，推动互联网与能源行业深度融合，促进智慧能源发展，提高能源绿色、低碳、智能发展水平，走出一条清洁、高效、安全、可持续的能源发展之路，为经济社会持续健康发展提供支撑。《关于推进"互联网+"智慧能源发展的指导意见》明确提出要发挥互联网在能源产业变革中的基础作用，加快形成以开放、共享为主要特征的能源行业新模式、新业态。

城市发展高度依赖能源的开发形式、配置方式和消费模式。进入21世纪以来，中国城市化进程加快，城市迅速向周边扩张。在城市人口快速增长与能源需求不断加大的背景下，人们对于能源的清洁、高效、智慧发展等方面提出了新要求，能源互联网建设，将为智慧城市建设提供高效优质的动力支撑。虽然中国在建设智慧城市方面很有优势，但也面临实际的困难。我们也必须清醒地看到，当前中国大部分城市正处于工业化、城市化发展的重要阶段，经济的快速增长消耗了大量的资源能源，主要污染物排放总量仍然较大，高耗能、高排放行业增长较快，钢铁、有色、电力、石化、建材、化工等产业结构重型化的格局依然没有根本性改变，城市智能发展面临能源消费模式所带来的挑战。虽然现在中国城市人口中只有很少一部分人在能源消费和其他资源的使用方式上与西方人基本相似。但是，如果这部分人的能源消费模式变成中国的主要能源消费模式，那么中国构建智慧城市的目标就难以实现。

智慧城市是信息时代城市发展的新形态，基于全面感知、宽带互联和智能应用，创造人性化的管理与服务。智慧城市通过互联网、云计算等新一代信息技术以及维基、社交网络、Fab Lab、Living Lab、综合集成法等工具和方法的应用，实现全面透彻的感知、宽带泛在的互联、智能融合的应用以及以用户创新、开放创新、大众创新为特征的可持续创新。从国际城市经验看，智慧城市提供了新的技术层面支持，可以更好地实现在能源利用、交通出行、产业排放等方面智能发展，特别是结合城市规划建设的具体应用，从而将理念（绿色）技术（智慧）和平台（规划）完美结合起来。能源互联网是由互联网与新能源技术整合而形成的新型能源体系。发展智慧城市首先要解决能耗和排放问题，而能源互联网带来的低碳、节能、环保、绿色、可持续发展是智慧城市建设的重要组成部分，所以能源互联网和智慧城市是相互影响、相互促进、共同发展、密不可分的共同体。能源互联网在实现信息技术和能源技术融合的同时，为能源的可持续发展提供了有效支持，为智慧城市的建设提供了良好支撑。

智慧城市建设离不开智慧能源，智慧能源是智慧城市建设的基础和重要驱动力。特别是作为智慧城市能源供应和服务的“高速公路”，智能电网更是促进能源转型、塑造全新能源生产和消费观，实现城市发展方式和管理方式转变的重要力量。智慧能源与能源互联网是因果关系，智慧能源产业创新是能源互联网的实现条件。没有智慧能源产业创新发展就没有能源互联网，或者说能源互联网的概念只能停留在充满美好憧憬的想象空间上。只有使智慧能源产业化，才能使相关技术规范化、标准化；只有使智慧能源产业化，才能使已经形成的各类标准得以实施，得到应用；只有使智慧能源产业化，才能使企业找到创新动力和创新方法；只有使智慧能源产业化，才能使物联网应用需要的传感器技术、RFID 标签、嵌入式系统技术派上用场。可见，智慧能源产业与能源互联网的核心理念是一致的，智慧能源技术、产品及解决方案的创新发展及推广应用将有效推动能源互联网的形成与发展。能源互联网赋予城市全新内涵，第一点是大数据技术与节能技术的融合，第二点是政府层面能源数据公开，第三点是私营部门能源数据公开。如果这三点可以做到，智慧城市的万众创新将出现井喷的现象。

世界正面临环保和能源危机，为了把危机变成转机，发展能源互联网是当务之急。我们认为，能源互联网既是解决环保和能源危机，也是建设智慧城市最好的切入点和发展方向。智慧城市是城市发展和社会进步的方向，城市发展和生活方式向智慧城市的转变，将是向使用智慧能源方面的转变。同时，随着能源互联网的不断发展和能源革命的不断推进，能源技术不断突破，能源制度不断完善，能源互联网不仅可以满足安全、清洁、经济和持续要求，而且必将遵循人类文明演进的新趋势和新要求，逐渐“进化”出自组织、自检查、自优化、自适应等类似于大脑的强大智慧功能，开启智慧能源的全新时代。

总之，建设智慧城市实现转型升级，发展能源互联网将起到引领性作用。当然，在推动能源互联网与智慧城市建设的过程中，我们还需开发能源新技术、创立能源新形式、培育能源新业态、构建能源新制度，必须要以建立信息安全体系架构为前提，积极研究网络安全接入以及网络安全防护等各种关键技术，增强能源互联网抗风险、抗攻击、抗故障的自防自纠自愈能力。能源互联网的建设是“三大网络”的高度整合，涉及社会核心信息系统，必须要以构建信息安全体系为前提，才能最终促进智慧城市的建设。

19 智慧城市建设开启“智慧环卫”新模式

从过去“一个扫把一把锹，手推小车跑断肠”到如今一些道路清扫车、垃圾清运车等机械化设备的加入，环卫工作其实尚未与“脏、乱、杂、科技程度低”等描述脱离。“人多、面广、事杂”更是环卫管理工作最显著的特点。环卫日常管理运行中的难题解决不了，环卫管理就只能是低水平运行。如何配置众多的环卫资源，让它们优化组合一直是环卫部门关注的焦点。

在我国，城市垃圾从产生到处置的全过程管理中，收集和运输的费用占总费用的60% ~ 80%。这表明，如果通过科学管理，将收运系统进行合理优化将对环卫产业乃至整个社会产生重大意义。传统的垃圾收运模式已难以满足适合城市发展以及城市建设管理的需求，在这种大背景下，一种新的理念应运而生——智慧环卫。

智慧环卫是智慧城市的一个重要组成部分，是用一种更智慧的方法通过新一代的信息技术来改变政府、公众和企业，以及企业内各部门之间相互交互的方式，以提高交互的效率，使废弃物的收集、运输、加工和利用全过程的成本更低、效益更高，并能实现可视、可控、可互动和可循环。智慧环卫所有服务部署在智慧城市管理云端，对接智慧城市网络，以云服务方式随时为管理者及作业人员提供所需的服务。智慧环卫在促进城乡环卫一体化，破解垃圾围城，促使垃圾分类等方面发挥重要作用。通过智慧环卫的信息服务产品，让环卫作业和定额作业质量更符合科学标准，同时也让固体废弃物的专业收运路线更优化；智慧环卫既是对传统城市环卫作业模式的创新，又是对以往环卫监管方式的颠覆。

智慧环卫是软硬一体的环卫精细化管理新模式。与目前正在推行的数字环卫相比，智慧环卫拥有以下几点优势：一是智慧环卫在数字环卫的基础上，进一步利用传感技术、3S 技术对城市环卫运行状态进行自动、实时、全面透彻的感知；二是智慧环卫强调构建开放、整合、协同的环卫信息化体系，发挥城市环卫信息化的整体效能；三是智慧环卫通过 3G 网络、移动技术，实现环卫管理无所不在的互联和随时随地的智能服务，将环卫监管从 Web 端向移动端扩展；四是智慧环卫通过政府、市场、社会各方力量的共同参与，塑造市民参与、市民体验，实现全民环卫、环卫共治。

毋庸置疑，智慧环卫的出现将环卫工作模式由智能化升级为智慧化，使城市环卫管理工作更专业、更高效、更智慧。智慧环卫致力于用科技打造城市环卫工作管理新模式，通过及时、高效、充分的信息获取，规范、有效、科学的信息利用，实现城市环卫工作的可视化监控、智能化决策、精细化管理，增强管理者处理突发事件的能力。智慧环卫通过对环卫数据进行深入分析，为环卫管理者作出科学决策提供数字依据，使其实现对环卫工作的智慧管理。智慧环卫利用物联网、移动互联网、大数据等相关技术，对环卫管理所涉及的各类环卫设施、环卫作业车辆、环卫作业人员、环卫管理车辆、环卫管理人员进行全过程实时监管，通过为各级环卫管理元素配备不同的感知设备、智能终端，形成一个信息互联互通的物联网络。智慧环卫通过对这些相关环卫元素指标进行有效的梳理，可以将分散在各处的环卫数据形成数据资源，再利用大数据处理技术对数据资源进行分析、挖掘、应用、管理，促进环卫数据产生有助于环卫管理者进行科学决策的大价值。

智慧环卫的提出与发展适应环卫大市场整体发展的趋势。智慧环卫的推进，给整个环卫市场也带来了一定的变化。首先，智慧环卫运用互联网与物联网的形式，把环卫各个节点更好链接起来的同时，为后端垃圾处理提供了参照，也为垃圾后端处理提供了“粮食”，前端市场对后端处理有着极大的影响。因此，智慧环卫使得上下游企业之间的关系更为紧密，这也是当下一些末端处理企业延伸产业链、开拓环卫市场的原因所在。其次，老的环卫模式是“政府既是运动员，又是裁判员”，未来发展的方向是政府制定规则，企业来“踢球”。政府对企业有监管作用，企业应充分发挥市场优势，处理好环卫问题。

近年来，全国智慧城市建设的进程中，各地智慧环卫建设取得显著的成效。然而，从整体上看，大多数城市智慧环卫建设仍处于探索阶段，还存在走一步算一步，缺乏整体规划、环卫综合监管的技术手段落后、缺少通用的信息化管理平台、缺乏跨地区、跨层级的信息共享平台等问题。因此，智慧环卫必须建立在开放的互联网思维上，通过构建一个“共有、共享、共治”的智慧云平台，形成一种“共赢”和“多赢”的思维。第一，需要科学地做好智慧环卫顶层设计。智慧环卫行业需要与时俱进强化顶层设计与规范，统筹建设，整体推动智慧环卫的建设进程；需要有明确的智慧环卫管理指标体系，以指导、评估各地智慧环卫的建设。第二，需要借助“互联网 +”技术驱动智慧环卫转型升级。借助云计算、大数据技术引领智慧环卫系统建设，创新智慧环卫功能，使物联网、大数据、云计算等互联信息技术得到更广泛的应用，建成覆盖范围广、技术先进、通用性强、智慧化程度高的智慧环卫系统。第三，需要加强智慧环卫系统建设。完善环卫作业车辆实时监控系统，实现实时远程管理；完善环卫作业质量监督监控系统，实现动态控制指挥；完善环卫员工内部动态管理系统，提升工作效率；完善环卫事件公众参与反馈系统，提升服务水平；完善环卫作业监督考核系统，实现长效规范管理；等等。

20 使绿色成为城市的底色

绿色是生命的象征、大自然的底色。今天，绿色更代表了美好生活的希望、人民群众的期盼。环境就是民生，青山就是美丽，蓝天也是幸福。绿水青山就是金山银山的发展观，生态文明建设是一场“绿色革命”，是抒写中国梦城市篇章、实现城市与自然和谐共生不容忽视的关键因素。

绿色是大自然的特征颜色，是生机活力和生命健康的体现，是稳定、安宁、和平的心理象征，是社会文明的现代标志。绿色蕴含着经济与生态的良性循环，意味着人与自然的和谐平衡，寄予着人类未来的美好愿景。绿色社会成为一种极具时代特征的历史阶段，辐射渗入到经济社会的不同范畴和各个领域，引领着21世纪的时代潮流。

绿色发展是实施可持续发展战略的具体行动。习近平同志曾指出：“生态环境是经济社会发展的基础。发展，应当是经济社会整体上的全面发展，空间上的协调发展，时间上的持续发展。”2016年政府工作报告指出：要加大环境治理力度，推动绿色发展取得新突破。治理污染、保护环境，事关人民群众健康和可持续发展，必须强力推进，下决心走出一条经济发展与环境改善双赢之路。

城镇化是中国社会从未经历过的剧烈的、迅猛的社会经济变革，同时也必然给中国社会带来巨变。《国家新型城镇化规划（2014～2020年）》提出，要加快绿色城市建设，将生态文明理念全面融入城市发展，构建绿色生产方式、生活方式和消费模式。这意味着，下一步城镇化要着力推进绿色发展、循环发展、低碳发展，节约集约利用土地、水、能源等资源，强化环境保护和生态修复，减少对自然的干扰和损害，推动形成绿色低碳的生产生活方式和城市建设运营模式。党的十八届五中全会提出创新、协调、绿色、开放、共享“五大发展理念”，将绿色发展作为关系我国发展全局的一个重要理念，推动形成绿色发展方式和生活方式，为人民提供更多优质生态产品。《中共中央关于制定国民经济和社会发展第十三个五年规划的建议》指出：坚持绿色富国、绿色惠民，为人民提供更多优质生态产品，推动形成绿色发展方式和生活方式，协同推进人民富裕、国家富强、中国美丽。这意味着，“十三五”期间的城镇化要着力推进绿色发展、循环发展、低碳发展，节约集约利用土地、水、能源等资源，强化环境保护和生态修复，减少对自然的干扰和损害，推动形成绿色低碳的生产生活方式和城市建设运营模式。

绿色发展是实现全面建成小康社会目标的重要途径。习近平同志曾指出：“我们已进入新的发展阶段，现在的发展不仅仅是为了解决温饱，而是为了加快全面建设小康社会、提前基本实现现代化；不能光追求速度，而应该追求速度、质量、效益的统一；不能盲目发展，污染环境，给后人留下沉重负担，而要按照统筹人与自然和谐发展的要求，做好人口、资源、环境工作。”我们应该从更加广义的视角去阐释“绿色”，这可能更符合新型城镇化的定义和趋势，即“绿色”不仅包含自然生态意义中的环境，还应涵盖人类生存生活所依存的人文社会及经济环境。绿色城镇化应该是经济、社会、环境三位一体的绿色，它追求的不是某一方面利益的最大化，而是综合效益的最大化，因为城市本身就是经济、社会、环境的复合系统。

绿色是城市永续发展的根基。因此，我们在推进新型城镇化过程中，必须坚持绿色理念，建设生态宜居城市。要围绕生态、宜居、美丽城市建设，坚持让绿色成为城市的底色，把绿色发展贯穿城市建设、管理全过程，集中精力治理大气污染、水污染、土壤污染，倡导绿色建造和绿色出行，以绿色理念提升城市品格。

21 城市拥抱森林 绿色美化生活

在人类迈入“城市时代”的大背景下，人们在享受城市发展带来的丰富多彩生活的同时，也被人口拥挤、空气污染、交通拥堵等“城市病”所困扰。特别是伴随经济快速发展和城镇化水平快速提升，土地大片硬化挤压着城市生态空间，地下水位快速下降，城市热岛效应也日益突出，出现城市缺水与内涝并存、缺水城市雨天“看海”的尴尬局面。城市环境污染、城市生活工作方式给人们身心健康带来的影响愈来愈突出，城市已成为生命支持系统最差的地方。发展什么样的城市，构建怎样的城市生活，如何把城市建设成为人们美好生活和精神家园，已经成为城市领导者和城市管理者共同思考的命题。

党的十八届五中全会提出，开展大规模国土绿化行动，支持森林城市建设，推进美丽中国建设。习近平总书记在2016年1月26日主持召开中央财经领导小组第十二次会议上强调：“要着力开展森林城市建设，搞好城市内绿化，使城市适宜绿化的地方都绿起来。”绿色彰显城市的灵性、展现城市的生机、焕发城市的活力。因此，我们要将建设森林城市作为各地增加森林面积、保护森林资源、改善城乡生态环境和民生福祉、促进城市转型升级和绿色发展的重要手段，并在生态文明建设中发挥越来越重要的作用。

森林城市，是一个环保概念，指城市生态系统以森林植被为主体，城市森林覆盖率和人均公共绿地达到一定标准的城市。城市化对原有绿色空间特别是森林、湿地等自然生态空间不断的挤压和切割，造成自然空间的破碎化，限制了动植物迁徙和基因交流，威胁生物多样性。建设森林城市，增加城市森林面积，是改善城市环境的重要措施。城市森林具有吸收二氧化碳释放氧气、除尘、杀菌、净化水源、降低噪声、防风固沙、调节气候以及对有毒物质的指示监测等多种生态功能，也为人们回归自然、放松身心提供最好的场所，它是城市有生命的基础设施。

千百万年以前，森林古猿从森林走出，发展成如今的人类。森林作为人类的发祥地，为人类的栖息与发展作出了举足轻重的作用。森林是人类的家园，人类来自森林，人类离不开森林。森林不仅是一种资源，更是重要的气候和生态调节系统，是“地球之肺”，它为稳定全球气候、改善自然生态和人类生存环境等发挥了关键作用。城市是人口密集、工商业发达的地方，通常是周围地区政治、经济、文化的中心。城市的出现，是人类走向成熟和文明的标志，也是人类群居生活的高级形式。森林和绿色是生命的象征，是文明的标志。森林和绿色多了，我们的城市才会生机盎然，我们的生态才会更加优美，我们的未来才会充满希望。森林将激活城市焕发青春，绿色将成为城市不竭的发展动力。

建设森林城市在改善城市环境、提升城市品位和形象的同时，与城市居民的健康福祉紧密相关。环境就是民生，青山就是美丽，蓝天也是幸福。习近平总书记曾指出：“良好生态环境是最公平的公共产品，是最普惠的民生福祉。”“我们既要绿水青山，也要金山银山。宁要绿水青山，不要金山银山，而且绿水青山就是金山银山。”因而，每座城市都应把生态建设放在重要位置，要编制专项规划，开展地方立法，严格生态考核，让每一米海岸线、每一块土地、每一棵树木、每一条河流都有人管、管得住、管得好。

全国“十三五”规划建议提出了“创新、协调、绿色、开放、共享”的发展理念，并指出绿色发展是“永续发展的必要条件和人民对美好生活追求的重要体现”。绿色发展、生态文明建设被放在了与经济、政治、文化等同等高度的位置，成为现代城市建设的重要一环。因此，我们的城市发展要以“创新、协调、绿色、开放、共享”发展新理念为引领，统筹推进城市经济建设、政治建设、文化建设、社会建设和生态文明建设。绿色是城市底色和发展主色！没有绿色的生态文明环境，一切发展都是零。我们要以“绿色发展”理念引领城市生态建设，始终把绿色作为城市底色和发展主色，以生态链承载和提升产业链，大手笔勾勒出生机蓬勃的森林城市之美。

让森林走进城市，让城市拥抱森林，让绿色美化生活！我们既要下大力气实施好林业重点生态建设工程，构建起国土生态安全屏障，也要积极推进百姓“身边增绿”，使城乡居民身边的森林多起来好起来，将城市的喧嚣跟森林的沉醉相结合，使森林更好地为人民群众生产生活服务。林在城市中，城在森林里！我们要坚持土地利用“护山保水”，道路规划“迎山接水”，景观设计“借山用水”，空间组织“依山亲水”，建筑布局“显山露水”，旅游开发“上山下水”，提升城市建设水平。建设森林城市是一项和谐的、让“绿色”恒久远的生态文明建设目标。我们不仅要建设良好的生态环境、打造宜居的人居环境，更要提升生态质量，走出一条经济、社会与生态环境相协调，人与自然和谐发展的科学发展之路，走出一条生态性、包容性的绿色发展之路。

绿色孕育生命，生态就是生机。绿色让城市更宜居更美好！让我们携起手来，呵护森林、呵护绿色、呵护我们共同的家园，共创山更青、水更秀、天更蓝、地更绿的美好家园，让鸟儿重新歌唱，让大树重新呼吸，让溪水重新弹奏，让森林姑娘重获新生……无边的绿海，涤荡着心灵的回声。

22 城市要坚持走低碳发展之路

全球气候变化影响人类的生存与发展，已经成为世界各国必须共同面对的严峻挑战，也是迫切需要共同解决的重大课题。通过科技创新，发展以低能耗、低污染、低排放为基础的低碳与生态经济，以低能耗、低污染、低排放为基础的低碳发展模式是应对全球变暖的一个重要措施，是突破资源和环境的制约，实现可持续发展的必然选择。

为提高全社会节能低碳发展意识，2012 年 9 月国务院决定自 2013 年起，将每年 6 月全国节能宣传周的第三天设为全国低碳日。2013 年 6 月 17 日是中国第一个“全国低碳日”，主题是“践行节能低碳建设美丽家园”。2016 年 6 月 14 日是全国第四个低碳日，主题是“绿色发展含低碳创新”。绿色蕴含着经济与生态的良性循环，意味着人与自然的和谐平衡，寄予着人类未来的美好愿景。无论一个国家、一个省区、一个城市、一个企业、甚至一个家庭，都要切实践行绿色低碳发展理念，推行节能减排，推动低碳经济，以更少的资源环境碳排放代价积极探索寻求更大的发展效益，从而推动实现我们整个经济社会的可持续发展。

从内涵看，低碳经济兼顾了“低碳”和“经济”，低碳经济是人类社会应对气候变化，实现经济社会可持续发展的一种模式。低碳，意味着经济发展必须最大限度地减少或停止对碳基燃料的依赖，实现能源利用转型和经济转型；经济，意味着要在能源利用转型的基础上和过程中继续保持经济增长的稳定和可持续性，这种理念不能排斥发展和产出最大化，也不排斥长期经济增长。

低碳城市的理念来源于低碳经济。低碳城市是在城市发展低碳经济、低碳建筑和交通运输系统建设，促进低碳生活方式，以减少城市的温室气体排放，完成清洁和实现城市的可持续发展。低碳贯穿整个城市规划、产业结构、交通便利、生活方式的各个方面，涵盖从生产到消费的全过程。可以说，低碳城市是以低碳经济为发展模式，市民以低碳生活为理念，政府以低碳社会建设为目标的城市。低碳城市是低碳经济的主要组成部分，目前已成为世界各地的共同追求，很多国际大都市以建设发展低碳城市为荣，关注和重视在经济发展过程中的代价最小化以及人与自然和谐相处、人性的舒缓包容。传统的城市发展模式正面临经济增长乏力和生态危机的巨大压力，亟待创新。低碳城市建设作为城市发展的一种新范式，已受到我们政府与学术界的高度关注，并且已有许多城市提出建设低碳城市的构想并进行了一些尝试。2010 年，国家发改委启动了第一批低碳省区低碳城市试点工作，结合区域代表性、地方的工作基础和工作意愿等因素，选择广东、辽宁、湖北、陕西、云南 5 省和天津、重庆、深圳、厦门、杭州、南昌、贵阳、保定 8 市作为低碳试点省市。2012 年，又启动了第二批试点工作，入选条件更严格，试点工作要求也更高。目前，全国共有 42 个国家低碳省区和低碳城市试点。

建设低碳城市已经成为城市经济发展的大趋势，而发展模式的选择对城市发展战略、规划的制定起着决定性作用。《国家新型城镇化规划（2014 ~ 2020 年）》提出，要加快绿色城市建设，将生态文明理念全面融入城市发展，构建绿色生产方式、生活方式和消费模式。这意味着，“十三五”期间的城镇化要着力推进绿色发展、循环发展、低碳发展，节约集约利用土地、水、能源等资源，强化环境保护和生态修复，减少对自然的干扰和损害，推动形成绿色低碳的生产生活方式和城市建设运营模式。习近平总书记曾指出：“必须加快推动生产方式绿色化，构建科技含量高、资源消耗低、环境污染少的产业结构和生产方式，大幅提高经济绿色化程度，加快发展绿色产业，形成经济社会发展新的增长点。必须加快推动生活方式绿色化，实现生活方式和消费模式向勤俭节约、绿色低碳、文明健康的方向转变，力戒奢侈浪费和不合理消费。”十八届五中全会为实现绿色发展提出一系列新举措："坚持绿色发展，必须坚持节约资源和保护环境的基本国策，坚持可持续发展，坚定走生产发展、生活富裕、生态良好的文明发展道路，加快建设资源节约型、环境友好型社会，形成人与自然和谐发展现代化建设新格局，推进美丽中国建设，为全球生态安全作出新贡献。"未来国家政策导向一定是朝着更绿色、更环保、更低碳方向倾斜，一个城市注重绿色低碳可持续发展，并及早付诸行动，对提升竞争力和可持续发展能力有重大意义。绿色低碳是人类的共同语言，也是城市实现有质量、可持续发展的必由之路。

低碳城市建设是低碳革命的重要组成部分，是人类发展史中的一场重大社会革命。在我国城市化和工业化快速推进的背景下，发展低碳城市是化解城市危机、转变经济增长方式、实现可持续发展的必然选择。因此，我们首先要科学研究低碳城市规划，创意城市形态。政府在城市规划（包括城市更新和新城建设）中应把低碳城市的建设和发展观念加以考虑，应让"城市化和低碳化"成为城市建设中的新的定位和目标。要揭示低碳城市规划建设、低碳城市生产生活方式、低碳城市运行系统之间的耦合关系，研究低碳城市—低碳社会—气候变化之间的科学连接，创新低碳城市系统构建。其次，要以低碳示范区建设为城市低碳发展探索方向。推动低碳示范，探索低碳城市发展的有效模式，可以为城市低碳发展指明方向。对于一些综合型城市，可以申请建立低碳发展示范区，开展规划与政策试点，探索可复制到全市的低碳发展经验。政府应加大对低碳城市、低碳社区的示范作用，同时加快制订低碳城市、低碳社区、低碳建筑的标准，在城市建设中加以推广，并制订有关政策刺激开发商和消费者采取积极行动，加快城市的转型。最后，要培养城市居民低碳理念，形成城市居民低碳生活方式。建设低碳城市并不只取决于低碳技术的开发和应用，社会选择以及生活方式和消费方式的转变同样可以对温室气体排放产生重大的影响。"消除碳依赖或许比想象的更加容易，人们只需要采用气候友好的生活方式，这既不会对各自的生活方式产生重大的影响，也不需要做出特别大的牺牲。"因此，低碳城市建设，必须将低碳理念引入到城市生活的衣、食、住、行等各个方面，推进城市生活低碳化。

总之，我们要以低碳经济为发展方向，着力打造低碳经济、低碳交通、低碳建筑、低碳生活、低碳环境、低碳社会"六位一体"的低碳城市。当然，任何城市都具有其独特性，对于处在快速工业化、城市化进程中的中国，要走低碳发展道路，更需要探索一条独特的低碳转型路径，需要探索适合自身的发展路径。

23 倾力打造绿色产业城市

绿色产业是21世纪的朝阳产业，是不断发展变化的新型产业。一个产业铺垫一座城市的底色，一个优势产业奠定一座城市的竞争力。近年来，绿色产业逐渐发展成为中国经济体系中的支柱产业，不断刷新城市经济底色，成为今后城市社会发展的新方向。发展绿色产业，顺应了中国共产党的十八届五中全会提出的“绿色发展”的布局。绿为本色，产业转型升级将成为建设绿色产业型城市的物质基础；绿为本色，城市转型升级将促成城市迈向绿色宜居之城。绿色是生命、健康、阳光的象征，绿色产业激活城市竞争力。

绿色产业型城市是指通过倡导绿色理念，采用先进技术，建立绿色化产业体系，从而达到社会、经济、环境的可持续发展，实现自然生态平衡与人文生态和谐的城乡统一体。中国正处在经济高速发展的特殊时期，需要消耗大量的不可再生资源。中国的资源总量虽然较丰富，但人均占有量低，同时工业生产产生的废弃物排放量依然保持较高的增长，这给生态环境造成了较大压力。经济发展必须在自然资源和生态环境的可承载范围之内，如果盲目追求经济增长，不仅导致自然资源耗竭，还会造成生态危机，经济无法持续。长期以来，中国城市大多走的是一条以高增长、高消耗、高排放、高扩张为特征的粗放型发展道路，带来了城市空间的无序和低效开发、城乡区域发展失调、社会发展失衡、大城市迅速蔓延、城市病凸显等诸多弊端，城市发展过程中不协调性、不平衡性、不可持续性、非包容性的问题越来越突出。特别值得注意的是，资源诅咒是一直笼罩在资源型城市头上的雾霾，推进产业绿色重构符合资源型城市转型的要求。中国资源环境方面的基本国情，可以用两句话来概括，一句话是资源环境瓶颈制约加剧特别是环境承载能力已达到或接近上限，另一句话是生态文明建设总体滞后于经济社会发展。具体表现在三个方面：一是资源约束趋紧；二是环境污染严重；三是生态系统退化。可以说，资源环境已经成为实现全面建成小康社会目标最紧的约束、最矮的短板，是一个躲不开、绕不过、退不得的必须解决的紧迫问题。绿色转型正在成为中国城市应对气候变化、寻求未来经济增长的战略选择。因此，绿色产业型城市的构建是破解当前资源环境约束的必然要求。转型生动力，升级出活力。在发展中国深绿生活与绿色经济的进程中，我们应该继承中国传统天人合一的传统生活方式，对传统产业进行推陈出新的升级与改造，使之成为中国特有的绿色生活方式与绿色产业模式，同时也要不断学习世界上领先的绿色产业城市发展道路，使中国也能涌现更多的绿色乐活圣地。

在转型中发展，在发展中转型。随着绿色理念的深入人心，城市发展模式与动力机制已发生重大变化，绿色产业型城市已经成为城市发展的新趋势。绿色产业作为 21 世纪的代表性产业模式，在绿色理念、绿色科技和绿色消费的依托和支撑下，成为推动城市绿色转型的关键支撑。推进城市绿色转型要推动现有产业结构绿色转型，构建都市化的绿色农业体系，构建集约化的绿色工业体系，构建高效的绿色服务业体系。当前，中国城市产业结构的绿色调整的重要方向是获得经济增长和资源环境保护的双赢，调整的主要内容包括产业结构与资源结构的协调、城市产业结构与区域产业结构的优化、产业结构内部的绿色关联、产业结构的绿色演变能力等。要按照绿色发展的要求选择主导产业，带动城市产业结构面向绿色的升级和优化。要注重发展适应绿色发展的非主导产业，尤其是适度超前地发展基础产业。要推动面向绿色发展的产业结构演变，包括城市工业结构合理的高度化、产业结构的信息化、绿色需求结构和技术进步的绿色导向，等等。

绿色发展是对新时期城市发展理念和路径的高度概括，要全方位地转变城市的资源和能源利用方式、城市经济增长方式、城市化的推进方式、城市建设管理方式、城市生活消费方式以及城市发展成果的分配方式，尤其要大力发展绿色产业，培育新增长点。绿色发展“功在当代、利在千秋”。因此，我们要始终把绿色作为城市发展的生命，构建低碳、高效、包容的绿色产业体系，持之以恒推进城市空间绿色化、产业发展绿色化、生活方式绿色化，拿出“宁要绿水青山，不要金山银山”的气魄，发转型升级之功，树绿色发展之力，聚力产业城市双转型，让绿色产业与城市相融，加快推进绿色产业型城市发展，真正做到尊重自然、顺应自然、保护自然，提升城市品质、品位、品评，让城市有根、有魂、有魅力，长期坚持、久久为功，持续打造绿色生态新城。

24 以绿色引领生态宜居城市建设

绿色代表自然，象征生命，又象征和谐，绿色能给城市和建筑带来舒适、优美、清新和充满生趣的生态宜居环境。因此，千百年来人类一直在追求着城市生活中的绿色理想。人类由工业化推动的经济发展经历了由掠夺资源式、外延式、粗放式和线性发展模式向人与自然和谐共处的、可持续的、内涵式、集约型、循环型的模式转变，生态宜居城市建设是这一转变的客观反映，也与人类所追求的终极价值和至高理想渐行渐近。

绿色发展是一种思想观念，是一种发展方式，也是一种责任担当。当前，建设绿色生态宜居城市已成社会共识。党的十八大把生态文明建设上升到“五位一体”的国家战略，党的十八届五中全会又将生态环境问题上升到国家治理能力的高度，把绿色发展作为五大发展理念之一，提出了实现绿色发展的一系列新举措。2015 年 12 月中央城市工作会议指出，“要着力解决城市病等突出问题，不断提高城市环境质量、人民生活质量、城市竞争力，建设和谐宜居、富有活力、各具特色的现代化城市”。《中共中央国务院关于进一步加强城市规划建设管理工作的若干意见》又进一步提出了强化城市规划工作、塑造城市特色风貌、提升城市建筑水平、推进节能城市建设、完善城市公共服务、营造城市宜居环境、创新城市治理方式等重要举措。

“城市，让生活更美好。”城市承载着人类对美好生活的向往，也检验着经济社会发展的质量和水平。绿色发展，是当今世界的时代潮流，是城市科学发展的必然要求。生态宜居城市是一个由自然物质环境和社会人文环境共同构成的复杂巨系统，从规划到建设再到管理，每一个部分都环环相扣、缺一不可。因此，建设生态宜居城市，必须牢固树立“绿水青山就是金山银山”的理念，尊重自然、顺应自然、保护自然，在城市化进程中最大限度地借用自然景观，把“好山、好水、好风光”融入城市，让人们在城市里“望得见山、看得见水”，畅享绿水青山的美好家园。

建设生态宜居城市，要完善绿色城市空间格局，全面落实城市主体功能区规划，以功能定位约束空间规划、开发强度、用途用量，统筹人口分布、经济布局、土地利用、环境保护，打造生产、生活空间和生态空间相互协调的城市空间格局。要建立“分区管理、分级控制”的城市空间管控体系，将重要生态功能区、生态敏感区和脆弱区、禁止开发区划定为生态保护红线区域，实行最严格的管控制度。

建设生态宜居城市，要坚持集约发展，树立“精明增长”“紧凑城市”理念，科学划定城市开发边界，推动城市发展由外延扩张式向内涵提升式转变，推动形成绿色低碳的生产生活方式和城市建设运用方式。

建设生态宜居城市，要强化生态环境的底线约束，综合处理好水、空气、垃圾等影响城市环境的问题。要加快城市污水处理设施和配套管网建设，让更多城市河道水变成流动水、干净水、景观水，通过海绵城市的建设，增强城市适应自然环境变化的弹性。要高度重视城市空气污染，持续用力、久久为功，逐步减少雾霾天气、改善空气质量。要大力发展循环经济，让良好生态成为经济社会发展的“绿色动力”。不断提升城市宜居生活品质，让城市更加靓丽，让城市生活更加美好，让人民共享城市发展的“生态财富”。还需要依靠科技创新向智慧转型。当宜居变成了一种普世理想，如何具备可持续发展的高端智慧则成为城市的新追求。种种迹象表明，以科技创新为基础的具有高端智慧的城市是21世纪人类城市发展的重要目标。建设高效信息网络系统，以“宽带中国”建设为引领，以智慧城市建设为契机，全面加强网络基础设施及下一代信息基础设施建设，扩大宽带普及范围，推进信息网络技术广泛应用，促进信息化发展水平提升，提高城市运行效率，为居民创造更美好的城市生活。

建设生态宜居城市，还要保护弘扬城市独特的历史文化风貌，延续城市历史文脉，保护好前人留下的文化遗产。城市承载着人们对美好生活的向往，不应该是冷冰冰的钢筋水泥，而应该是具有历史理性与人文关怀的幸福家园，能让百姓“看得见水，望得见山，记得住乡愁”。因此，城市不仅要为居民提供舒适的居住场所等物质基础，还要铸就具有凝聚力的独特的城市文化，培养居民对城市的归属感和认同感。

25 绿色建筑成就美丽中国

当前，面对能源危机和生态危机的现状，全球人类对可持续发展的战略达成了一致共识。然而我们不得不关注一组触目惊心的数据：据统计，全球范围内，建筑能耗约占世界总能耗的30%。在我国，近年来，中国建筑行业每年近20亿平方米的竣工量，其中80%以上为高耗能建筑。既有建筑已经达到500亿平方米左右，其中绿色建筑面积仅有0.758亿平方米，95%以上都属于高能耗建筑，能源利用率仅为33%，落后发达国家20年。有人感叹，一部建筑技术发展的文明史，也是一部毁田弃农、污染环境、生态失衡的无奈史。为了响应可持续发展战略，绿色建筑由此而生。一座绿色节能的建筑是一笔宝贵的财富，反之则是一个大量消耗能源资源的黑洞。绿色建筑，对城乡居民而言，是一个既熟悉又陌生的字眼，与建筑节能既密切相关，又是后者的拓展和深化。肆虐大城市的雾霾以及各种环境污染已经让中国深刻认识到环保的重要性。无论出于节能减排还是出于环保需要，绿色建筑在中国都将成为必需品。

绿色建筑是指在建筑的全寿命周期内，最大限度地节约资源、保护环境和减少污染，为人们提供健康、实用和高效的使用空间，与自然和谐共生的建筑。所谓“绿色建筑”的“绿色”，并不是指一般意义的立体绿化、屋顶花园，而是代表一种概念或象征，指建筑对环境无害，能充分利用自然环境资源，并且在不破坏环境基本生态平衡条件下建造的一种建筑。“绿色”可以被看成是一切关于富有远见的活动的总称，它包含呼吁停止所有可能导致环境资源与质量出现重大破坏的活动，可持续发展运动要求我们重新评估有关社会与经济福利的“经典”价值观。“绿色”是自然、生态、生命与活力的象征，它代表了人类与自然和谐共处、协调发展的文化，贴切而直观地表达了可持续发展的概念与内涵。"绿色建筑"概念具有丰富的内涵，它的基因里包含了历史悠久的地域性建筑或气候响应性设计思想，20 世纪的能源危机使其开始明确"节能"的基本诉求，以被动太阳能设计为代表的节能建筑成为其主要形式，而随着可持续发展思想的提出，以追求自然系统原则为诉求的生态建筑理想使它进一步深化了与自然的关联，而随着建筑环境对它的使用者健康产生的影响、建筑及其所营造的空间与人类文明发展间存在的密切关系等问题不断被揭示，人的健康、人类文明的传承与自然的"健康"一起被统一到"绿色建筑"的概念中。今天的"绿色建筑"已经成为一个综合了自然、文化与经济等多层面问题的复合概念。

人与动物的最大差别在于，动物只留下遗迹，人能留下创造。公众有权选择绿色建筑，并拉动绿色建筑的发展。绿色建筑可以节能、节地、节水、节材，而节地、节水、节材也间接实现了节能。目前，全社会都已普遍了解绿色建筑的重要作用。党的十八大提出建设美丽中国、生态中国，绿色建筑将大有可为。特别是 2014 年以来，我国多部有关绿色建筑发展、绿色建材推广的标准、方案密集出台，表明了国家对绿色建筑发展的重视。根据《国家新型城镇化规划（2014 ~ 2020 年）》，城镇绿色建筑占新建建筑的比重，要从 2012 年的 2% 提升到 2020 年的 50%。"史上最严"新环保法在 2015 年 1 月 1 日正式实施，"绿色"已经成为各行业未来探索发展的主旋律，建筑行业也不例外。2015 年 1 月，新版《绿色建筑评价标准》开始施行，更进一步规范了绿色建筑建材行业的市场规则，并把绿色建筑建材行动上升到国家战略。2015 年 3 月 24 日中央政治局召开会议，审议通过了《关于加快推进生态文明建设的意见》，指出"协同推进新型工业化、城镇化、信息化、农业现代化和绿色化"。这是第一次提出"绿色化"概念，并将"四化"拓展为"五化"，表明党中央对生态文明建设的高度重视，已将其上升为战略部署。绿色化与"四化"并不完全是在同一个层面上，绿色化是把生态文明建设融入经济、政治、文化、社会建设的各方面和全过程，体现了一种精神境界和价值观。2015 年 5 月 8 日发布的《中国制造 2025》国家战略中，国务院把“创新驱动”和“绿色发展”作为今后相当长时期内中国经济发展的指导方针。随着十八届五中全会的召开，生态文明建设将首次被写进五年规划的任务目标，为绿色发展勾勒出完美“画卷”。全会强调，要坚持绿色发展，坚持节约资源和保护环境的基本国策。这表明绿色发展已经成为新时期国家发展的战略目标与方向，是生态文明建设的实施途径。“十三五”规划中也重点提出了打造绿色经济升级版。这些都给绿色建筑提供了良好的政策背景。一份调研结果表明，全面推动绿色建筑将经历“十三五”“十四五”和“十五五”三个五年，并将实现三个转变——从节能建筑到绿色建筑的转变，从单体建筑到区域建筑的转变，从“浅绿”到“深绿”的转变。

经过多年的绿色建筑实践，尤其是理论界的良好引导，业界逐步认识到“天人合一，和谐共生”是中国绿色建筑理念的核心，是有别于国际上其他评估体系、技术体系的灵魂所在。绿色建筑的发展使建筑的视野从人所使用的建筑本身扩展到人生存的整个环境，从当代人的建筑需求扩展到人类未来的发展空间，从致力于建筑功能和形式的统一扩展到人文、能源资源和环境的协调发展。绿色建筑承载着人类追求文明进步的崇高理想，承载着人类与地球和谐相处而幸福地生活繁衍的美好愿望，亦是我们实现“中国梦”的重要保障。绿色建筑在审美价值内涵的构建上，强调自然美与人文美的融合，强调精神文化与生命情感在建筑上的融会构建，亦即在物我同境的建构中，实现人与物的同构与超越，从而进入审美境界。因此，“以人为本”应该成为绿色建筑的根本出发点和归结点，也就是说，绿色建筑要基于社会、人类之安居而思考问题。其中最为重要的一点，那就是要让老百姓共享绿色建筑发展的成果，解决“住有所居”的住房公平问题。“诗意安居”作为人类生存的一种理想化的审美境界，自然应该是绿色建筑所要追寻和达到的最高境界。

生态文明，是人类社会与自然界和谐共处、良性互动、持续发展的一种文明状态，其实质是要建立以资源环境承载能力为基础、以自然规律为准则、以可持续发展为目标的资源节约型、环境友好型社会。着力推进绿色发展、循环发展、低碳发展，是推进生态文明建设的基本途径和方式，也是转变经济发展方式的重点任务和重要内涵。发展绿色建筑，顺应了时代发展的潮流和民生改善的需要，是节能减排、生态文明建设的重要内容，是美丽中国的重要组成部分，也是中华民族永续发展的必然选择。绿色的生产方式、生活方式、消费模式和价值观体系将成为经济社会发展的重要内容，绿色发展也将同创新、协调、开放和共享发展一起成为推动国家发展转型的重要驱动力。

随着环保意识的崛起和"美丽中国"战略的提出，不改造建筑业，中国 GDP 就很难"变绿"，"美丽中国"就没有坚实的实现基础。建设"美丽中国"，要从建造绿色建筑开始。绿色经济，让社会未来更美好；绿色建筑，让城市未来更美好。建设美丽中国，绿色建筑大有可为。当"绿色规划"逐步变成现实，当"绿色建筑"从政府示范引导到企业社会自觉参与，当绿色生活成为一种习惯……这样，建设美丽中国的"绿色梦想"将逐渐从"高高在上"的规划，走近身边，走进生活，定格、显现，成为现实。

26 海绵城市让城市回归自然

“问渠哪得清如许，为有源头活水来。”水是生命之源、生产之要、生态之基，是一座城市最灵动的元素、最宝贵的资源。然而，近20年来“最强”厄尔尼诺现象正席卷全球，世界各国纷纷陷入“水火”两重天的境地。2015年夏，我国南方连续迎来十几轮强降雨，上海、常州、合肥、佛山等多地遭受暴雨侵袭，各地“看海”剧情不断上演；另一方面，山东半岛等地则出现了大面积的干旱。一边内涝，一边喊渴，在“水火两重天”愈演愈烈的形势下，城市已经到了必须深刻反思治水用水观的关键时刻，其应对之策，也已不简单是补齐城市基础设施短板，而是建一座像海绵一样会吸水的城市。

2013年，习近平总书记在中央城镇化工作会议讲话时称，要大力推进建设自然积存、自然渗透、自然净化的“海绵城市”。为了贯彻落实习近平总书记讲话及中央城镇化工作会议精神，落实《国务院关于加强城市基础设施建设的意见》和《国务院办公厅关于做好城市排水防涝设施建设工作的通知》要求，住建部城市建设司《2014年工作要点》中明确提出：“督促各地加快雨污分流改造，提高城市排水防涝水平，大力推行低影响开发建设模式，加快研究建设海绵型城市的政策措施”，并于2014年11月2日发布了《海绵城市建设技术指南——低影响开发雨水系统构建（试行）》，明确了海绵城市的概念、建设路径和基本原则，并进一步细化了地方城市开展海绵城市的建设技术方法。这意味着今后我国城镇排水防涝系统的建设将不再以“修大管子”为主，建设理念将发生彻底转变。2014年年底，住建部、财政部、水利部等有关部委组织海绵城市建设规划和试点建设。为了激励地方进行海绵城市试点，2015 年 4 月 2 日，海绵城市建设试点名单公布，迁安、白城、镇江、嘉兴、池州、厦门等城市将率先投入建设。在试点建设中，国家将投入大量资金支持，对直辖市分 3 年每年投资 6 亿元，对省会城市分 3 年每年投资 5 亿元，一般城市分 3 年每年投资 4 亿元。希望通过海绵城市建设解决城市的“看海”问题、污染问题和水资源短缺问题。

海绵城市新理念从提出到实践，经历了许许多多个过程，是习近平总书记提出，经过全力讨论，才得以证实建设海绵城市是可行之路。国家力推的海绵城市究竟是什么样的？海绵城市，顾名思义，是指城市能够像海绵一样，在适应环境变化和应对自然灾害等方面具有良好的“弹性”，遵循“渗、滞、蓄、净、用、排”六字方针，下雨时吸水、蓄水、渗水、净水，需要时将蓄存的水“释放”并加以利用，从而实现“自然积存、自然渗透、自然净化”三大功能。形象的比喻应该是把我们城市建设得像一块海绵，遇到降雨的时候，应该能下渗、能滞留、能蓄存、能净化水，没有降雨、干旱缺水的时候可以把储存的水放出来，可用可排。当然，海绵城市是一种形象的表述，不能简单地理解仅仅是为了雨水集蓄回用，也不是水利防洪或排水防涝。海绵城市的建设意义远不止如此，它作为一种生态途径，能够在不同尺度综合解决中国城市突出的水问题及相关生态问题。当一个城市遇到降雨时，首先是城市各类“海绵体”吸水、渗水功能发挥作用，其次是蓄水设施吸纳、调蓄，再次是随着“海绵体”的饱和，就需要进入传统排水系统排除。显然，海绵城市对传统排水系统不是取代，而是一种“减负”和“补充”，这也要求海绵城市建设要统筹低影响开发雨水系统、传统排水系统及超标雨水排放系统，形成相互补充、相互保障的完整系统。因此，从整体来看，海绵城市以低影响开发（Low Impact Development，LID）为核心指导思想，以水生态、水环境、水安全、水资源为战略目标，通过“灰色”基础设施（排水管网等）与“绿色”基础（绿色屋顶等）相结合，协同发挥城市的“海绵”功能，希望能够解决城市内涝及蓄水等问题，从而实现城市可持续发展的一种开发模式。

海绵城市建设最大的背景是城市发展理念的变化。目前，土壤成为城市的稀有资源，大量道路路面采用水泥、混凝土、沥青等材料，土壤被压实，结构遭到破坏，渗水能力丧失。这就导致本应成为地下水水源的大量降雨，反而成为城市排水的巨大负担。水泥大楼，柏油路面，都市以隔绝一切大自然的方式作为文明象征，看似坚不可摧，其实是让地球皮肤坏死，再也不能呼吸。虽然有绿地，但绿地大多是隔开的、高出来的，虽然好看，但并不环保。在极端气候变迁因子的导引下，暴雨、洪流、干旱、热浪，城市同时将会变成灾难引爆的核心。目前，我国 99% 的城市都是快排模式，而硬化地面的大量存在让这些水资源只能从管道中排走。甚至许多严重缺水的城市，雨水流失率高达 70%。经验表明，在正常的气候条件下，典型海绵城市可以截留 80% 以上的雨水。建设海绵城市，意味着已经逐渐硬化的“钢铁城市”，将逐渐变得可自然吐纳，让城市能够呼吸。

不得不承认，建设海绵城市是对传统观念的一种冲击与挑战。但是，目前一些城市对于海绵城市建设的内在理念还存在偏差，盲目追求快速化建造、一窝蜂追逐。有的城市没有研究降雨规律，有的则雄心勃勃要干“大工程”。而实际上，建设海绵城市渗透在诸多细节中，并不是对原有的一切推翻，而是择机与传统结合，对现有资源进行重新整合。因此，在鼓励“城市海绵”吸饱水的同时，海绵城市建设工作却要防止“吸得太满”。

为科学、全面评价海绵城市建设成效，住建部于 2015 年 7 月 17 日出台《海绵城市建设绩效评价与考核办法（试行）》，使时下火热的海绵城市建设有了严格的考核标准。住建部将对绩效评价与考核工作中存在弄虚作假、瞒报、虚报等情况的城市予以通报。这对于规范海绵城市试点，在重点环节实现政策、标准、规范、技术和行业创新开了个好头。海绵城市建设是落实生态文明建设的重要举措，是实现修复城市水生态、改善城市水环境、提高城市水安全等多重目标的有效手段。各地应按照住建部《海绵城市建设技术指南》要求开展海绵城市建设的城市，依据试行办法对建设效果进行绩效评价与考核。海绵城市建设绩效评价与考核，坚持客观公正、科学合理、公平透明、实事求是的原则，从水生态、水环境、水资源、水安全、制度建设及执行情况和显示度六个方面，采取实地考察、查阅资料及监测数据分析相结合的方式，分城市自查、省级评价、部级抽查三个阶段进行。

海绵城市并非要建造一个个新城市，而是运用全新理念来重塑城市功能，需要多系统跨部门合作的一个系统工程。第一，需要创新观念，不要再片面追求高楼大厦，而要更加注重城市管理的精细化、人性化。海绵城市建设不是一个部门一个单位就能完成的，需要全社会转变观念、形成共识，特别是各市县政府作为城市建设的直接责任人，更需要充分认识到海绵城市建设的必要性、紧迫性并付诸实际行动，各个相关部门和行业也要同步推进，让海绵城市建设蔚然成风，成为一种自发、自觉、自愿的行为。第二，要加强规划引导管控。国家高层对海绵城市的重视是改变城市规划建设理念的重大契机。海绵城市的规划重点应该深入分析现状，清晰规划建设思路，它应该是一个城市甚至城市群整体，不应该是局部。要将海绵城市的要求贯穿于城市总体规划、专项规划、控制性规划的全过程，并转化为具体管控指标。应在区域规划、城镇体系规划中统筹安排城市的水源、规模、生态布局，同时要通过专项规划衔接各部门规划，推进"多规融合"。特别是要推进各尺度水生态基础设施的实施纳入法定规划体系，将规划成果广泛征求各部门和利益相关者的意见，通过多方博弈最终确定其空间边界，严格用水总量、用水效率、水功能区纳污"三条红线"。规划三级生态雨洪调蓄系统，通过对雨水径流进行源头控制和就地入渗，实现城市防涝、水源涵养和水景营造的多重效益。第三，要创新城市投融资模式。海绵城市建设投资量巨大，在资金问题上，除了中央和地方的财政支持，还要引入社会资本。海绵城市既有普通建筑、小区等社会领域里的工作内容，又有城市公园、广场等公共领域里的内容。对社会领域内容，应通过法规规章以及适当奖励等措施，组织社会力量去自行实施，政府加强监管评估来确保落实；对公共领域里的项目内容，除财政直接投入实施外，也可以由政府制定具体的操作办法，采取 PPP 模式等引进社会资本参与，走"先引导、再规范"的路子。第四，要避免急于求成的心理，把握好节奏，“急”中放“缓”。在公共政策力量的推动下，全国上下形成了一股海绵城市建设热潮。然而，真正建设好海绵城市非一日之功，不可能一蹴而就。我们要防止简单化，应避免政绩化的冲动，要立足于现实和长远，要学会在急难任务中放缓脚步。海绵城市概念内涵等内容都在发展中，建设海绵城市需要时间和耐心，需要因地制宜。而且海绵城市建设需要多部门的合作协调及信息共享，进行生态、社会、文化、经济价值的综合考虑，而不是“头痛医头，脚痛医脚”。现阶段，在积极探索海绵城市体系构建的浪潮之中，保持对海绵城市体系的理性认知既是平衡城市建设与自然水文相互适应发展的基本前提，也是避免海绵城市体系盲目地运动式发展的充分条件，同时有利于促进城市人居环境持续健康发展。

27 城市，紧凑而宜居

一环套一环圈地建路，居住小区越来越远，来回时间越来越长；一幢接一幢盖楼造房，重复建设越来越多，公共空间不断压缩——“摊大饼”式的城市发展思路，既不节约也难以持续。城市发展“摊大饼”，交通规划怎么应对？多地酝酿出台拥堵费，收费能否解决拥堵？北京、上海、广州大投入修地铁，欠发达地区城市如何学得起？高架桥、宽马路，机动化的城市如何回归宜居宜行……在新增建设用地容纳了更多的外来人口的同时，由于在开发新的城市建设用地时考虑不周密，出现了交通拥堵和土地浪费等一系列城市问题。同时，原来的旧城区随着急剧的城市变化和扩张受到了很大甚至是毁灭性的破坏：用地功能的混合度与结构比例失调，日益饱和的内城区与粗放蔓延的边缘区失控，生活场所与自然生态失衡，城市形态与景观风貌失序，等等。

未来城市是由密度定义的，不能只从尺度上看城市，更要从密度上看城市。密度高的城市并不一定会乱，反而可能更加有序、有效。从简单的几何学原理也知道，同样的面积，圆形的周边长度最短，即最紧凑，也就意味着提高城市的效率。在未来，中国城市发展存在一个必须要协调和平衡好的一对矛盾：一方面，城市已不能随意进一步向四周扩张，必须盘活现有建成区的土地和合理提高建成区的城市承载力；另一方面，旧城在目前普遍破坏的基础上需要进一步的维护更新，尽量维持日益消失的城市特色。因此，采取高密度、多样化、公交导向的城市土地开发模式建设紧凑城市（Compact City）是实现旧城改造、城市更新和城市再生的明智选择。

紧凑城市是针对城市蔓延提出来的，最早见于1973年Dantzig.G和Satty.T的著作《紧凑城市——适于居住的城市环境计划》。紧凑城市被认为是一种解决城市无序蔓延，实现城市可持续发展的核心理念和手段，在西方发达国家引起广泛的关注。1990年，欧洲社区委员会在布鲁塞尔发表《城市环境绿皮书》，较为系统地提出城市紧凑发展与改善城市环境的关系，提出了回归紧凑城市的城市形态。英国学者迈克·詹克斯等人则于1996年编著了《紧凑城市——一种可持续发展的城市形态》，对紧凑城市能否成功迈向可持续展开了较为系统的探讨。

紧凑城市的形态取决于城市中人口和建筑的密度，强调高密度的城市开发、混合的土地利用和优先发展公共交通，强调城市经济、社会和环境三者高效、高质的协调发展，主张人们居住在更靠近工作地点和日常生活所必需的服务设施的地方，是一种基于土地资源高效利用和城市精致发展的新思维。具体体现在三个方面：一是规模紧凑，倡导城市的高密度开发；二是功能紧凑，倡导城市混合的土地利用；三是结构紧凑，倡导城市优先发展公共交通。紧凑城市作为能够促进城市可持续发展的空间形态之一，在许多西方国家得到了广泛的支持，成为控制城市蔓延、“边缘城市”无效性和实现城市可持续性的主导模式之一。

随着我国进入城市化的快速发展阶段，大量人口涌入城市，对资源和环境的需求与日俱增，我国城市的可持续发展受到重视，紧凑城市对我国城市的可持续发展无疑具有很大意义。但紧凑城市毕竟是一个诞生于欧洲的城市空间发展思想，而中国的城市在文化、政治以及城市实体等各方面都与之有着极大不同。针对中国城市发展的现状，以紧凑城市为基础的“分散化的集中”的城市布局方式和“以公共交通为导向”的土地利用方式（TOD模型）无疑是可以重点借鉴的空间规划方法之一。即发展相互之间通过完善的公共交通系统相联系、易通达的城市中心群，并以这些城市中心为核心高密度、高强度进行发展的城市空间组织形态。

紧凑城市不是简单的高密度城市，高密度开发只是实现紧凑城市目标的一种手段，而不是目标本身。一个真正的紧凑城市，并不意味着挤成一团，正如中国造园要贯彻“小水宜聚，大水宜分”的原则。对于大城市，可以中心城区为核心，以公共交通为发展轴，轴上串结次级中心的心轴结构。越近轴心密度越高，越远离轴心密度越低，越融入大自然。城市规模越大，心轴越发育，多轴间以田园、森林契入；城市规模越小，则城心越聚合。“分散化的集中”在保留紧凑城市所倡导的高密度高强度特点的前提下，跳出单中心结构，特别为特大城市和人口已经非常稠密的城市提供了切实可行的空间规划途径。TOD 把城市土地使用规划和城市道路交通规划真正结合了起来，科学地建构城市的空间结构，使城市既紧凑又有节奏，既节能、节地又生动、活泼。

总之，城市适度紧凑，用地功能混合，以及提倡公共交通优先和步行，这样可以有效遏制城市的无序蔓延，保护耕地，减少不必要的开发成本，促进宜居宜行、多元多样、健康生态和可持续的城市发展。让城市因紧凑而宜居！

28 紧凑让城市更加美好

为应对城市用地紧张的问题，新城新区建设已繁荣多年。虽然新城新区能起到疏散中心城区人口的作用，但因为许多新城新区规划考虑不周密，也带来了交通拥堵和土地资源浪费等新的城市问题。在各地大搞新城新区建设的同时，城市建设也在失衡：一边是新城新区大举扩张，一边是老城修缮不力，市政建设与民生利益无从得到保证。

多年来，城市的无序蔓延已成为制约可持续发展的重要问题，许多地方盲目发展的结果是大规模地出现“空城”现象。城市以“摊大饼”的形式发展，看上去规模越来越大，却因无人居住而丧失应有的活力，变得“死气沉沉”。既然“摊大饼”式的城市发展模式使城市在“虚胖”中逐渐丧失活力与可持续发展能力。那么如何遏制城市“野蛮增长”？如何为城市“减肥瘦身”？ 2015 年召开的中央城市工作会议开出了“药方”：“要坚持集约发展，树立‘精明增长’‘紧凑城市’理念，科学划定城市开发边界，推动城市发展由外延扩张式向内涵提升式转变。”这是我国在城市工作的顶层设计中首次提出“紧凑城市”的理念，这充分表明，我国土地利用政策的核心正由原来粗放型向集约型方向转变，城市化建设由蔓延式扩张向紧凑式发展转变。这既是给长期以来中国城市发展过程中出现的问题对症下药，也为下一阶段城市发展模式提供了重要的政策指引。

中国城市摊得太大，需要向集约化提升转型才能变成有活力的城市，需要探索出一条高效、集约的城市发展道路，需要从速度型城市建设转变成质量型城市建设。国际上，无论在学术界还是政界，高密度、紧凑城市的倡导得到一致共识。紧凑城市是一个高密度土地混合利用的城市空间增长模式，以追求空间功能的紧凑为手段，实现高效率和高质量，最终带来城市经济积聚效益的有效发挥。紧凑城市纠偏蔓延式发展，一方面可以在很大程度上遏制城市蔓延，从而保护郊区的开敞空间、绿地等免遭开发；另一方面可以有效缩短交通距离，降低人们对小汽车的依赖，鼓励步行和自行车出行，从而降低能源消耗，减少废气排放乃至抑制全球变暖。

“紧凑城市”理念的提出，是对城市无序扩张的挑战。2000～2010年，全国城镇建成区面积扩张60%多，这种从“大跃进”运动诞生的新城没有人气和活力，空间利用低下，造成公共资源的巨大浪费。城市用地的匮乏和自然环境的恶化成为当前城市化的一个突出矛盾，同时原来的旧城区随着急剧的城市变化和扩张受到了很大甚至是毁灭性的破坏。如今中国有7亿人生活在城镇，常住人口城镇化率为55%，但是雾霾污染、交通拥堵、垃圾围城、文化缺失等城市病也开始集中显现，局部地区已呈严重之势。提出“紧凑城市”理念，也从侧面反映了领导层注意到避免再出现“睡城”“鬼城”等违背城市发展规律的病态空间形态的普遍存在和潜在危机。

紧凑城市是城市规划的新路径。“紧凑城市”是符合中国城市发展的道路选择，也是破解城镇化发展难题的钥匙。“紧凑城市”的崛起意味着“摊大饼”的城市发展模式已经结束，不过“紧凑城市”想要崛起还需要厘清以下问题：一是资源与环境的承载能力；二是城市在区域发展中的位置；三是城市的人口规模边界；四是城市的开发边界；五是城市产业、商业、生活空间的布局；六是城市交通等基础设施规划的合理性。

紧凑让城市更美好。目前，城市低密度扩张之路已经走不通。未来要反其道行之，发展紧凑城市，提高密度，增加承载力。“紧凑城市”不仅仅是一个从宏观上来控制的城市“高密度、高效率、高质量”的“三高”城市设计模式，它更应该从微小细节出发，关注“紧凑城市”空间下的环境塑造与细部的设计，使人们在平时的生活居住中对空间的使用更为有效并且可以促进城市在更新改造过程中与传统地方特色的整合。

未来的城市，不能只有宽阔的大道、复杂的立交桥、大型的综合体，更应该有适宜步行的小街小巷、十来分钟可及的上班地点、转角遇到爱情的浪漫故事。纠偏“野蛮增长”、建设“紧凑城市”，将使城市变得更健康、生活变得更美好。

29 让城市更有生命力

城市，是人类的伟大创造，是人类社会进入文明时代的鲜明标志。城市在长期的发展中，经过积累、沉淀、改造和创新，必然形成特有的城市个性，并成为生成和支撑城市发展的内在力量。

"有的人活着，他已经死了；有的人死了，他还活着。"用这样的形象语言比喻我们今天大城市的死与生，再恰当不过了。可以说，每一个城市就仿佛一个生命体，诞生、成长、辉煌、衰落、消亡，留下永远的赞叹和追忆，也给我们留下无数宝贵的发展城市、治理城市的经验与教训。

随着全球经济、社会、科技等突飞猛进的发展，地区间、国际间的交往（人流、物流、资金流、信息流）正变得日益频繁，城市建设的模仿和"克隆"现象增多，以及在城市建设中，由于对城市历史文脉、文化传统、民族宗教、经济产业、资源环境等特征和内涵缺乏深入的探讨、发掘，导致"城市不分大小，地域不分南北，城市面貌都似曾相识"的个性丧失。那些记载着城市历史，彰显城市特色的古城区、老建筑正在这种一体化的规划格局下逐渐消失，许多城市，旧城古风荡然无存。传统的古镇、老街、民居被"整旧如新"，悠久的历史遗存在挖掘机的轰鸣中被夷为平地，城市形态与城市形象处在急剧的变迁和动荡中，这就使自然的景观，传统的文脉被割裂，延续的机理被肢解，有机的秩序被打乱，造成了人们对城市建筑空间本身形态所传达的城市人文意象的断裂和空白。我们一些城市在塑造自身城市特色和品格的道路上与城市的终极理想背道而驰，愈行愈远，不仅如此，许多城市的决策者和城市人浑然不觉，并麻木不仁地在复制的快感中狂欢作乐，城市无"魂"却视而不见。

2010年上海世博会歌曲《城市》中有两句歌词："心灵是城市的星光，城市是心灵的胸膛。"在这温馨的两句话后面，折射出了我们对城市的一种认识，解读了现代人与城市的基本关系，使作为听众的我自发地产生了一种与城市血脉相连的感觉。但是由于我们一些人不尊重城市生命，不尊重城市情感，不尊重城市精神，不尊重城市性格，不尊重城市文化，不尊重城市个性，把她强行"克隆"成一个面孔。于是，"千城一面"的景象正在成为城市市民不得不面对的视觉灾难。有些专家呼吁：莫使"故乡"成"他乡"，更不能"反认他乡为故乡"。

城市是一个生命体，每一个城市都有不同的个性，有不同的灵魂。愿意把城市比作生命的冯骥才，曾在自己书中写到过："城市和人一样，也有完整的生命历史。从其诞生至今，与自然环境和人文环境相互融合。一代代人创造了它之后纷纷离去，却将此转化为一条条老街道、一座座名胜古迹，还有民间手艺、历史人物等，全都默默地记忆在它巨大的肌体里。"城市如人，城市是有生命的，是有情感的，是有精神的，是有性格逻辑的，是有文化意蕴的，是有个性魅力的。城市正因为生命不同，情感不同，精神不同，个性不同，文化不同，才创造了一个个鲜活的城市。

然而，反观许多城市和城市建设理念，它们往往却更像是一座毫无生机的"死城"。在这里，人们为着种种"目标"营造着各自的堡垒，现代的分工制和专业化把每个人都放到一个专业的"格子"中，于是，我们的政治家没有机会拜访哲人，我们的科学家无暇幸会诗人。居住在同一城市中的人们，因其被贴上了不同的标签而作茧自缚、画地为牢，相互失之交臂，老死不相往来。人们为都市生活付出了代价，却忘记了人类创造伟大城市文明的最初收获和根本目标——交流、交往和对话，而只是津津乐道于物质的富足与奢华，这无疑是一种异化。

城市应当是一个充满灵性、活力与魅力的生命有机体，而非一座座冷冰冰的建筑森林。城市是人们安身立命之处，为人的生存与发展创造便捷、舒适的环境应是城市建设、管理的终极目标。城市是用来生活的，而不是用来展示的；市民的生活舒适度、幸福感理应比城市形象好不好重要得多。“心灵是城市的星光，城市是心灵的胸膛。”这句歌词也许可以给我们一丝启迪。它将城市看作了一个生命体，人只是这个生命体内小小的细胞存在而已。我们的快乐、健康甚至幸福的生活都源于这个城市生命体的健康与活力。正如古希腊哲学家亚里士多德的一句名言：“人们来到城市是为了生活，人们居住在城市是为了生活得更美好。”城市是人类经济社会发展成果的集中体现，一个城市发育越成熟，城市的个性就应越突出，特色就应越鲜明；一个拥有深厚文化底蕴和鲜明个性特色的城市才是具有持久竞争力的城市。伴随着城市化进程的加速，人口膨胀、交通拥堵、环境污染等“城市病”也在不同程度地制约着城市的可持续发展。一个有新陈代谢能力、交通畅通、信息畅通、服务功能健全、有文化内涵和特色，并拥有创新驱动能力的城市，才是真正有生命力的城市。

从生命学理解，城市是一种生命系统。城市也有智慧、有跳动的心脏、有骨骼机体、有敏锐的神经，有着新陈代谢式的更替演进过程。城市就像我们的身体一样，是由一种非常自然的东西构成的，所以我们要尊重这个自然，尊重自然在我们城市生活中的地位，从而实现更好地生活这样一个目标。只有让城市生命的美达到极致，城市生命才会无限升华。只有这样，我们的大城市才能从生与死的考验中凤凰涅槃、重获新生。

30 让城市更轻盈

“城市”到底是怎样一种概念？城市到底是什么？除去“哈尔滨”“南京”“厦门”“乌鲁木齐”“拉萨”“巴黎”“伦敦”“纽约”……这些名字，我们还能看见一个一个的城市吗？又是否有一个城市让你一抬头就确定：对，就是这里！

古希腊哲学家阿基塔斯（Archytas）说：“存在是存在于某一地点。”城市就是这样一个地点，也许从本质上来讲，城市就代表着地点——空间上我们定居下来并能说明我们身份的具体位置。当我们走进一座陌生的城市，如果我们首先看到的并不是城市特色，不是这座城市自然存在状态，那么，无论这座城多么车水马龙，繁花似锦，都不是一座符合我们人类生存的宜居城市。

随着全球经济、社会、科技等突飞猛进的发展，地区间、国际间的交往（人流、物流、资金流、信息流）正变得日益频繁，城市建设的模仿和“克隆”现象增多，以及在城市建设中，由于对城市历史文脉、文化传统、民族宗教、经济产业、资源环境等特征和内涵缺乏深入的探讨、发掘，导致“城市不分大小，地域不分南北，城市面貌都似曾相识”的个性丧失。诺贝尔文学奖得主雅罗斯拉夫·赛弗尔特在诗歌《罪恶的城市》中批驳现代工业文明下城市中的种种丑陋，他感觉到“上帝已经暴怒”而又突然停止，原因就是——“就在那时两位恋人走过公园，呼吸着山楂花丛的香味”。在雅罗斯拉夫·赛弗尔特的眼中，工业文明将自然的一切磨灭，从而建立起钢筋水泥的大厦，让城市充斥着物欲横流的罪恶，而公园却是城市中仅存的美好，保存着人类诞生伊始所拥有的一切。“有河从伊甸流出，滋润着伊甸园……各样的树丛从地里长出来,可以悦人的眼目,其上的果子好作食物。"《圣经》中描述的伊甸园种种景象,经历时间变迁依旧保留在现代城市的公园之中,纵然是亚当和夏娃,也化身为公园中恋爱的男女。

对应于钢筋水泥构建出凝固的现代城市建筑,由绿色构成的公园更像是城市中流动的旋律。城市形式单一,缺乏其文化内涵,城市所应有的优雅的气质就无从谈起,置身其中,感受到的除了从高楼大厦中散发出来的浮躁,别无其他。城市特色的缺失不管是由于什么原因引起的,它都将严重危害城市的发展:一是将导致重复建设,造成城市资产闲置和过剩;二是将割断城市发展的文脉,失去城市发展的历史底蕴;三是将使城市丧失竞争力。

自然要素是城市文脉中的重要组成部分,是一个城市得以依托的自然背景。由于城市规模的不断扩大,自然风景在现代城市中的比例越来越少,因其不可再生性和无法替代性而显得弥足珍贵。2015 年中央城市工作会议提出,城市工作要把创造优良人居环境作为中心目标,努力把城市建设成为人与人、人与自然和谐共处的美丽家园。要强化尊重自然、传承历史、绿色低碳等理念,将环境容量和城市综合承载能力作为确定城市定位和规模的基本依据。

2015 年中央城市工作会议提出,要尊重城市发展规律。城市发展是一个自然历史过程,城市有其自身的规律。所以,城市如何发展,发展成哪种存在状态,都将是历史自然选择的过程。城市建设者要做的必然是循着这种发展规律对其进行健康的改造,让城市在轻盈中自然地生长!

因此,城市建设中的一个重要任务,就是要充分认识城市的山、水、林和风景名胜等自然景观要素,在利用自然环境上有新的创意,要把山、水合理地安排到城中,使得城中有山、山中有城,或作绿地、水面,或作对景、借景,要妥善利用山、水组成赏心悦目的自然景观以便创造个性鲜明的城市形象特色。我们要了解这座城的地域文化,因为文化往往透露出一座城市的真实性格和气质;我们要根据当地市民的生活习性来探索出一套人性化的城市发展方案,从传统的城市建设观念中跳出来,真正建设一座充满优雅气质的、柔和的、轻盈的城市,让城市生活变得轻盈而曼妙!

31 城市修补激活城市

城市管理是项精细活儿，城市规划建设管理要多做些修修补补的工作，尽量避免大拆大建。2015年中央城市工作会议提出，要加强城市设计，提倡城市修补，加强控制性详细规划的公开性和强制性。这是中央会议首次使用“城市修补”的新概念。中共中央《关于进一步加强城市规划建设管理工作的若干意见》中进一步明确要求：“有序实施城市修补和有机更新。”城市修补是城市发展理念的更新，也是一项长期的大规模的系统工程。城市修补有利于提高城市治理能力，解决城市病等。

当前城市中出现的交通拥堵、马路“拉链”、建筑短命、千城一面等各种问题，已成了城市管理的沉疴痼疾。显而易见，一些城市的规划仍存在重规模扩张、轻集约发展和品质提升的问题。特别是在“建设—政绩—提拔”的默认逻辑下，地方政府官员有强大的动力搞建设（更遑论还可能存在经济利益操作空间），一如此前GDP的唯一指挥棒效应；城市项目怎么改、怎么建、谁来建，也往往决策一言堂、拍脑袋，听证会走过场，招标内部化。而由于规划的不合理、拆建的随意性，不仅造成浪费，也带来管理的扯皮。

美国社会哲学家刘易斯·芒福德在《城市是什么?》一书中，极力主张城市建设必须与地区历史文化协调一致，城市化不能远离历史传统。他把当今大都市普遍存在的问题称之为“罗马化”，其核心是“物质建设上的最高成就以及社会人文中的最坏状况”。其在于：“罗马人从未认真处理这些现实的文化问题和城市问题，他们贪得无厌地追求权力和权力的种种物质表现，并将此作为生活的理想。”城市建设的“罗马化”，直接导致大都市规模失控、结构失衡与功能失调。

城市修补是城市建设发展的转型，它不再通过圈地建设新的区域，而是把原有区域做好。城市修补，既要保护原有肌理，又要允许建设发生，新老巧妙结合成为关键。城市修补不仅仅是建设上的，还是各方面的，包括要修补自然生态环境和文化生态环境，要让城市肌理连续，让历史记忆找得到。

快速城市化发展过程中毁掉一些东西，世界各地都有，现在到了回过来审视的时候了，修补就是保留好的东西，每个时代代表性的东西要应保尽保。当然，城市发展是一个新陈代谢的过程，同时，这种代谢应当像细胞更新一样，是一种“有机”的更新，而不是生硬的替换。“城市有机更新”把生物学中的“生命”概念引入城市建设，把城市作为一个生命体来对待，充分体现了科学城市化的本质特征。城市有机更新是对城市中已不适应一体化城市社会生活的地区必要的改建，使之重新发展和繁荣。主要包括对建筑物等客观存在实体的改造，以及对各种生态环境、空间环境、文化环境、视觉环境、游憩环境等的改造与延续。既然城市是一个“生命体”，而城市管理就是打通城市的“血脉之源”，是项精细活儿，因此，城市规划建设管理要多做些修修补补的工作，尽量避免大拆大建，要节约集约地建设和发展。

城市修补和有机更新改造是城市发展的“加速器”。城市修补有利于渐进式的城市更新，有利于名城古镇的延续，有利于城市可持续发展，有利于美化城市形象。坚持“城市修补和有机更新”，就是坚持积极保护方针，强调以保护为目的，以利用为手段，通过适度利用实现真正的保护，努力在生态、社会、经济效益三者之间找到一个最佳平衡点和最大“公约数”，实现三个效益的最大化、最优化，实现保护与利用的良性循环。有序实施城市修补和有机更新，是提升城市能级的有效途径，是加快城市转型的重要抓手，也是切实改善民生的必然要求。我们要全面推进城市形态的有机更新，全面推进城市产业的有机更新，全面推进人文景观的有机更新，全面推进生态环境的有机更新，全面推进城市管理的有机更新，等等。通过城市修补和有机更新，疏通城市血脉，活络城市筋骨，激发城市内生动力，实现城市机体自我良性循环，让城市重新焕发新生机。

总之，城市建设发展是一个积累的过程，今后我们需要转变一些思维，倡导城市“有机更新”理念，注重城市修补。特别是在老城区，宜以“修”为主，“拆”为辅，完善功能，留住特色，留住记忆，留住活力。城市修补和有机更新，让城市青春永驻、生命长存，充满了无限的生机和活力。城市修补和有机更新让城市更美好！

32 全面开展城市“双修”

城市“双修”修什么？城市“双修”就是生态修复、城市修补，是指用再生态的理念，修复城市中被破坏的自然环境和地形地貌，改善生态环境质量；用更新织补的理念，拆除违章建筑，修复城市设施、空间环境、景观风貌，提升城市特色和活力。城市“双修”是走向品质的营造修补，是城市发展由量的扩展转入质的提升。

我国30多年来高速城镇化和城市扩张建设取得了举世瞩目的成就，同时也由于认识和能力的不足，在生态环境、基础设施、公共服务、城市文化、城市品质方面留下大量的历史欠账。无可讳言，当前城市进行的是野蛮成长，在飞速发展的过程中，不可避免地患上了一系列“城市病”，比如环境污染、生态破坏、交通堵塞、城市形态风貌失控等；比如任性“摊大饼”、过度开发国土资源的“野蛮式疯长”、大拆大建中的“浪费性建设”，这些弊端日益显现，城市“双修”就显得日益紧迫。

从2015年6月10日住建部下发文件，将三亚列为“城市修补、生态修复”的首个试点城市起，城市“双修”已经从星星之火开始在全国燎原起来，进入公众视野。为总结推广三亚经验，动员部署在全国全面推动“双修”工作，2016年12月10日，住建部在三亚市召开了全国生态修复城市修补工作现场会。住建部党组书记、部长陈政高强调，要深入理解城市“双修”的重要意义。实施城市“双修”，是贯彻落实五大发展理念的需要，是推进供给侧结构性改革的需要，是城市发展到一定阶段的必然选择，也是对国外城市发展经验的充分借鉴。

2016年2月，《中共中央国务院关于进一步加强城市规划建设管理工作的若干意见》提出，制订并实施生态修复工作方案，有计划有步骤地修复被破坏的山体、河流、湿地、植被，积极推进采矿废弃地修复和再利用，治理污染土地，恢复城市自然生态。同时提出有序实施城市修补和有机更新，解决老城区环境品质下降、空间秩序混乱、历史文化遗产损毁等问题，促进建筑物、街道立面、天际线、色彩和环境更加协调、优美。

城市“双修”是城市发展方式转型的必然要求，本质是要把粗放扩张性的规划转变为提高城市内涵质量的规划，以此改善人居环境和城市功能，促进城市与自然有机融合。城市“双修”工作不是一个短期行为，而是新常态下的一种长期的行动。城市“双修”不要就三亚论三亚，而是针对中国城市的普遍问题进行修补。而且不仅要修补“旧的”，更要明确以后“新的”怎么建、怎么管，双修的意义在当前更在今后。“双修”规划不仅是一项特殊的规划，也是一个项目行动计划和城市建设行为的统筹安排和落实，更是城市治理创新和提升、城市文明发展和进步的总体计划和长期行动。城市“双修”工作既是物质空间环境的修复和修补，也是社会文化等软环境的修复和修补，包含城市品质提升，风貌形象优化，不是简单的外在形象工程，而是走向内在的民生工程；不是量上的拓展建新，而是品质的营造提升；不是单一的就事论事，而是综合的系统梳理。总之，城市“双修”是一项十分复杂的系统工程，要充分调动各种社会力量，广泛宣传、凝聚共识，多方协同推进城市“双修”工作。

那么，城市“双修”到底应该怎么“修”，才能化解城市野蛮生长中的城市病？这就需要我们以正确、先进的理念为引导，以最小的代价取得最大的成果，避免以前所犯的错误。城市“双修”应该秉持“六重”价值，即重整自然生境、重振经济活力、重建社会良治、重获文化认同、重育场所精神、重塑设施品质。在生态修复方面，我们要注重城市与生态的共生关系，要注重建设和保护的协调关系，要注重自然与人的亲近关系，要注重生态环境自身的生长循环规律，在生态修复中，要防止因对景观的喜好而破坏生态的现象。在城市修补方面，要把对城市空间和环境的修补与完善城市功能相结合，要把对物质空间和设施的修补与社会、社区的共建共治共享相结合，要把城市街区的修补与城市文化传承和建构相结合，要把营造健康和活力的城市公共场所和改善民生相结合，要注重城市发展和基础设施建设相同步，集中资源补齐短板。

城市“双修”对城市来说很大程度上就是“刮骨疗毒”，是城市发展方式转型的一场“革命”，中间既关系到思想观念的转变，也牵涉到众多利益的博弈，其中的难度可想而知。但是，开弓没有回头箭。我们要坚持不懈地推动这场革命，实现城市发展模式和治理方式的转型，让青山再现，碧水重流，绿网成荫，造就一座座人与自然和谐相处的美丽城市。

33 健康是城市发展的更高境界

人们常把健康比作1，事业、家庭、名誉、财富等就是1后面的0，人生圆满全系于1的稳固。民之所望，政之所为。“人民对美好生活的向往，就是我们的奋斗目标。”党的十八大以来，以习近平同志为总书记的党中央，把人民身体健康作为全面建成小康社会的重要内涵，从维护全民健康和实现国家长远发展出发，身体力行、率先垂范，正在铺设一条以人民为中心的“健康之路”。

“没有全民健康，就没有全面小康。”无论是2014年在江苏省镇江市世业镇卫生院调研时，还是在2016年8月19～20日全国卫生与健康大会上，抑或是在2016年10月26日审议通过“健康中国2030”规划纲要的讲话中，习近平总书记都反复强调这一句话。这明确显示了“健康中国”上升为国家战略的两大要义：“全”与“民”。健康中国是全面小康社会下的全民健康蓝图，是健康优先的创新型发展理念，是凝聚政府、社会和全体人民共同理想的旗帜。

健康是促进人的全面发展的必然要求，是经济社会发展的基础条件，是民族昌盛和国家富强的重要标志，也是广大人民群众的共同追求。习近平总书记指出，要把人民健康放在优先发展的战略地位，以普及健康生活、优化健康服务、完善健康保障、建设健康环境、发展健康产业为重点，加快推进健康中国建设，努力全方位、全周期保障人民健康。以人民健康为中心，从“1”发轫，民生落脚，推进健康中国建设的新征程已箭在弦上，必将为民众带去更多、更广、更公平的健康福祉。特别是“健康中国2030”，是未来15年我国推进健康中国建设的行动纲领。

城市，为人们提供了更好的工作、教育、文化和医疗保障条件，创造着巨大的经济价值。目前，全世界大约有一半的人口居住在城市。城市应该是由健康的人群、健康的环境和健康的社会有机结合发展的一个整体。然而，伴随世界城市化进程的是城市健康问题大量出现——疾病大规模蔓延、人口密度过高、住房紧张、交通拥挤、水资源污染、暴力与犯罪等“城市病”症状逐渐凸显，噪音、废气、贫困、卫生等诸多社会、经济、环境、生态问题不断涌现。这些问题开始严重困扰并危害城市居民的身心健康。从全国城市发展的总体情况来看，相比于伦敦、纽约等一些发达国家的城市，中国已进入大城市病高发期，九成为亚健康城市。特别是健康经济、健康文化和健康社会指数远低于健康管理和健康环境指数，城市健康发展面临严峻挑战。所以，当今世界对城市的存在和发展提出了新要求，即城市不应仅仅是追求经济增长效率的经济实体，还应被看作一个“有生命、能呼吸、能生长和不断变化的有机体”，是改善人类健康的理想环境。健康已经融入城市的血脉，正在成为城市的灵魂，并在城市发展价值取向上占据异常重要的位置。

城市以人为本的理念不仅体现在为城市居民提供方便、适宜的生活环境，而应关注公众的身心健康。城市的漂亮外表不等于内在健康！让健康的人生活在健康的城市里，让生活在城市中的人都有安全感是从事城市规划与设计的人的责任。安全是健康的基础。城市安全是指城市在生态环境、经济、社会、文化、人身健康、资源供给等方面保持的一种动态稳定与协调状态，以及对自然灾害和社会与经济异常或突发事件干扰的一种抵御能力。一个好的城市，是一个健康安全、人人享有的城市。一个健康安全的城市，应该空气清新、应该河流清澈、应该绿化充足、应该避免出现犯罪空间……一个人人共享的城市，应该有足够的公共空间；让人与人有更多的机会彼此接触，应该有足够的私人空间，让每个人都可以安顿自己的生活……

健康是城市发展所追求的更高境界。因此，我们必须厘清健康的社会责任，形成健康的社会共识。特别是在快速的城市化进程中，中国应根据

“以人为本、重视健康”的城市发展价值取向打造健康城市，保证人民健康而可持续的生活方式。随着现代化步伐的不断迈进，健康成为城乡建设主旋律。我们有理由相信，未来的城市，将被“健康”所主宰，我们的生活也将被“健康”所覆盖。

34 挖掘文化内涵　彰显城市气质

城市因人而生，人有气质，城市也有气质。一座城市仅是拥有华丽的外表是远远不够的，要想让自己的美丽富有更加持久不衰的生命力，那就必须要具有独具个性的气质。人们常说，漂亮的女人让人爱一时，气质的女人让人爱一生。实际上，城市也是如此。当人们深深爱上一座城市的时候，会发现，真正令人流连忘返的，并不是她得天独厚的“外貌”，而是她内在的涵养、韵味和气质。于是，当人们开始关注一座城市的气质才知道，经年的积淀和无息的传承，才能成就她的美。人的气质外在表现为形象、谈吐、举止等，城市的气质又是什么？它是抽象的，城市气质是文化外延表现，谈论城市气质绕不过城市文化，但它又是实实在在的，蕴含在城市的点点滴滴之中，在城市建筑、人文、历史等方方面面表现出来。

一座城市的魅力，来自于独到，来自于它们透之于肌理的文化涵养。城市本身必须有自己的个性与特征，这直接影响着城市建设的成败。有独特气质的城市，才是迷人的。遗憾的是，如今我们的城市，大多在飞速发展中割裂了与自身历史文化的血脉联系，站在高楼大厦间仰望，风格雷同、面貌相似，单调乏味，常常一时间难以分辨。被格式化了的城市，不是我们向往的魅力家园。中国大概有2000座历史古城，这些历史古城都拥有丰富的文化内涵。很多城市非常有特色，北京就是北京，拉萨就是拉萨，西安就是西安，苏州和扬州虽只隔一条江，也绝对不一样。但由于我们缺乏正确的保护理念，在城市建设中求新、求快，造成千城一面、万屋一貌。这就导致了严重后果：城市多样性遭到破坏，城市失去活力；城市历史得不到保护，文化空间遭到破坏，历史传承被人为割裂；城市没有特色，市民认同感与归属感慢慢消散；对城市的认同无法建立，城市精神也无法传承和发扬；等等。

一座城市吸引人的不仅仅是外在的建筑，而是城市独特的发展历史和人文，这才是一座城市的真正气质。文化是一个城市的灵魂，体现一个城市的内涵。一座缺少文化气息的城市，是一座空洞的没有灵魂的城市。城市有了文化内涵，才会有生命、有味道、有魅力。经济的发展只是证明一个城市的富足，但没有文化发展的城市则缺乏气质。城市不仅要富足，更需要有气质。让城市展现浓郁的地方文化特色，让文化滋润每个市民心灵，城市才会有别样的气质和高度的文明。中国目前搞新型城镇化，是从原先由物的城镇化，变成质量为主的城镇化，但现在质量仍停留在数量这个层面，如果再从质量推导到城市品质，就与城市气质更近一步了。近年来，浙江不少地方在创建文明城市过程中，从“小”做起，从一处处细节突破，引领全民文明生活理念，提升社会文明程度，从而打造出各自的城市“文明名片”、涵养出独特的“城市气质”。

城市，是人类最伟大的文化创造，也是人类文明的结晶和标志，它像一本刻着岁月的书，凝固了一段段历史，沉淀了一个个故事，或喜或悲，历久弥新。独特的个性、品位和文化内涵，体现着一个城市卓尔不群的风格与魅力。每一座城市都有自己的故事，蔓延在这些故事中的是城市的气质。行走在城市的某个角落，一个地址、一种场景甚或一张匆匆来去的面孔，都会在不经意间唤起对那些故事的回忆。行走于城市的街道间，阅读那些回忆，在大多数人眼里无疑是种幸福。

文化是一座城市的人文历史积淀。文化是资本，是资源，是生产力，是竞争力，是综合实力，也是发展动力。城市中的高楼大厦、群楼林立在某些方面体现了城市发展的速度和规模，并不代表一个城市发展的质量。考量一座城市的发展水平，不仅要看城市的GDP、市政配套、生态条件以及与个体生活密切相关的人居环境，而且更要看这座城市一脉相承的人文底蕴和文化特征，这是一座城市的内涵和精髓，也是城市气质形成的基础。城市的气质是通过城市的各种物态表现出来的，区分不同城市类型的，具有内在魅力的意象特征。“主要看气质”虽然是网络句子，但是气质的修炼却并非易事，西方有句“三代培养一个绅士”的说法，由此可见，气质的养成并非一朝一夕就可速成的，同样，一座城市的气质也需要慢慢积淀。城市的气质是城市的精神、城市的脊梁、城市的灵魂。也正因为如此，塑造城市的气质必须坚持自然与人文、历史与时代、形态与风格、生活方式与城市内涵的高度统一。我们要善于运用城市历史文化资源，并在开发和保护的过程中不断地进行创新和整合，从而丰富城市文化涵养、提升城市气质。

35 城市文化是城市发展的内驱力

城市，是人类的伟大创造，是人类社会进入文明时代的鲜明标志。正如美国著名学者刘易斯·芒福德在《城市发展史——起源、演变和前景》一书中指出："古代的社区过于稳定，它墨守成规旧俗，不愿采纳新的生活方式；如果古代人类有意突破这种保守社区的孤立和封闭状态，那么他对此问题能够找到的最好答案莫过于城市这一发明了。""城市是一种特殊的构造，这种构造致密而紧凑，专门用来流传人类文明的成果。"城市是人类文化积淀的物质形态，是在一定的地域范围内聚集了各种不同形态的文化特质的承载体。在城市发展的长河中，城市发展的历史其实就是一部文化发展的历史。城市兼收并蓄、包罗万象、不断更新的特性，促进了人类社会秩序的完善、文化的聚变和财富的积累。城市的魅力在于它的发达的社会文化。

城市文化是人类文化的一种特殊形态，是人类文化发展到一定阶段的产物。城市文化是随着社会劳动分工的加深而产生的，是一种比村落文化更为高级的文化形态。城市作为人类适应环境的一种特殊方式，是人类文化的组成部分和独特的文化现象，反映着它所处的时代、社会、经济、科学技术、生活方式、人际关系、伦理道德及宗教信仰等。城市在不断地适应环境的过程中，产生了各种不同地域及不同时代特色的生活方式、行为模式与建筑形式，亦即产生了城市文化。就城市的发展史而言，"城市"这一概念并不仅仅局限于经济学、政治学、地理学的范畴，它同时是人类文化的一种高级形态。城市文化存在于城市的每一个发展阶段中，城市的发展史是一部人类发展史的记录：从最初的挡风避雨的满足基本生理需求的构筑物到今天越来越丰富满足不同层次需求的钢筋混凝土森林般的建筑群；从安全防御考虑的“城”到“匠人营国，旁三门，方九里”的气魄直至今天绵延几十甚至上千公里的城市群，无一不是随着人类自身的生活状态、生活方式的变化而变化、发展而发展的。

城市文化是城市发展不可或缺的重要动力，在城市的经济、社会、环境等发展中起着重要的作用。城市文化是城市发展的驱动力，可以牵引城市经济社会发展的步伐。城市的文化生活与人文精神对城市的发展起着越来越重要的引领作用和实际影响。文化具有恒久的魅力。文化是城市的一种“力”，也是一个城市全面、协调、可持续发展的“能”，是支撑城市发展并可不断传承的精神支柱。城市文化渗透在城市个性与魅力之中，影响着城市的发展建设，成为一种软实力，而这种实力积淀、积累、传承到一定程度，就会放射出巨大的张力，成为市民普遍认同并努力践行的核心价值，推动经济社会的整体进步。城市文化是重要的社会资本，支撑和决定着城市发展进程，代表着一个城市文明程度所达到的最高水平，城市文化的提升则是城市发展的最终任务。

第一，城市文化是城市经济发展的基础和支撑。在一个社会系统内，文化与经济不是天敌，也不是两条永不相交的铁轨，文化与经济是共生互动的。特别是工业经济的成熟发展和知识经济的迅猛崛起，使长期存在的文化与经济隔离发展的状态消除，困扰人类的文化的经济贫困和经济的文化贫困现象缓解。各国致力于促进文化与经济的良性互动，避免市场经济对文化的负面效应，使文化与经济在双赢格局中共同进步。文化的经济自觉和经济的文化自觉成为世界潮流。作为历史积淀深厚的城市，其创造的产业价值是巨大的，对经济发展的推动力是很明显的，这种动力又会对城市及其文化的发展起促进作用。城市经济活动无不体现着城市文化的内涵。除文化产业本身之外，没有任何的文化不是同经济连在一起的，城市文化渗透在城市经济的各个领域，从政府经济政策，到企业的经营理念、管理方式，到消费服务的各个方面，无不渗透着文化的影响。文化与经济的相互促进、融合已成为当今世界的新特点、新趋势。城市文化不仅是种精神活动，它本身也能创造巨大的经济效益和财富，促进经济的发展。城市文化融入经济活动之中，可以提升经济的价值和品位，以形成行业特色，可增强吸引力，推动消费，增加经济的总值，这是被许多实践所证明的。从某种意义上，城市文化是城市经济发展的内在基础。城市文化是城市经济吸引力与辐射力扩大的基础，是支撑城市生存、竞争和发展的巨大动力和无形资产。而且，就城市的经济发展而言，文化因素能为其提供深层次、宽领域、强势头的动力，更能从经营管理理念层面上保证城市发展的制度连续性、规划合理性和建设系统性。无论哪个城市，哪一时期的城市发展都需要文化的支撑。城市文化对城市经济的支撑作用主要表现在：一是城市文化导向赋予经济发展以价值意义；二是城市文化赋予城市经济发展以极高的组织效能；三是城市文化赋予城市经济发展以更强的竞争力。经济是城市的形，文化是城市的神，经济与文化相辅相成，形神兼备，城市将散发无穷魅力。

第二，城市文化为城市发展塑造形象和提高品位。城市是国家的核心，是科技、教育、市民素质、观念意识等构成的文化的象征。城市是有气质的，构成一座城市的全部魅力，核心在于这座城市的精神品格，即城市文化。城市文化虽然是无形的，却比有形的物质设施影响更深远、更广泛。城市文化不仅可以创造城市经济价值，还可以塑造城市形象和提升城市品位。城市形象是一种文化感知，是城市内在历史底蕴和外在特征的综合表现，是城市整体的公众印象，是城市总体的特征和风格。城市形象是城市重要的无形资产，对城市的发展有相当的影响力。对民族而言，文化是一个民族的精神之根；对城市而言，文化是一个城市的气质、风骨和灵魂。文化能够塑造城市形象，提升城市品位，是城市面貌与内在精神的有机统一，历史文化与现实文化的统一。一个城市形象的“软件”部分，即那些生气勃勃的、最能够感染人影响人的部分，主要就是表现在城市的文化方面。美国城市文化学家伊里尔·沙里宁（Eliel Saarinen）有句名言：“让我看看你的城市，我就能够说出这个城市的居民在文化上追求的是什么。”城市形象所凝聚的是独特的社会文化环境，是具有个性特色的文化内涵。世界上著名的城市都有其演进的文化、传承的精神和延续的历史。几乎每座世界历史文化名城都实实在在地浸透着这座城市乃至国家的历史，展示着这座城市乃至祖先的辉煌，体现着这座城市乃至民族的精神，折射着这座城市乃至地域的文化情趣和象征着这座城市乃至公众的生活品位。如维也纳是世界音乐之乡，罗马是古典文化集萃的城市等，这些城市的文化定位为城市形象的塑造赋予了美好的品质。每座城市都有自身的形象和内涵，而具有特殊文化品格和精神气质的城市，无疑是最有文化魅力的城市。城市形象和这种特色的形成，是一种历史的积淀和文化的凝结。只有当文化与城市处于一种水乳交融的状态时，城市的个性魅力才能够光芒四射。城市发展需要文化，文化塑造城市，提升城市品位，为城市发展创造良好的人文环境。通过文化建设，塑造城市标志性文化，塑造城市特色文化，塑造城市精神和风格，提升城市文化力，不断增添城市发展的文化含量，提高城市内在文化品质，从而进一步提升城市形象和品位，为城市发展提供环境条件。城市文化从根本上决定了城市形象和品质以及由此形成的城市辐射力吸引力的大小。从某种意义上说，城市文化展示着城市的风格特征，体现着城市的管理理念，代表着城市的科学教育水平，标志着市民的思想道德水准，反映着城市的整体精神风貌，是城市内部将各种力量统一于一个共同发展方向上所形成的特定的文化生产力。城市正是因为有了文化，才能不断地提升城市的形象和品位。

城市文化是城市特色形成的条件。特色是城市内在的、恒久的生命力。城市的魅力在于它的特色，无论国内国外，凡是给人留下深刻印象的城市，都是有个性的特色城市。吴良镛曾在《城市特色美的认知》一文中指出“一般人往往会有类似经历：某些具有特色的城市，曾经在某方面给自己留下难忘的印象”。城市特色蕴于城市文化中，不同的城市文化之“根”，衍生出不同的城市特质。城市特色的形成有其漫长的过程。城市随不同的历史阶段和不同的社会形态，表现出各种属性与文化特征。城市的历史形成与发展阶段不同，呈现出的文化底蕴也不同。在欧洲，那些发展得相对完善的城市都有着自己的城市文化，有着自己鲜明的城市特色，设计充满了情感，提高了城市整体环境文化水平。如维也纳，一个极小的城市，因配套有齐全的音乐设施如金色大厅等，以及浓厚的音乐气氛和源远流长的音乐历史，而成为世界的音乐之都；法国的戛纳，一个偏僻的海滨小城，年旅游收入上亿美元，它的繁华来自于它的文化——戛纳电影节，一个充满情感的节日。

第三，城市文化决定了城市特色。脱离城市文化的城市特色建设就像无源之水、无本之木。城市文化是城市的本质，而城市特色则是城市文化在城市的某个方面呈现于世人面前的表象。城市文化是滔滔的源，城市特色则是涓涓的流。城市文化形成了它的城市特色，并在城市发展中得到加强。不同城市之间，城市文化存在着明显的个性差异，独具特色的城市文化可以塑造独特的城市风格。所谓“千里不同风，百里不同俗”，正由于有不同的风气、风格和风俗习惯，才形成了千姿百态的城市格局。城市作为文化的集聚点，以积留、汇聚人类优秀的文化成果为天职。文化是城市的“精”“气”“神”，缺少文化的城市是残缺的、畸形的、粗俗的；一个没有特色文化的城市，只具有躯壳，却不具有灵魂。城市特色，城市个性，城市魅力，本质上都是一个文化问题。城市的魅力和吸引力主要来自文化，没有文化的浸润和洗濯，城市不可能形成个性，形成特色，也不可能形成诱人的魅力；没有文化的浸润和洗濯，城市就“活”不起来。纵观当今世界，任何一个有特色的城市，都是以吸纳人类文明成果、海纳百川而著称的。恩格斯当年在评价法国巴黎时曾说过这样一段话：“在这个城市里，欧洲的文明达到了登峰造极的地步，在这里汇聚了整个欧洲历史的神经纤维，每隔一定的时间，从这里发出震动世界的电击。”无论在哪一个历史时代，作为闻名遐迩的世界级城市，总是凝聚了当时世界文明的成果。文化的全球交流和文化民族特色的强化是不可消失的两个方面，必然相辅相成，紧密相连，缺一不可。因而，世界范围内的广泛的文化交流不会缩小，更不会使各国、各民族的文化差异消失。相反，城市文化的个性化发展恰恰是不同文化相互交融的必要条件。德国历史哲学家斯宾格勒（Oswald Spengler）曾在《西方的没落》中说，每一种文化都植根于她自己的土壤，各有自己的家乡和故土的观念，有自己的“风景”和“图像”，“每个文化的存在都是为了把自己的特性表现在她的生命的发展的每个细节之中”。城市文化经过历史的沉淀，一经形成，便渗透到城市生活的方方面面，物质的、精神的，无所不包。城市特色以城市文化为依据，植根当地的自然、社会经济环境，营造出一种与众不同的城市风格。

第四，城市文化为城市发展增强辐射力和整合力。城市文化是一种超地域、融汇多种地域文化的复合性文化。这主要是由于城市居民地域来源多源化和城市社会阶层多层化以及商业广泛流通、辐射功能所造成的。任何一个现代化水平较高的城市，其重要标志就是具有较强的辐射力和整合力。从城市的辐射力和影响力看，一个文明的、开放的、充满活力的城市会对外部资源具有极大的吸引力，能够极大地提高城市的聚集功能和辐射功能。而城市的聚集和辐射功能是通过城市文化的聚集和辐射逐步形成的。城市文化是城市吸引力与辐射力扩大的基础，是支撑城市生存、竞争和发展的巨大动力和无形资产。城市文化的交流和传播，使得城市理念、价值观以及城市经济辐射力、文化影响力、政治作用力向周边地区渗透和扩散，从而提高城市的知名度，增强城市的辐射力和影响力。如果说，在古代及漫长的中世纪，城市文化的辐射力已经关系到城市形象的确立（如雅典文化的深远影响）；那么，在 21 世纪的今天，随着经济全球化的发展，城市文化的辐射力就更显重要。随着城市文化的价值及其独特魅力的日益凸显，它已不单单是文字记录的一切成果，也不仅仅是吃、穿、住、行等生活方式的外在体现，而是渗透到社会生活和经济生活的一切领域，构成每一个人及每一个社会生活的基本组成部分，并在社会政治和经济发展中展现出特殊的地位和巨大的促进作用。从城市整合力看，通过发挥城市文化凝聚市民、引导市民的作用，整合各种社会力量，使市民从价值观、城市意识、城市特色等方面去认识城市、了解城市、热爱城市、建设城市，增强城市的向心力和凝聚力。全球视野下的城市文化，是创新性与传统性的统一。它既有创新的视角，又有注重传统的眼界；既有广泛吸纳世界各国优秀成果的广阔胸襟，又有坚持民族独立的坚定立场；它继承传统而不保守；与时俱进而不猎奇；视野开阔而不媚外。在全球范围内不同文化的融合和冲突中，城市文化辐射力的强弱关系到该城市能否以平等的地位、主动的姿态融入世界文化潮流。

第五，城市文化是城市核心竞争力的源泉。在经济全球化的背景下，国际间的竞争更多地表现为城市竞争力。城市的核心竞争力是指一个城市所独具的、使城市能在一个行业（产业）或城市的其他领域取得领先地位所依赖的关键性的能力，它是能将城市的独特资源转化为竞争优势的一组政策、知识、技术或技能的有机综合体，而非城市所拥有的资源和禀赋的本身。城市核心竞争力的形成不是一朝一夕的短期行为，而是具有历史的积淀性。特别是文化的积淀性，主要包括城市长期以来秉承的发展特色和城市的人文精神，要不断地积累、超越和升华。城市文化是城市“关键性的能力”的源泉。人类的城市演变史表明，没有文化的城市如同没有灵魂，也没有美好的未来。优秀的城市文化是城市领先于竞争对手的一种独一无二的关键性力量。因此，一个城市是否有核心竞争力，最根本的是看它的文化力，即文化资源、文化氛围和文化发展的水平和潜力。商业时代城市的发展，使得城市文化的竞争已经成为城市竞争的重要组成部分。城市最终的竞争是文化竞争，只有文化内涵丰富、发展潜力强大的城市才是魅力无穷、活力无限的城市。城市文化力是城市竞争力的核心。城市文化力是一种软实力，比任何产业都能创造出一座有质量、品格与品位的出色城市。如果一个城市文化发达，思想解放，开拓进取，尊重创造，发扬科学精神，那么这个城市的发展就大有希望。人类社会已进入信息社会，智慧的因素、知识的力量、人力资源会越来越突出，文化所创造的人文环境和整个城市的文化发展水平对我们进入信息社会后的整个社会的进步和整个经济的发展将起越来越大的促进作用。与此同时，随着城市文化的发展，城市整个人文环境会得到新的改善和优化，对市民素质的提高起着不可替代的潜移默化的作用，从而激发市民热爱城市、发展城市的主动性和创造精神，增强市民对自己城市的自豪感、亲和度和凝聚力，进而转化为巨大的创新能力，转化为集聚社会资源的城市竞争力。城市文明发展实践表明，凡是人文文化和科学文化能够得到很好结合并发扬光大的时候，城市就出现兴旺繁荣；反之，则会走向没落衰败。一般说来，城市文化的发展水平往往代表了一个地区文明程度所能达到的最高水平，是城市综合竞争力和软实力的重要组成部分，它对城市创造力、凝聚力、核心价值与集体性格的形成起到了关键的作用。

总之，一个城市能够延续和发展，越来越取决于城市文化的延续。哲学家爱默生曾说过，“城市是靠记忆而存在”。每座城市的人都有自己的记忆。城市的记忆正是这些独特的城市文化在历史长河中一点一滴形成的难以磨灭的符号。这些符号在形成、变化和演进过程中留下的历史轨迹和印痕，是一个城市生生不息的象征。因此，城市发展应重视城市文化的发展。我们要用先进的城市文化理念引导城市今后的发展，不断丰富城市自身的文化内涵，找到属于城市自己的文化发展路径，努力创新和发展属于城市自身的城市文化，使城市永葆鲜明的特色、永葆鲜活的灵魂，永葆蓬勃的生机。

36 城市发展需要文化自信

城，是地盘，是建筑；市，是街衢，是人烟。两者相融，便有了生活和故事，有了经济和政治，有了城市人文的积淀与品质。城市是经济社会发展和人民生产生活的重要载体，是现代文明的标志。在中国，与改革开放同步展开的城市化进程自其起点处就担负了发展经济的使命。然而，随着城市化进程的快速推进和经济发展的深度前行，城市“幸福”“美好”的粉彩开始剥落：经济社会发展的重心日益向城市倾斜，城市也越来越变成庞大的社会磁体，吸引着越来越多的人口与资源向其流动，最终导致了农村与城市二元结构的失衡，诸种“城市病”由此横生，资源匮乏、交通拥堵、生态恶化、不良竞争丛生，生活在城市中的人们越来越“不快乐”，城市焦虑日益深刻，城市正由人们想象中的美好家园变为现实中的焦虑之城。导致这些问题的原因很多，从文化角度看，是缺乏文化自信的表现。习近平总书记曾强调：“城市建筑贪大、媚洋、求怪等乱象由来已久，且有愈演愈烈之势，是典型的缺乏文化自信的表现，也折射出一些领导干部扭曲的政绩观，要下决心进行治理。”

通常而论，支撑一座城市的发展，主要依靠两种力量，一是物质的力量，一是精神的力量。殊不知还有第三种力量，同样不可或缺，这就是文化的力量。文化最大的特质，就是具有极强的渗透性、持久性，像空气一样无时不在、无处不在，能够以无形的意识、无形的观念，深刻影响着有形的存在、有形的现实，深刻作用于经济社会发展和人们生产生活。文化的力量是一个民族生存和发展的内在动力，也即把一个民族结成一个统一的有机整体，并不断推动民族向前发展的内在力量。文化主要作为一种中间力量出现，一方面将物质的力量化入精神力量，而另一方面又将精神的力量化入物质力量，从而促使力量变得更加强大。

文化自信应该着手于历史渊源和优秀文化的传承。著名社会学家费孝通先生认为，生活在一定文化历史圈子的人对其文化有自知之明，并对其发展历程和未来要有充分的认识。历史文化是一种对当代城市的馈赠，具有改善城市宜居条件的巨大潜力，历史文化遗产是城市的“金名片”。文化自信应该来自于对优秀文化的实践和传播。作为一个有着悠久城市建设文化传承的文明之邦，理应有着高度的文化自信，形成符合中国人审美认知的城市建设风范和格局。文化自信更要面向未来发展。除了对历史文化的深情追溯，还应该对于城市奋进步伐有强烈感受。那些妄自菲薄，不负责任，把自己看作局外人，看到的尽是满目疮痍的悲观主义者，必定是对城市文化建设缺乏责任感和进取心的，甚至是毫无感觉的。

70多年前，鲁迅撰文发问：“中国人失掉自信力了吗?”今天，这个问题依然盘桓在我们的心头。要树立文化自信，必须依靠一定的文化张力。这种张力就是靠弘扬主流文化、传承先进文化激发出来的。“中国梦”的理论深化需要置身于文化自觉和文化自信的视野中。习近平总书记在建党95周年庆祝大会的重要讲话中指出：“坚持不忘初心、继续前进，就要坚持中国特色社会主义道路自信、理论自信、制度自信，最根本的还有一个文化自信”，“文化自信，是更基础、更广泛、更深厚的自信。”这是中国共产党人对人类社会发展规律的深刻洞察与自觉遵循。文化自信，是一个国家、一个民族、一个政党对自身文化价值的充分肯定，对自身文化生命力的坚定信念。增强文化自信需要我们有对历史传统文化、红色革命文化、民族民间文化、当代中国文化的理性审视，对世界历史文化、异域民族文化、现代文明成果的包容借鉴。文化自信是实现中国梦的“加速度”，是弘扬中国精神的“原动力”，是凝聚中国力量的“向心力”，是坚持中国道路的“稳定力”。

文化自信是一切自信的基础，要让文化自信发挥出最大的作用，我们就要让文化自信有更丰富的载体，有更丰富的表达，通俗地说，就是要让文化自信落到实处，看得见，摸得着。我们的城市建设和发展就应该充分体现我们的文化自信，成为文化自信的载体和表达。中国城市发展可以从四个方面入手塑造和提升文化自信：一是适当转换城市发展的经济定位而凸显其文化特征；二是构建人们的文化自觉与文化创造性得以表达的城市空间；三是构建能够凝聚人们文化认同的城市符号体系；四是提升城市文化的竞争力，使人们的文化自信力转化成城市软实力。

对一座城市而言，对地理特征进行文化解读，是一种具有地方特色的文化成果；对历史文化进行地方诠释，是一种更具有地方特色的文化成果，把这两种地方特色文化成果有机结合，嵌入城市之中，才能彰显一座城市的文化自信，获得一座城市的身份认同，提升一座城市的内涵，增强一座城市的张力。一座城市有了文化，才有灵魂，才有生命力和创造力；一座城市有了文化自信和文化认同，才会有蓬勃发展的底气和定力，市民才会有强烈的归属感、自豪感和使命感。

文化自信，是对文化进步的强烈向往和不懈追求，是文化建设的坚实基础和内生动力。城市发展必须以高度的文化自信为着力点，切实提升城市软实力。城市能不能给她的人民提供更美好的生活，是一个城市真正的底气所在。有了这样的底气，城市的自信便会自然散发。文化自信如接力赛跑，要棒棒相接，生生不息，前赴后继，传承发展。城市自信来源于城市硬件，更来源于城市温度、城市文化、城市素质，来源于城市与她的人民之间，有没有夫妻般的信任与共甘苦。从今始，彻底消除文化自卑的心理，让文化自信真正落到实处，成为国人的自觉意识和行为，进而夯实发展根基，凝聚城市自信，让市民拥有获得感，这才是我们应有的城市精神和城市形象。

37 警惕城市特色危机

1987年亚洲建筑业协会在马尼拉举行会议，以“特色危机”(Identity Crisis)为主题，讨论城市特色的丧失问题。1999年6月，第20届国际建筑师协会（UIA）大会在北京通过了《北京宪章》，其中以“建筑魂的失色”为题，专辟一节描述了城市面临的困境：文化是历史的积淀，它存留于建筑间，融汇在生活里，对城市的营造和市民的行为起着潜移默化的影响，是城市和建筑的灵魂。但是，技术和生产方式的全球化愈来愈使人与传统的地域空间相分离，地域文化的特色渐趋衰退；标准化的商品生产致使建筑环境趋同，建筑文化的多样性遭到扼杀。如何追寻在过去的岁月里曾为人们所珍爱的城市之魂？现代城市发展中面临的特色趋同和失落的问题，在全世界引起了广泛的关注，它并不是出现在一个国家或一个地区的特殊现象，而是全球范围的一个普遍性问题。

一座城市的魅力在于特色。城市特色是指一座城市的内容和形式明显区别于其他城市的个性特征，没有特色的城市也就不可能有品牌效应。城市特色的失落，是近30年来越来越真切的感受，城市的单体建筑各有各的花样，可是城市的特色却难以追寻了。比如，北京的四合院与胡同、上海的里弄与骑楼，分别构成各自城市独特的景观，也反映了城市两种不同的时空背景和历史文脉。林语堂先生曾以诗意的笔调在《迷人的北平》中写道：“北平是清净的。这是一座适于住家的城市，在那里每一所房屋有一个院子，每一个院子里有一个金鱼缸和一棵石榴树，那里的蔬果是新鲜的，要生梨有生梨，要柿子有柿子。这是一个理想的城市，那里有空旷的地方使每个人得到新鲜的空气，那里虽是城市却调和着乡村的清净，街道，狭胡同，运河，这样适当地配合着。”然而今天，我们已很难找到林语堂先生心中迷人的北平意象了，因为北京这座“世界都市规划的无比杰作”（梁思成语）被现代和后现代主义建筑“强暴”得差不多了。同样，这种困扰和危机现象也出现在上海自20世纪80年代以来的大规模城市改造的过程中，一些有历史价值的近代建筑被拆毁，如金陵东路外滩的原法国领事馆、长江剧场、大舞台，等等。

古城区是一个城市传统文化的根据地。著名文学大师果戈理曾经说过：“当传统和歌曲已经缄默的时候，建筑还在说话。”古城区作为城市古老文明的发源地和新文明的载体，跟众多的历史文化名城一样，那些散落在城区里边的古建筑和斑驳陆离的街道向人们述说着这座城市的过去，成为这个城市丰富的历史文化遗存中不可或缺的部分。城市建设的飞速发展，大大加快了中国城市向国际大都市迈进的步伐。但是在现代城市文明的背后我们也不断发现，我们的城市正趋向于一体化，众多的城市千篇一律、格局单一。那些记载着城市历史，彰显城市特色的古城区、老建筑正在这种一体化的规划格局下逐渐消失，许多城市，旧城古风荡然无存。传统的古镇、老街、民居被“整旧如新”，悠久的历史遗存在挖掘机的轰鸣中被夷为平地，城市形态与城市形象处在急剧的变迁和动荡中，这就使自然的景观，传统的文脉被割裂，延续的机理被肢解，有机的秩序被打乱，造成了人们对城市建筑空间本身形态所传达的城市人文意象的断裂和空白。人们对城市的意象逐渐走向衰微和模糊，而这一过程，也仅仅发生在最近的几十年。这么短暂的时间，就使几千年来历久而成的城市特色几乎消失殆尽，这不能不引起我们的警惕和思索。张楷模在《狗说狗讲》（2001年）一书中，这样描绘着昆明的变化：“故乡昆明如今已面目全非，有如熟悉的长者一个个与世长辞，那昨日的老街道正一条条消隐死灭。时过境迁、情随景移，老昆明人迷失在新昆明城中徘徊吁嘘。……我这一辈人正好碰到了老昆明荡然消失，新昆明突然拔起的场景转换时期，在情感上的一时难以接受，多少有点像第三幕话剧就该退场的人物，到了布景已全然换过的第五幕，却还待在舞台上犯傻。”这是城市文明的失落，是对历史的背叛，是我们构建和谐文明社会的缺陷。

城市是人类经济社会发展成果的集中体现，一个城市发育越成熟，城市的个性就应越突出，特色就应越鲜明；一个拥有深厚文化底蕴和鲜明个性特色的城市才是具有持久竞争力的城市。在城市盲目追求现代化，城市弥漫欲望和躁动的20多年来，中国的特色城市建设已经处在一个十分尴尬的处境中：节制城市欲望的缰绳完全放开，城市不断建造着越来越高的楼房，城市独特的人文历史积淀被简单的高楼化所吞噬，城市的文化被欲望的洪流所淹没，城市的特色被欲望的洪流所摧毁。当城市的引擎装满欲望的燃料，在通往现代化的跑道上奔驰并不断释放城市的欲望的时候，越来越多的城市，随着时代的勇进被催化出盲目的动力；跨越到国际化城市的欲望，在各地规划中被空前的释放。欲望让城市盲目，随着城市欲望的无限扩张，导致了一系列人为造成的失落：一是城市规划、设计上人性化和人本化原则体现不足，如强调城市景观的大尺度、大广场、大马路、大草坪，高楼大厦多，而强调创造可休憩的城市环境空间不足，市区内只见钢筋混凝土广场大厦，难见绿荫；二是传统街道格局的古城风貌和城市街区的人文气息，因新的城市变迁而在逐渐变宽的马路中成点成片消失；三是建筑物和构筑物群落的传统风貌失落，地方特色退化，审美追求与文化认同迷失，越来越多的城市特色正逐步丧失。

美国著名城市研究专家詹姆斯·特拉菲尔说：“科技改变城市面貌，欲望则铸造城市的品格。”中国建筑大师吴良镛曾指出，改革开放后，现代建筑形形色色的流派铺天盖地而来，建筑市场光怪陆离……结果是，尽管房子建设了不少，但是“千城一面”。这些未经消化的舶来品和种种形式主义破坏了城市原来的文脉机理。当下中国城市营销的最大误区是，一味地在所谓现代化道路上不断地相互抄袭和克隆。北京中关村在复制“硅谷”、上海陆家嘴在复制曼哈顿，一座城市正在成为另一座城市的翻版货，正像一首流行歌曲在卡拉OK厅里不断地翻唱。中国城市在塑造自身城市特色和品格的道路上与城市的终极理想背道而驰，愈行愈远，不仅如此，许多城市的决策者和城市人浑然不觉，并麻木不仁地在复制的快感中狂欢作乐，城市无“魂”却视而不见。

一个城市的发展公开的秘诀就是能不能营造出自身特有的魅力。当今，中国城市的“特色危机”已经到了非重视不可的时候了，无论是南方城市，还是北方城市，无论是大城市，还是中小城市，其城市形象都大有趋同之势，每个城市的特色正在消失，“千城一面”的景象正在成为我们的视觉灾难，城市特色被彻底淹没。无论你走到哪个城市，目光所及之处，全是清一色的高楼群、玻璃墙、霓虹灯、立交桥、宽马路、大广场，我们真的分不清自己是在北京、上海、深圳、广州，还是在纽约、巴黎。历史性城市的文化特色正在消失。“千城一面”的景象正在成为城市市民不得不面对的视觉灾难。有些专家呼吁：莫使“故乡”成“他乡”，更不能“反认他乡为故乡”。

城市无止境和无底线的财富欲望和规训手段之间矛盾的激化和均衡关系的失效，是城市特色危机的罪魁祸首。人们在呼吁保护城市特色，也有的号召“打造”城市特色，无可奈何的是，中国经济转型时代的城市特色业已形成了，那就是现在我们面对的、各个城市都差不多的、混乱的“新面貌”。如果这些并不是我们的初衷，我们只有面对着它们来反省自己。古希腊哲学家亚里士多德说过：“人们之所以从乡村来到城市，是为了生活得更好。”假如人们来到城市后发现城市不仅不能让他们生活得更好，而且还会带来巨大的伤害，城市人不失落和愤怒吗？当城市在精神废墟上建起了一座座高楼大厦，这对人类来讲就是一场灾难和悲剧。

城市特色的缺失不管是由于什么原因引起的，它都将严重危害城市的发展：一是将导致重复建设，造成城市资产闲置和过剩；二是将割断城市发展的文脉，失去城市发展的历史底蕴，导致城市记忆的消失；三是将使城市丧失竞争力。

38 城市特色的挖掘和维育

城市特色是城市发展的灵魂。一座没有特色的城市，是平庸的城市，是没有灵魂的城市，也是没有吸引力、竞争力和生命力的城市。城市特色既然可以传承，可以由弱到强、由稀少到丰富，在这一过程中就需要城市各方面要素的协调和引导以形成有利于城市特色形成持久的合力，也就是说城市特色可以经过长时间的经营和培育而被塑造出来。

留住城市的根

随着城市建设的高速发展，我们的城市出现了日新月异的变化，但与此同时我们也失去了许多永远无法复得的东西——历史文脉。城市是历史形成的，是历史文化的“化石”；文脉是城市记忆的延续。城市特色的关键就是它的文脉，也就是长期积淀、一脉相承的历史文化传统。城市的特色和记忆并不只是城市天际线、街区和房屋，但这些都很重要，因为它们是辨识城市的指纹。一座没有指纹的城市恰如一个没有指纹的人，怎么去建立其个人档案呢？营造城市特色的一条捷径，就是对历史文化遗产的保护和利用。城市是一个生长着的生命，它是有年轮的。北京有建都850多年的历史，元大都的土城墙和北京站业已残破的砖城墙之所以重要，就是因为它们是北京的年轮，毁掉城墙就是毁掉北京的年轮。每一个城市都有属于自己的历史。城市是人类最伟大的文化创造，一座城市就是一个民族的历史。一个城市无论如何演变，都会或多或少地留下历史的印记。

因此，要培养城市特色，就要注意发掘本地的历史文化资源，弘扬优秀传统文化。一个城市特色的孕育，只有从历史文脉中寻找到自己的根，才会生长得更富有朝气、更久远。历史是城市之根。如同人一样，不同的城市也有其不同的精、气、神、形，而最能彰显一座城市魅力和吸引力的，莫过于其独特的历史文化。城市是一个不断发展、更新的有机整体，城市的现代化建设是建立在城市历史发展基础之上的。

在城市的规划和建设过程中，保护好城市的历史遗存，不仅仅从形态上延续了城市的历史文脉，更增进了市民的历史记忆和对自己所在城市的认同与归属感。任何形式的现代化，都离不开传统文化的根基。城市越是现代化，历史文化越显得重要。塑造富有特色的城市形象，必须坚持因地制宜的原则，尊重城市发展的历史和现状。城市面貌不应当是“一年一小变、三年一大变”，城市建设应持之以恒地继承当地历史文脉，创造全球化时代独树一帜的城市风貌。城市特色文化是一个城市得以存在和发展的根基，是城市发展的精神动力。一个城市的历史是城市文化的根基和源头，没有历史的城市是贫乏的城市，没有文化的城市是苍白的城市。

历史文化遗产是一座城市的文脉，是城市文化的起点，也是无法再生的文化资源，城市文脉一旦断裂就难以恢复。现代化是否一定以切断历史为代价？彻底地破旧立新是否就是现代化建设的标志？新的城市建设是否一定不能容忍旧建筑的存在？我们在追求现代化的同时是否真的不再需要看到历史的遗存？人的生命需要相同的血脉得以延续，城市的延续也需要其独有的“血脉”使其永生。我们的城市在进步的同时已经丢失了太多的东西，我们不能留给后人一个被切断的历史。这需要我们投入更多的思考，在历史文脉中注入新的生命，赋予城市以新的内涵，历史的记忆得以延续。

亡羊补牢，犹未晚也。尽管我们的北京无法像巴黎那样得到完整保护，尽管我们的许多大中城市已经面目全非，但我们的祖先还留下成千上万个千年古城和古镇。城市发展要有自己的文脉，保住了这个文脉，就会形成自己的特色，就能增加城市的厚重感。苏州的周庄、山西的平遥等，都是很典型的事例。周庄经历 900 多年岁月沧桑而完整地保留了江南水乡集镇的建筑格局，经著名画家陈逸飞的油画再现而名扬海内外，被誉为江南水乡古镇的典范遗存，成为名闻遐迩的旅游之乡。从我做起，从现在做起，让我们共同保护我们古老的城市文明，留住我们的根！唯有如此，城市才能创造美好的形象，塑造独特的个性，保持厚重的底蕴。

塑造城市的形

当一个人走进一个城市，第一眼看到的就是城市的形。城市形态是城市特色的外在表现。城市形态是指一个城市在地域空间上的分布构成，如城市与自然环境的关系，城市的几何形态、城市的格局、城市的交通功能组织分区、城市历代的形态演变等空间布置形式。这些形态的形成，一方面受城市所在地环境的制约和影响，另一方面受不同文化模式、历史发展进程的影响，形成了城市文化景观上的差异。它是反映城市静态特色最主要的内容。不同的城市形态，影响到城市内部的功能分区，城市结构和城市道路交通网络，给人的感受有很大差别。

自然要素是城市文脉中的重要组成部分，是一个城市得以依托的自然背景。由于城市规模的不断扩大，自然风景在现代城市中的比例越来越少，因其不可再生性和无法替代性而显得弥足珍贵。与自然的协调一方面是要保护仅有的自然环境资源，控制建设。在生态环境、视觉影响等方面保证其完整性；另一方面则要合理地加以利用，将其引入城市，优化城市环境。一个城市的形态塑造与这个城市的自然禀赋有着十分密切的关系。钱学森建设山水城市的观点，近代英国霍华德的田园城市理论，中国古代的风水学说，都是利用自然环境，营造城市特色的理念。由于城市所在的地理位置、地形条件、气象条件和自然环境的不同，就构成了不同的城市自然环境形态，提供了每个城市区别于其他城市的自然环境形态的特性。世界上许多美丽的城市，都具有充分利用自然环境和景观的特点，有的依山，有的傍水，有的建在滨海低地上，有的坐落在雪域高原，都展现出各自独特的自然风光，形成了一批水乡城市、滨海城市、高原城市、沙漠城市等以地理风貌为特色的城市。这种城市特色的形成有一种内在的理念，这可以追溯到古代老子“人法地，地法天，天法道，道法自然”“天人合一”的思想，即人与自然和谐地发展。自然环境构成了城市特色得天独厚的条件。在中国，古有“云里帝城双凤阙，雨中春树万人家”的盛唐长安、“三秋桂子，十里荷花”的北宋杭州，今有“十里青山半入城”的常熟、“一城山色半城湖”的济南、“钟山龙蟠，石头虎踞”的南京。所以，在城市建设中的一个重要任务，就是要充分认识城市的山、水、林和风景名胜等自然景观要素，在利用自然环境上有新的创意，要把山、水合理地安排到城中，使得城中有山、山中有城，或作绿地、水面，或作对景、借景，要妥善利用山、水组成赏心悦目的自然景观，以便创造个性鲜明的城市形象特色。

城市用地空间布局是城市特色形成的关键。空间特征是城市的地理生态环境，它使城市具有自己与生俱来、与众不同的地域特色。城市用地空间规划应规划为“多轴”“多核”“多心开敞式”的布局结构，以便把山、水等自然景观合理地组织到城市中来；城市中的山、丘、小河、溪流，也应尽可能作为绿地或绿化带，这样既可为市民提供游憩场所，同时还是减少城市“热岛”效应的有力措施，城市周围的绿地、林带要充分利用作为城市的借景引入城市。总之。这样就能符合生态原则，健全气流通道，协调水利，通过绿色通道及“绿楔”“绿脉”的生物正常输入，使城市外部范围、市中心区生物基因能自然调节，以至城市动植物群落之间相适宜。

城市建筑是构成城市的主要元素，那么，城市特色即是对城市建筑的提炼与升华，建筑创作过程实质就是城市特色的形成过程。城市建筑是城市人工要素中重要的组成部分，它作为城市的基本组成“细胞”，以其特有的“基因”为城市的特色定下了基调。一个城市最直观的“名片”就是它的建筑风格。城市建筑风格是指城市建筑在总体特征方面有较明显的共约性、统一性和有序性，是城市建筑形态的综合反映。城市建筑风格是构成城市总体印象的关键部分，是影响和决定城市特色的最基本要素。一个城市的个性魅力，是城市的信心之源。但是，如果一个城市没有自己的建筑风格，不管外表多么张扬，骨子里也是失魂落魄的。国内外许多城市都因拥有独特的建筑风格而闻名世界。比如，巴洛克式、哥特式、拜占庭式建筑，因为其精巧的构思、整齐的排列、错落有致的独特风格，虽然年岁在不断地增长，但受欢迎程度却与日俱增。古罗马的万神殿、巴黎的卢浮宫、伦敦的大英博物馆、巴塞罗那的米拉公寓、德国的科隆大教堂、北京的故宫、上海的东方明珠广播电视塔、澳门的大三巴等，这些公共建筑已化为城市的符号，为其带来了世界声誉。成功的城市建筑，应当是这个城市独特的产业、历史、文化和城市精神以建筑语言的再表达。事实证明，既富有时代气息，又兼具民族和地域特色的城市建筑，是一座城市有别于其他城市的风骨；反之，净是一些毫无生气的钢筋混凝土建筑，或者东施效颦地对一些名建筑照搬照抄，则会使这座城市变得平庸和缺乏内涵。

凝聚城市的神

每个城市都有每个城市的性格特征，如上海人的“精”，北京人的“侃”，广东人的“灵”，山东人的“厚道”，都已经被社会所广泛认同和接受。城市人群性格特征的升华就是城市的人文精神。精神是人的灵魂，人性的根本。人若没有精神，就没有生气，无知无识，浑浑噩噩，凡事听凭本能，生活了无生趣，与动物没有任何区别。同理，城市的人文精神是城市的灵魂，一个城市若没有精神，无知无识无为，城市就没有生气，而是萎靡不振，失去发展的动力。而一个城市所表现出的人文精神是城市特色的内在表现。每个城市都具有其独特的价值观和精神。一个城市恪守的价值和精神，不是一种简单外部强加进入的东西。一个城市的精神和价值是其不同的产业、不同的历史与文化、不同民俗与传统、特有地缘环境等因素长期积累与沉淀的结果。在一个开放的系统中，一个城市的精神既包含着具有的时代和民族特色的价值和精神，同时也包含着这个城市特有的历史、文化、经济等因素决定的本土特色的价值和精神。现代城市的价值和精神，应当是这两种价值与精神的统一。城市的主要魅力在于特色。魅力，是一个城市、地区和国家应有的价值取向、思维方式、生活方式、行为方式的体现。城市的魅力是物质，更是精神的。城市人文精神不同于一般意义上的城市形象，它是寓于城市形象之中的精神理念。精神理念是一个人、一个组织乃至一个民族存在与发展的精神支柱，也是现代经济社会发展中城市文化与城市形象凝聚力的核心。城市理念形象是一座城市所有社会组织和市民的精神信念、心智状态的总和，包括精神追求、价值观念、思想境界、品德风貌、创新意识等。它作为市民整体性的精神状态，来源于一座城市的长期文化积淀，构成了城市特色的核心部分，从而使这座城市与其他城市相区别，也是其立市和不断发展的信念所在。其内容可以是城市精神生活所提炼的理念信条，可以是城市发展哲学的高度概括，也可以是城市历史风云和发展传统所凝聚的民风和市民精神的写照。创造出城市特色化理念，并在理念的推广中寻求群体价值的体现，这既是一个城市的发展哲学和文化价值的最高境界，也是一个城市蓬勃向上发展的表现。城市文化精神是城市特色的鲜明体现。如果说城市人文精神是一个城市的品牌，那么这一品牌就包含着一种特色。城市人文精神是城市的灵魂，是城市赖以存在和发展的文化资本和城市竞争力最为重要的组成部分。用人文精神点亮每一个市民心头那盏闪烁着理性光芒的灯，让人们的心灵和城市一起变美，这样的城市一定会变得更具魅力。城市人文精神理念的塑造，往往对城市特色、个性的发掘起到较大作用，可使城市形象具有内核、生命力，使城市具有更强、更持久的识别性。

总之，城市特色不是消极客观的反映，它要求管理者、决策者、参与者能动地发挥、利用、保护已有的城市特色，使城市向着“创造出符合时代、展望未来、求得更新的特色”方面发展，最大限度地满足市民的物质和精神需求。因此，塑造城市特色必须培育城市精神，使人们对城市产生认同感、自豪感、愉悦感，这是城市凝聚力和自信心的源泉，也是城市竞争力的核心内容之一。

39 城市发展需要精神的引领和支撑

城市的出现，是人类走向成熟和文明的标志，也是人类群居生活的高级形式。当今，城市成为活力四射、喧闹繁华的代名词。一栋栋高楼大厦鳞次栉比，街道纵横交错，车辆川流不息，人来人往，怎一个"壮观"了得！然而，城市浮华的背后却常充斥着众多形形色色的问题，诸如人口膨胀、交通拥堵、城市环境恶化、文化缺失、个性丧失、市民归属感流失以及人际关系疏远和冷漠等"城市病"。进入新世纪之后，尤其是近年来，随着我国社会经济的快速转型，"城市病"呈高发之势，引起了社会各界的广泛关注。实际上，人们在看待"城市病"的过程中，是过多地考虑了物质方面的感受。但实际上，就"城市病"而言，物质方面和精神方面缺一不可，"城市病"在很大因素上是一个"精神"方面的缺失。

大城市"得病"的根源，也许并不在其"大"，反而在其"大而不当"。"城市病"暗示了精神隐痛。解决"城市病"，说到底还是需要采取中医药治病原理。除了"治标"之外，更需考虑"治本"。这个"本"，就是真正"以人为本"、以民生感受和精神需求方面的长远为本。现在生活以城市为中心，但我们要问：到底是谁的城市？美国社会哲学家、城市理论家刘易斯·芒福德曾提出过，城市应该是城市市民的城市，而且城市人要有尊严地享受自己的幸福生活。法国神学家雅克·埃吕尔认为，城市代表人类不再依赖自然界的恩赐，而是另起炉灶，试图构建一个新的、可操控的秩序。法国著名城市地理学家菲利普·潘什梅尔认为：城市既是一个景观，一片经济空间，一种人口密度，也是一个生活中心和劳动中心，更具体点说，也是一种气氛，一种特征或者一个灵魂。伟大的哲学家、教育家亚里士多德曾说过："人们为了生活来到城市，为了生活得更好留在城市。"短短一句话，深刻指明了城市的存在与发展须始终围绕人而展开。

毛泽东同志说过：人是要有一点精神的。精神是人的灵魂，人性的根本。人若没有精神，就没有生气，无知无识，浑浑噩噩，凡事听凭本能，生活了无生趣，与动物没有任何区别。这是人之为人的精神，因为人如果没有了精神追求，就难以成为一个健全的、和谐的、全面发展的人。与此同理，精神是一个国家、一个民族、一个地区的生机和活力，是前进的动力和发展的保证。一个人没有精神不行，作为人类聚集自身智慧、体力、精神和群体而历史形成的城市亦是如此。

中国城镇化的加速发展呼唤着和培育着城市精神。中国在推进现代化的进程中，人们越来越认识到城市精神对提高城市文明程度，增强城市的向心力、凝聚力的重要作用，城市精神已经成为一个城市塑造崭新的城市形象、提升城市竞争力的重要举措。自中共十八大明确提出"新型城镇化"以来，新型城镇化渐成为社会各界关注的热点。新型城镇化的核心是"人的城镇化"，而"人的城镇化"过程，则有很大一部分是一种精神的城镇化过程，是人与人精神上的融合与发展，是城镇化过程中对城市归属感、安全感、自豪感的建设与提升。人对城市的这种依恋精神，以及由此对城市产生的奉献之心，都是城镇化所必不可少的精神支撑，也是城市得以生存和发展的关键。因此，当今社会城市发展必须考虑到城市"人"的最本质的持续的需求，使每一个城市对居民来说，不仅仅是一个生存的空间，而更是一个人性得以复苏和生息的乐土与梦境。城市生命力的本质在于她本身所独具的精神内涵所凝聚的城市中的人。新型城镇化建设应当注重城市文化的传承与创新，建设有乡愁的城镇化。城市精神是城镇化中的灵魂，塑造引领城市和人发展的城市精神是完善城镇化健康机理的表征。在以人为本的城镇化中，城市价值主体不断从城市精神这个价值客体中汲取人们所需要的价值元素，城市精神也在城市文脉特有的语境里不断增强历史的厚重感，鲜明的时代感，真、善、美的交融感，其良性互动的成效有力地推动了城镇化的健康发展。

城市作为人类文明进步的载体，城市精神正是对这些彰显地域文化特色符号的准确提炼和表达。正如一个民族要有民族精神作为支撑一样，一个城市不可缺少自己的城市精神。这种精神，是深植于一个城市文化土壤中的内在气质，是蕴含在全体市民思想行为中的价值追求。它既能体现一座城市的传统与特色，也能指向未来发展的理想与路径。一座城市没有精神就没有灵魂，就没有准确的核心理念定位，就没有奋勇争先的动力源泉。一个城市经过历史的积淀和发展的洗礼必然形成一种城市精神，它包括这个城市的人文历史、伦理道德、地域特征、发展趋势等内涵和外延，是支撑这个城市的灵魂和根基。

德国著名历史家和历史哲学家奥斯瓦尔德·斯宾格勒曾说：“将一个城市和一座乡村区别开来的不是它的范围和尺度，而是它与生俱来的城市精神。”精神是一个城市的生机和活力，是前进的动力和发展的保证。一座城市不仅需要有经济基础的支撑，也需要有精神力量的支撑。优良的城市精神是城市经济社会发展的内在驱动力，主导着市民的思想观念和价值取向，能有效增强市民对城市的认同感、归属感和责任感。中国经济蓬勃发展的今天，城市精神必然会不断增添新的内涵，许多城市根据自身的历史、文化传统和发展远景，提炼和培育出了自己的城市精神。比如，上海的“以海纳百川而服务全国，在艰苦奋斗中追求卓越”，南京的“开明开放、博爱博雅、诚朴诚信、创业创新”，深圳的“开拓创新、诚信守法、务实高效、团结奉献”，宁波的“诚信、务实、开放、创新”，大连的“创造、创业、创世”，青岛的“诚信、博大、和谐、卓越”；再比如，河南省济源市委市政府把愚公移山精神阐释为“敢想敢干、开拓进取、坚韧不拔、团结奋斗”，并将其确定为城市精神；等等。这些经广泛集纳民意提炼而成的城市精神，可谓“纳大千于须弥之中”，彰显了城市市民所认同的理想、价值观和基本信念，是市民整体面貌的体现和城市可持续发展的精神动力。一座城市的精神是社会风气、城市面貌、市民素质的综合反映，是城市创造力和凝聚力的生动展现，彰显的是城市的文化特色，代表的是城市的整体形象，引领的是城市发展，是一座城的“精神名片”，是一座城市的精、气、神，是一座城市的发展之魂、文化之根、活力之源。如果说没有灵魂的人如同行尸走肉一样，那么，没有灵魂的城市，就是一堆建筑积木的空间堆集与扩大。

从历史的角度看，古今中外历史悠久的城市几乎无一例外地形成了自己的城市精神，即使是历史很短的城市也是如此。城市精神对一个城市的发展非常重要。众所周知，"罗马不是一天建成的"，城市精神的形成与发展也有一个历史的过程。在人类文明的进程中，城市精神作为城市躯体中的灵魂，不断在人类的认知判断、价值判断、审美判断的实践活动中深深地烙上人的情感符号、精神特质、文化样式。同时，城市精神又以在历史与逻辑统一的理性演变过程中所凝练的生命特质以其深刻性、确当性和生动性塑造人的灵魂。城市精神的凝练是由实践升华到理论，由具体上升到抽象，由继承转化为创新，由吸收过渡到辐射，由普及进化到提高，由渐进到飞跃。当然，城市精神既不是包罗万象的口袋，也不是抽象的概念，城市精神存在于城市的生存和发展当中，城市精神是昨天城市的背影、今天城市的品牌、明天城市的动力。

培育、塑造和弘扬城市精神是一项长期任务，更是一项功在当代、利在千秋的伟大事业，是一个需要在实践中不断丰富、完善和升华的过程。城市精神从提出、形成到成熟或被广大干部和群众理解、接受、认可和遵从，充分发挥其应有的凝聚力、导向力、激励力和规范力，需要一个长期的培育、塑造和熔炼过程。城市精神也具有阶段性、开放性、动态性的特点，在蓬勃发展的现代化建设实践中，城市精神还需要不断增添新的时代内涵，不断推陈出新，不断完善提升，这将是我们在今后城市精神建设中需要面对的新的重要课题。

40 理解城市精神的特征

一座城市的精神是社会风气、城市面貌、市民素质的综合反映，是城市创造力和凝聚力的生动展现，它是城市之魂，是一个城市的精、气、神。城市不应仅注重它的文明的外壳，即钢筋混凝土的堆砌，还应该有自己的灵魂，也就是城市精神。城市精神的基本特征表现在：

第一，城市精神是在城市整个发展过程中逐步形成的，贯穿于一座城市的过去、现在和将来，具有历史性和传承性特征。历时性即传统性，指历史积淀而成的城市核心传统，或城市传统的核心价值观。城市的核心传统，即贯穿于城市文脉之中、反映市民传统行为方式的核心价值观。一座城市在跌宕起伏的历史长河中所堆积的理想与追求、教训与坎坷、光荣与屈辱，特别是区别于其他城市的独特生命气息、标志文化气质的个性符号，均以城市的核心传统来集中体现（除非是没有历史根基的新兴城市）。城市是一种历史文化现象，是一个民族赓续绵延的记忆载体，每个时代都在城市建设中留下了自己的痕迹。比如，伦敦的城市精神被概括为：历史与现实的和谐统一；人和自然的和谐统一；不畏强暴，坚强不屈的英雄意志。这一城市精神更多地表现出伦敦面对纷繁世界时的一种沉稳冷静的绅士态度，这一态度是英国曾经作为世界老大帝国的历史遗产，但也在第二次世界大战中成为应对疯狂的德国法西斯的取胜之道，经受了实践的考验。英国伦敦期望这种历史遗产使伦敦别具一格地位列于世界性国际大都市的行列。城市的历史告诉我们，城市不是历史教科书中枯燥的数字和资料，而是有内涵、有个性、有感情，是活生生存留于城市空间和时间中的生命的热度、岁月的痕迹、文化的积淀。城市通过自身集中的物质和文化力量加速了人类交往活动的形成，并通过城市的各种有形的物质形态和非物质的意识形态载体一代一代传承下来，这个不断传承的城市灵魂就是“城市精神”。城市精神是一个长期的、历史的积淀。城市的精神追求是城市历史底蕴和时代气息的总和，代表着一个城市的“气象”。一个城市没有历史底蕴，在软资源上就容易有缺陷。历史是过去的事物，但过去的记忆仍然会对现在发生影响。这种影响往往集中于精神层面。正是城市精神的存在与持续几十、几百、几千年的传承，才使得很多的城市在天灾人祸的毁坏下，一次次建了毁、毁了建而不失其精神风骨、遗风流韵；也使得很多幸免于天灾人祸的城市成为人文历史的活化石，让后世的人们从它们的身上找到历史的缩影而复活相应的历史时代。

第二，城市精神是一种民族精神。民族精神是指一个民族在长期的历史发展过程中逐步形成和培育起来的一种群体意识，是一个民族共同的思想品格、价值取向和道德规范的综合体现，是该民族存在和发展的精神支柱。民族精神是精神基础。一个民族，没有振奋的精神和高尚的品格，就不可能自立于世界民族之林。一个城市的精神总是同整个国家、整个民族的精神联系在一起的。城市精神的民族性，既体现着对民族文化传统的继承，也体现着对民族文化传统的反省。城市不是孤立存在的，城市是同一定民族和国家相联系，任何城市都是在民族文化摇篮和社会历史变迁中形成和发展起来的，城市的政治、经济、文化必然打上民族和国家的烙印。因此，城市精神根植于民族精神，服务于国家精神，是国家精神和民族精神的凝聚点和闪光点，是国家精神和民族精神的集中体现，是一个城市发展乃至一个民族、国家发展的不竭动力。

第三，城市精神是一种时代精神。任何一个时代都有一种特有的时代精神，都需要铸造一种能够反映那个时代主题和时代要求的时代精神。现时代是一个稍纵即逝、瞬息万变的时代，也是一个竞争激烈、博采众长的时代，体现在城市发展上尤其突出。时代性，指涌动于城市化发展进程中核心的时代精神，或核心的城市现代价值观。时代性相对于传统性而言，时代精神即城市精神中对应于城市传统的另一价值观层面。一座城市在纷纭繁复的时代环境中所蕴含的欲望、冲动、心志和梦想，以及区别于其他城市的独特生命活力和求新、求变的发展后劲，均以城市的核心时代精神来集中诉求。城市精神既反映一个城市的历史文化传承，又兼具时代特色；既能展示其深厚的历史文化积淀，又闪耀着经久不衰的灿烂光辉。城市精神要深入民心，促进社会发展进步，就必然要反映时代特征、体现时代要求，具有时代性特征。从动态的角度看，任何城市精神中，都无一例外地包含着现实性的时代精神要素。尤其处在社会和文明转型的现代化进程中，时代精神更明显。时代精神是在新的历史条件下形成和发展的，是体现民族特质、顺应时代潮流的思想观念、行为方式、价值取向、精神风貌和社会风尚的总和。城市精神不是一成不变的，是不断与时俱进、创新发展的。现代城市是开放的、多元的、宽容的，应能够吸纳一切、包容一切、融化一切。一个与时俱进的城市，必然随着时代的发展不断弘扬和培育反映时代要求、富有时代气息的新型时代精神。时代精神是民族精神得以符合时代发展潮流的提升从而充满时代气息和生机活力的价值标准和精神动力。

第四，城市精神是一种人文精神。人文精神就是关心人、尊重人、以人为本的精神。而具体来讲，人文精神则应该是指内含在文化中的人的价值、境界、理想、文明程度和道德追求。人文精神是一种普遍的人类自我关怀，表现为对人的尊严、价值、命运的维护、追求和关切，对人类遗留下来的各种精神文化现象的高度珍视，对一种全面发展的理想人格的肯定和塑造；从某种意义上说，人之所以是万物之灵，就在于它有人文，有自己独特的精神文化。人文精神既与以神为中心的宗教精神有别，也与以物为中心、见物不见人的商品拜物教不同。城市是文化的中心，城市应该是凸显人文精神的地方。每个城市，无论大小，都有自己的文化品位、艺术韵味和个性魅力。城市人文精神是城市文化的灵魂，是城市精神文化的本质。城市精神好比一条龙，人文精神好比画龙点睛，人文精神就是龙的眼睛。一个人文精神缺失、毫无文化特色的平庸城市是缺乏凝聚力的。城市呼唤人文精神和人文关怀，呼唤重视人的生存环境，重视人的价值和尊严，改善人的情感生活，完善人的道德理想。

第五，城市精神是张扬城市个性的异质性特征。随着信息时代的到来，经济一体化的加速，国际人口流动频繁，地球村在变小，异质文化共存的现象越来越普遍。异质性换个角度就是多样性。多样性恰恰是我们所需要的。农村人口有差别，但那是细枝末节上的差别。在经济上，城市的基尼系数比农村大得多。在文化上也有高低悬殊；在素质上，城市更是有落差；在生产方式、生活方式、行为方式上，五花八门，应有尽有。不仅如此，从体质人类学上看，农村可谓“清一色”，城市，尤其是大城市，特别是开放的大城市，各种肤色的人都有。城市精神是城市特色（个性）的鲜明体现。如果说城市精神是一个城市的品牌，那么这一品牌就包含着一种特色。城市的魅力在于它的特色。城市特色蕴于多种多样的内容与形式中，有历史的、传统的特色，有民族的、地方的特色，有新兴的、时代的特色，有景观的、环境的特色，也有产业的、功能的特色，等等。比如，巴黎的城市魅力为：巴黎是“浪漫之都”“服饰之都”“时尚之都”“设计之都”和“艺术之都”。法国巴黎的城市精神就是要成为世界时尚之都、浪漫之都、服饰之都、文化之都及欧洲经济之都。这么直截了当的表达，不但向世界坦诚自己的城市特色及其追求，而且也在这种城市精神中洋溢着巴黎，乃至整个法国的一种浪漫个性的特色。一座城市由于历史和地理的因素，往往具有自己鲜明的传统风貌与地域特征，这种风貌与特征一般都表现在这座城市的一切物质与非物质的文化形态上。就像世界上没有两片完全相同的树叶一样，每一个城市都因地理、历史、物产、文化的不同而形成自己的特点。独特的城市个性，体现着一座城市卓尔不群的风格与魅力。因此，“城市精神”的表述并不是纯粹的文学性的诗意表达，而应是一种能够为现代社会、经济、文化发展服务，为人所用，转化为可以推动社会全面发展的精神力量。“城市精神”也并非唯大唯美，重要的在于拥有自身特色，体现城市风貌，显示城市底蕴、表现城市追求，折射城市价值和地位以及不同的发展路径。

总之，城市精神是一个城市发展过程中持续传承的必然结果，它就像一个张开宇盖的巨树，汲取着历史的、现实的、未来的养分，在城市精神的树干之上，延伸出社会、经济、政治文化、法律、军事等精神的枝，蔓延出产业、行业、企业、民风、民俗、民习等精神的杈，繁衍出万象千态竞相纷呈的精神叶片、竞相开放的精神花朵、竞相芬芳的精神果实。其中，不论是杂交，还是嫁接，或是转基因方法的应用，在根本上，精神基因的内在同一性是不变的，所变的是随着社会的发展对基因的优化，对基因上问题的修复。这是基因的正变异。至于基因的负变异不是没有，其结果是城市的停滞发展，甚至是城市的破产、倒闭、消亡。但不论是发展还是消亡，还是成为社会的化石，城市精神都是人文历史的结果，也是人文历史长河中的浪花。总而言之，城市精神既不是包罗万象的口袋，也不是抽象的概念，城市精神存在于城市的生存和发展当中，城市精神是昨天城市的背影、今天城市的品牌、明天城市的动力。

41 认知城市精神的功能

“精神”是看不见、摸不着、抓不住的东西。但是，精神是可以爆发、转化为物质力量的。城市精神蕴含着城市的神韵和魂魄，是一座城市基本特征的集中体现，并且在城市的发展进程中不断得以丰富和升华。城市精神作为城市长期实践的精神积淀，成了城市市民认同的精神纽带、心理依存、行为导向和实践哲学，成了城市的本质形成和展开的思想基础以及推动城市发展的精神动力，成为城市市民所共识公认、自觉遵守、引为自豪、自我激励的座右铭，是城市发展的灵魂和精髓，是全体城市市民心目中的一面旗帜。

城市精神作为城市的一面旗帜，它的气质和特点不在于这个城市有多少高楼广厦，而是在于这个城市具有多大的对内凝聚人心、对外树立形象的双重导向作用和现实意义。外在的看，城市精神表现为一种风貌、气氛、印象；内在的看，城市精神则更多地表现为一种市民精神，是这个城市民众集体性所拥有的气质和禀赋体现，这种气质和禀赋体现着市民群体的价值共识、审美追求、信仰操守。城市精神印记着古老岁月的过往，弘扬着时代的主旋律，展示着时代人的风采，描绘一种直面时代的到来，憧憬着未来的崭新风貌。它在久远的历史演进中逐渐形成、烙印着清晰的地域特点，真实地反映地区的社会发展水平和文明程度，对城市未来发展具有某种牵引、推动作用，是城市的无形资产和无价之宝。

城市精神对一个城市的发展非常重要，它是一种人文资源形态，是一种软环境，是一种地缘优势。一个城市有没有城市精神和怎样的城市精神，关系着这个城市的进步和发展。每个兴盛的城市都有其独特的城市精神。城市精神是社会发展的内在力量，城市的兴起和成长，是人类社会的巨大进步。

城市精神引领、催生和滋润着城市发展。城市精神可以说是城市兴盛的秘密武器。城市精神具有五大功能：

第一，动力功能。城市精神是城市形象的核心内核，从更深层次塑造城市形象。它是城市风气在精神层面的积淀与升华，又对城市风气具有强大的引领作用，为城市的现代化提供精神动力和环境支持。城市精神一经形成，就会产生强大的精神动力，其原因在于，城市精神是一种心理能源，它把归属感、责任感、自豪感融为一体，产生出一股强劲的进取精神。这种进取精神是物质因素或经济杠杆所难以取得的。一座城市没有精神，就没有灵魂，就没有准确的核心理念定位，就没有奋勇争先的精神动力源泉。只有打造出自己的城市精神，才能对外树立形象、对内凝聚人心，使全市上下团结一致、共谋发展。尤其是对于发展中的城市而言，打造城市精神可以进一步增强全体市民的认同感、归宿感和责任感，最大限度地凝聚市民群众的智慧和力量，为实现经济社会又好又快发展提供坚实的思想基础和不竭的动力源泉。

第二，导向功能。城市精神对城市的生存与发展具有巨大的灵魂支柱作用、鲜明的旗帜导向作用。城市精神譬如一面旗帜，凝聚着一座城市的思想灵魂，代表着一座城市的整体形象，彰显着一座城市的特色风貌，引领着一座城市的未来发展，是城市发展与提升的灵魂。城市精神作为一种无形的力量，能把市民的行为引导到城市所崇尚的行为目标上来。城市提倡什么，市民就会重视什么，它比规章制度更有效。现代城市精神既是一种现实性力量，更是一种超越性力量。它以其共同的价值取向规范人们的行为，在潜移默化中形成统一的意志和信念，在全社会形成共同理想和精神支柱，形成奋发向上、崇尚奉献、团结友爱、平等互助的良好风尚，营造良好社会风气，提高开放水平，强化服务意识，优化社会细胞，反映时代精神，追求以社会责任和社会贡献为主要内容的目标认同，继而达到对城市整体的行为导向、价值导向和目标导向。

第三，凝聚功能。城市精神是一个城市的“精”“气”“神”，它对于凝聚人心和凝聚人气，提升城市的核心竞争力有着非常重要的作用。城市精神的凝聚性是通过集中人们智慧而创造出的独具特色的“城市语言”，使之成为城市意识形态的标志、城市最高目标的象征、城市文化的核心、群体行动的指南。共同的价值使城市精神像磁铁一样对市民群众产生吸引力，使人们热爱这个集体，愿为这个集体的发展做出自己的贡献。当精神饱满、健康向上的市民工作生活在所处的城市，本身就具有一种强大的凝聚力、亲和性，有一种极为饱满的精、气、神，具有了自身独特的魅力和光彩。城市精神作为一种凝聚各方力量、调动各方积极性的“黏合剂”，具有凝聚人、团结人、激励人、鼓舞人的特殊功效。培育和塑造城市精神，就能使大家心往一处想，话往一处说，劲往一处使，事往一处干，同心同德地朝着一个共同的目标而奋进。城市精神的核心作用，就在于凝聚起市民的共同意志，形成共同的精神追求，使全体市民焕发出戮力同心、蓬勃向上、奋发进取的精神风貌。

第四，融合功能。城市精神是城市千百万群众在创造性的、多姿多彩的社会实践中培育和生长起来的，它是生活在城市中的人的精神，人民群众是塑造城市精神的主体。一次次群众实践活动都是城市精神的催生点和生长点。城市精神作为一种群体意识，它融合了群体的共同目标，信念和优良传统。反过来，它又能使每个成员在潜移默化中接受这些信念和价值观。一个新市民参与这个集团后，通过耳濡耳染，会自觉不自觉地接收城市精神的洗礼，自然地融合到这个集团中去。使人们在行动中自觉产生对城市的归属感。自豪感，维护城市的名声和信誉，从而增强人们的团结精神，有利于整体能动性的释放和发挥。

第五，约束功能。城市精神是以共同追求的宗旨、信念、价值观、道德标准形成人们行为的规范，表现为市风、民风、民俗，是一种不成文的规范，对每个市民的思想意识都起着心理约束作用，通过这种心理约束进而可以起到对行为的自我控制作用。

42 塑造和弘扬城市精神

城市精神不仅是一个城市的自我期许，也是一个城市的内涵。一个城市能否成为一个伟大的城市，不在其面积与人口，而在其内涵。古代的雅典，按今天的城市规模标准来看不过是个小城市，但它特有的精神内涵却使它成为民主和哲学的摇篮。中世纪和近代的威尼斯与佛罗伦萨，充其量只能算是中等城市，但它们孕育了影响深远的商业精神和人文精神，使得它们在人类文明史上占有不可替代的重要地位。因此，一个有个性的、有志于对民族和人类发展做出贡献的城市，必须要有自己鲜明的精神气质，要有自己特有的精神内涵。从现实的需求来看，一个城市有什么样的精神，决定着未来发展的前途和命运。

培育和实践城市精神是城市发展的主题，是城市文化生产力建设的核心。城市发展的实践表明，城市精神虽然不是万能的，但是，没有城市精神则是万万不能的。城市精神已经成为城市的无形资产和无价之宝，成为城市最值钱和最值得珍爱的东西。培育、塑造和宣传、弘扬城市精神是城市发展的重大任务。但是，城市精神不是天上掉下来的，也不是突然产生的，更不是从外国搬进来的，而是历史和现实的产物，是历史传统和时代精神有机结合的生动体现。众所周知，"罗马不是一天建成的"，城市精神的形成与发展也有一个历史的过程。城市精神不是一经提出就可以发挥其应有的作用和效能。它从提出、形成到成熟或被广大干部和群众理解、接受、认可和遵从，充分发挥其应有的凝聚力、导向力、激励力和规范力，需要一个长期的培育、塑造和熔炼过程。

第一，要科学把握城市精神的提炼原则。(1)前瞻性原则。城市精神应该具有一定的前瞻性，既不可脱离实际，又应比现存状态有明显提升，有明确的目标感，有可以追求和努力的空间。这种前瞻性所关注的不仅有城市本身的因素，还要考虑城市所在的区域位置、作用，以及时代潮流、文化走向等因素，并具有一种广阔的全球化的视野。（2）本土化原则。城市精神不是空中楼阁，不能脱离该城市的历史遗传和地域特色，更不能脱离目前的城市现状，而应该是构筑在原有基础上的改造和出新，若全盘摒弃原有的地域精神痕迹，也就丧失了其本身的特色，所谓城市精神也就变得“千城一貌”，毫无意义。（3）以人为本原则。人的全面发展是城市发展的最重要的目标。大力培育和弘扬城市精神，就要坚持以人为本的观念，把人作为主体，把提高人、发展人作为根本目的。一切服从于唤醒人的自知、提升人的素质的需要，关心人的长远发展的全过程，侧重人的全面发展的需要。有人才有精神，发展包含着人的发展。培养和弘扬城市精神，必须着眼市民这个主体、这个根本，实现城市发展和人的发展的有机统一和良性互动。（4）柔性原则。文化的魅力在于以柔克刚，城市精神以柔软的方式在潜移默化中陶冶人、改造人。与法律和制度的“刚性”相反，城市精神原则应该属于软文化的范畴，应该遵循一种柔性的原则，更多通过内心情感的调动、环境氛围的营造、文化活动的感染以及榜样的力量等文化的手段而达至。

第二，要强调化育城市精神。对于培育与塑造城市精神，用“化育”这个传统词汇更贴切。城市精神要靠先天的积淀，也需要后天的化育。城市精神不是一成不变的，而是随着时代的发展、社会的前进、人民生活的提高，不断更新、不断丰富、不断扬弃、不断化育的。“化育”取意出自《礼记·中庸》（第二十二章）：“唯天下至诚，为能尽其性。能尽其性，则能尽人之性。能尽人之性，则能尽物之性。能尽物之性，则可以赞天地之化育。可以赞天地之化育，则可以与天地参矣。”化育，一是化，教化、转化、涵化，春风化雨，潜移默化，化腐朽为神奇，将一些负面的精神化为正面的精神，将正面精神由潜在的化为现实的。二是育，教育、培育。强调化育，更重要的就是把人文精神内化为市民的精神品格，让广大市民都注重传统人文精神的塑造，从而加速城市精神的高尚化。强调化育，还有一层意思，就是领导群体的垂范问题。上行下效，风行草偃，领导的行为是无声的示范，对于城市精神的培育有重要意义。

第三，大力加强城市公民意识的培育。培育城市精神，需要做许多方面的工作，其中公民意识的培育是一项不可或缺的工作。塑造城市精神，既是一座城市的自我塑造过程，也必然是要求和带动公民素质提高的过程。一座城市只有全体公民素质都得到了提高，才可以说这座城市真正有了自己的“精、气、神”。在某种程度上可以说，公民意识是城市精神的基础。培育城市精神，需要一个坚实的社会基础，这个基础就是由全体负责任的公民所组成的社会。而公民意识是这个社会基础得以形成的思想前提，其最核心最基本的是公民的权利和责任意识。没有公民意识，公民社会则无从形成；而没有公民社会，公民意识便不能普遍地得到培育和巩固。人是城市的主体，市民的精神素质，决定着城市的精神走向。有了公民社会这个基石，培育出公民意识，并融入人格，积淀于民族精神和城市精神之中，才能真正塑造出与现代化城市相适应的城市精神。公民意识最核心的内容就是规则意识和公德意识，这是所有生活在现代城市中的人都必须具备的一种意识。因为相比较于农村，城市生活中的人际交往要远比乡村生活更加频繁和复杂，城市人的眼光与视野也应该更为宽广与豁达，城市生活的约束和规则也更为明确和严格。城市精神的培育和塑造既要有大张旗鼓地讨论和宣传，以强化广大市民的社会责任感，形成一种对不文明行为“千夫所指，无疾而亡”的社会舆论压力的“他律”，同时，文明的进程更需要的恰恰是一种“从我做起，从小事做起”的精神，需要积以时日的潜移默化、熏陶，养成一种“行己有耻”“非礼勿动”的基本道德素质的“自律”。现代公民意识的养成应该是城市精神培育中的核心，也是城市文明导引人类发展的基础。城市的灵魂需要点睛之笔，人文知识分子用知识和人格，用智慧和操守捍卫社会价值和道德底线，用自由的思想和独立的意志为城市精神增添华彩。唯有在这样的文化氛围下滋养起来的城市精神，才会逐渐建构起多元、和谐、自由、独立的公民社会，此乃城市精神文化重建的最终指归与使命。

第四，要强化城市精神的时空意识。城市精神都是在一定的时间和空间中孕育产生的。时间和空间是我们界定和确证城市精神不可缺少的重要坐标。时间表现为一个从过去、现在到未来发展着的流变态势，因此，对于城市精神的塑造，就应该充分考虑城市的传统精神、现代精神和未来精神。城市精神的塑造，既不能一蹴而就，也不是一劳永逸的，而是一个与时俱进的具体的、历史的、动态的过程。一座城市是否具有基于现实、紧跟时代、引领发展和独具特质的城市精神，是这座城市综合竞争力的重要体现。现代的城市精神并不是在空地上产生的，它与传统精神存在着割不断的联系，只有高度重视和充分挖掘总结传统精神，让传统精神走向现代，有机地与现代精神对接，才能更科学地把握现代城市精神；现代城市精神又应该体现出与时俱进性，表现出不断随着时代进步而发展的勃勃生机，因此，现代城市精神的提炼和塑造要具有前瞻性，使城市精神能以足够的张力容纳未来精神发展的一切因素。从空间上来说，任何城市都具有自己赖以生存和发展的地理环境和地理位置，从而形成了不同的城市形态和城市特色，如海滨城市、湖滨城市、山地城市、沙漠城市、平原城市，等等。即使在同样的地理环境下，如同样是海滨城市，由于地理位置的差异性，也能将不同城市的个性特征区别开来。总之，城市精神的花朵再绚丽多姿，都离不开使该城市赖以存在和发展的根基与土壤。因此，塑造城市精神需要五种眼光或五种意识，这就是向过去看的眼光（历史传统意识）、看现在的眼光（现代意识）、展望未来的眼光（未来意识）以及向上看和向下看即上看天下看地的眼光（空间意识）。一句话，需要系统的、全面的、整体的眼光和意识。

第五，要加强城市文化建设。腹有诗书气自华。一个人的气质由内在决定，一个城市的气质同样由内在决定。文化是城市的基因，精神是城市的灵魂。文化的力量，就一个民族而言，深深熔铸在民族的生命力、创造力和凝聚力之中，体现为民族精神；就一个城市而言，在很大程度上体现为城市精神。这是城市精神特别受到关注的时代原因。一个城市要形成一种文化表达。城市精神与城市文化密切相关。城市文化是一个城市历史与现代文明有机融合的集合体，是居住在城市中的居民生活的印记，是人类知识进步与创新的表现。城市精神是历史发展和文化传承的必然趋势和根本要求。城市精神的背景是文化，城市精神应该说也是一种文化符号，体现着这个城市的个性，哪怕是些细微的个性。而文化又应该是一种有凝聚力的东西，如果这个城市没有文化凝聚力，个人的精神状态、精神寄托与这个城市关系不大，就说明这个城市没有城市精神，只有功利主义的交换。任何一座城市，无论大小，都有自己的历史文化积淀。历史文化是一个城市的本源和血脉，地域特色是城市精神具有标识意义的重要构件。每个城市大都拥有反映自身特点的历史文脉和文化底蕴。历史文化底蕴是一种宝贵的资源，是一笔巨大的无形资产，不仅能形成强大的凝聚力、吸引力，还反映出城市的独特魅力与辐射力。如何绵延城市的记忆，传承历史文脉，让这些源远流长并富有特色的历史文化重放光芒并注入新的生机与活力，对保护城市文明特征，丰富城市文化内涵，展示城市文化魅力，发掘城市精神的历史人文根基，都有举足轻重的意义。城市精神的形成，离不开这个本源。离开深厚的城市文化传统，城市精神就失去了自本自根的文化依托，变成无源之水、无本之木。因此，城市精神的构建离不开对城市历史文化和地域特点的参照与考量。城市精神是城市文化的升华，是城市文化主流意识的凝练，是感性与理性相互交融的结果。城市文化是多元化的，而城市精神则是主导性的；多元的城市文化是自发形成的，主导性的城市精神则是在一定城市文化的基础上凝练提升，并通过城市规划和管制等实体化方式进一步增强而成的，是城市文化的核心和灵魂。培育城市精神，就是要关注城市发展的精神因素，就是要打造一个与城市未来发展相匹配的社会人文基础和精神基础，其中包括凝聚人心、升华精神、树立正确的价值观、人生观，营造和谐的社会氛围等，也包括城市文化传统的继承与普遍尊重，区域自然及文化遗产的挖掘与保护，多样性与开放性的建立和发展，积极的城市文化形象的形成，健全的教育培训体系与终身教育培训，知识与信息的广泛传播，充满活力的文化创新精神与创新能力等。因此，培育塑造城市精神应当以城市文化建设作为切入点和基本途径：要从战略上抓城市建设，改变就经济抓经济的现状，要充分重视文化软实力，改变文化软无力的状况；要注重通过形成文化软实力来提升城市竞争力；要积极稳妥地推进城市文化体制改革，以文化创新来引领城市发展；要加强公共文化服务体系建设，最大限度地实现文化惠民和文化共享；要着眼于人，着眼于文化，在传统中继承，在未来赢得自己独特的定位；不能盲目扬弃历史遗留下来的城市文化遗产，应当鉴别历史传承而来的城市文化，应摈弃丧失理性与合理性的文化要素，引进、培植新的体现时代精神的文化要素与文化精神，并使之与原有的文化要素结合形成有活力的城市精神，以全新方式注重人的发展理念来带动城市升级。

第六，加强城市形象建设。塑造城市精神，展示城市形象成为当今城市建设的一项重要内容和任务。城市形象是指一个城市的内部公众与外部公众对该地区的内在综合实力、外显表象活力和未来发展前景的具体感知、总体看法和综合评价。显然，城市形象是一个客观存在，是城市性质、功能、建设水平、文化氛围等的集中体现，也是一个城市给人留下的深刻印象，既有物质外感形象，又有内在精神形象，是城市物质外感形象和内在精神文化素质的统一。美好的城市形象展现了城市精神源于历史、立足现实、放眼未来的内在魅力。二者的有机统一，为城市的健康均衡和谐发展提供了思想意识和行为方式的保障，促进了城市文化软实力的稳步提升。良好的城市形象必将有力地提升城市的品位，可以给当地的居民一种自豪感和荣誉感，可以提高市民对城市的归属感，有利于市民能动性的释放和发挥，使市民产生极大的使命感，从而增强城市精神的凝聚力。城市精神是城市形象的内质，是城市竞争力的核心，是城市发展的动力，是城市之魂。城市精神是一种社会文化的积淀，是一种与城市同命运、与市民同呼吸的精神力量。城市生命力的本质在于她本身所独具的精神内涵所凝聚的城市中的人。因此，对于当今社会的城市形象塑造，必须考虑到城市“人”的最本质的持续的需求，使每一个城市对居民来说，不仅仅是一个生存的空间，而更是一个人性得以复苏和生息的乐土与梦境。如此一来，“诗意地栖居”便不仅是完美城市形象的绝妙写照，也应该是当代国际范畴的城市化建设所追求的最高境界。而由此大为增强的城市吸引力也使高素质的城市居民、大量的科技人才的加入和优美完善的投资环境、积极活跃的文化氛围的形成成为可能，从而也就为增加城市的潜在价值，为城市的进一步发展创造了条件。总之，树立起一个好的城市形象，就是拥有一笔巨大的无形财富。它是增强城市精神凝聚力的关键，是构建城市精神的有效途径。

城市精神的凝练是由实践升华到理论，由具体上升到抽象，由继承转化为创新，由吸收过渡到辐射，由普及进化到提高，由渐进到飞跃。培育、塑造和弘扬城市精神是一项长期任务，更是一项功在当代、利在千秋的伟大事业，是一个需要在实践中不断丰富、完善和升华的过程。城市精神也具有阶段性、开放性、动态性的特点，在蓬勃发展的现代化建设实践中，城市精神还需要不断增添新的时代内涵，不断推陈出新，不断完善提升，这将是我们在今后城市精神建设中需要面对的新的重要课题。

43 崇尚法治的城市精神

一座城市需要一种精神，摩天大楼只是城市的形骸，它在给人们提供舒适生活的物质条件之外，还需聚起一个城市独具特质的精神品格和价值理念，凝聚和团结全体公民的共同信念和追求。

城市精神不仅是一个城市的自我期许，也是一个城市的内涵。一个城市能否成为一个伟大的城市，不在其面积与人口，而在其内涵。古代的雅典，按今天的城市规模标准来看不过是个小城市，但它特有的精神内涵却使它成为民主和哲学的摇篮。中世纪和近代的威尼斯与佛罗伦萨，充其量只能算是中等城市，但它们孕育了影响深远的商业精神和人文精神，使得它们在人类文明史上占有不可替代的重要地位。

城市精神是城市之魂，综合反映了城市居民的文明素养与道德理想，是城市居民的精神价值与共同追求，引领着城市的未来发展，其中的人民主权、人格平等等理念同时构成了城市法治的核心组成部分。中国新一轮的城市发展需要有城市精神来引导，其中城市法治正是现代城市精神的深层底蕴。城市精神在现代中国城市发展中的根本社会意义，就在于通过城市法治化过程中所形成的习惯、风俗和道德，构建一个理性自觉的社会秩序。

城市精神是一座城市长期文化积淀而形成的精神风貌的集中体现，主要包括制度建设、社会风尚、文化教育以及城市建设理念等方面。城市精神包含着深厚的法治内涵。法治应当成为城市精神的根本内涵，法治成为城市社会系统的评价标准。法治化是城市现代化发展的必然诉求，宪政、行政、司政是现代城市精神的基本内核，法治文化是现代城市精神的价值取向。一般来说，城市精神很难催生自己所需的动力来迎合城市社会的发展。而随着城市向现代化路径的迈进，对于法治的各种需求也就相应地扩张起来。其中诸如正当权利、平等地位、民主身份等市场经济中利益前置条件，又是驱动城市精神塑造所必需的。也就是说，当城市社会在利益多重的情况下，城市法治化正是催生城市精神动力的中介。人们出于对利益追求的需要，必然提出实现利益的权利主张。当法治的绝对权威确认权利的正当性，使其处于法律的保护之下时，利益追求就转化为精神动力了。

法律是实现正义的制度："要使事物合乎正义（公平），须有毫无偏私的权衡，法律恰恰是这样一个中道的权衡。""法律的实际意义却应该是促成全邦人民都能进于正义和善德"，它是道德得以实现的强制力保障。同时道德作为价值性存在，其本身也包含了守法精神，对法律的尊重本身就是一种"精神气质"，就是一种在他律形式下的自律，守法是现代人的最基本的美德。古希腊思想家亚里士多德说："法律就是秩序。""法治应当包括两重意义，已成立的法律获得普遍的服从，而大家服从的法律又应该本身是制定的良好的法律。"这是对法治最经典的古典解释，即法治的前提是良法，法治是守法与良法的结合，法律应当受到普遍的尊重和服从。在城市精神的文明生态中，城市精神必须透过法律和制度，透过法律制度所建构的社会秩序才能获得现实合理性。这种合理性在形式上表现为制定、完善和执行各种符合城市精神需求的法则和法律规范。对一座现代化城市而言，法治构成了城市精神的底色。钢筋水泥勾勒出城市成长的外表，纵横交错的规则体系构成了城市运转的脉络，而法治精神所蕴含的人本关怀才是现代城市的心灵归属。因为法治契合了公民作为城市主人的理念，满足了公民参与公共治理的理想，法治更是建设幸福城市、美丽家园的途径，是推动城市科学发展的生活方式。可以说，一座充满灵性的城市，就是蕴含法治哲学的生活共同体。

城市法治化的本质就在于秩序和规则，它通过规则性和强制性使得人们的行为合乎法律的规范，从而引导社会整体道德的统一和和谐，最终促进城市精神的塑造。当现代城市法治化过程中逐步建立健全的立法、司法、执法、守法以及法律监督机制，在确保法律有效实施的同时，必将使法律的外在强制性转化为人们的道德自律性，而长此以往，人们就会在不知不觉中养成一种守法的习惯，有了这种习惯也就具备了基本的道德素质，培养了一种守法的精神，这有利于城市精神的文明生态建构。

城市法治化是依法治国在区域范围内的具体体现，蕴含了法治建设的应有价值，构成了城市精神塑造的重要制度资源。同时，城市精神塑造的进程也必然要求法治为之保驾护航，而城市法治化作为法治发展的重要组成部分，构成人们生活中亟待满足的需求。由此，城市精神便成为促进我国城市法治化建设的重要助动力。

44 破译城市建设的法治密码

当代是一个法治的时代！党的十八大报告明确指出："法治是治国理政的基本方式。"法治决定国家的未来，决定国家的命运。没有法治的民主，就像没有法治的经济繁荣一样，越民主、越繁荣，就越是灾难。2015年中央城市工作会议进一步提出，要全面贯彻依法治国方针，依法规划、建设、治理城市，促进城市治理体系和治理能力现代化。

城市，是人类文明的结晶和传承文化的载体。放眼全球，凡是文明、和谐、宜居的现代化城市，必然是法制健全、公民法律素养高的城市。城市只有厚植"法治"元素，让"法治"成为重要的城市基因，才能不断提升城市软实力。城市在法治国家建设中无疑承担着重要的责任。城市的法治水平、法治管理水平高低反映出一个国家的文明程度。建设一个法治完善的城市，应当更加注重依靠法治来推进依法治市、促进城市的经济活跃、文化繁荣、社会和谐、城市安全、生态宜居、人民幸福，要让法治观念得到普及，法治精神得以弘扬。建设法治城市是将依法治国基本方略与地方民主法治建设相结合的具体实践活动，是充分发挥法治在经济社会发展中的引导、规范、调节、保障和服务作用的重大举措。

建设法治政府是建设法治城市的重中之重。法治作为社会政治文明的集中表现，其关键在于政府依法行政。政府法治考察的是各级政府的规则遵守程度，即守法程度。习近平同志曾指出："法律的生命力在于实施，法律的权威也在于实施。"全面推进法治城市建设，重点要保证法律严格实施。先有一流法治政府，再有一流法治城市。城市政府作为国家权力的执行机关，不仅掌握了强大的公共权力和庞大的公共资源，而且肩负着提供公共产品、公共服务的重任，肩负着贯彻执行法律的重要职责。政府能否做到依法行政、依法执政，公权力能否得到合理约束，直接关系法治城市的建设。

科学立法、民主立法是法治城市的前提。法治显然是规则之治，但是，单纯对规则的强调并不能自然就实现法治的目标，因为法在内容上有善恶之分，而对无良恶法的严格执行无疑是公民与社会之大害。法律是治国之重器，良法是善治之基石。因此，法治应当是良法之治。当代著名的法理学家罗纳德·德沃金曾作出如下论断："法律是一种不断完善的实践。"如果说法治政府从根本上讲就是依法行政，当这"法"本身已经不合时宜，依法行政贯彻落实得越彻底，越可能走向意愿的背面。城市在其根据地方性特点和事项进行地方性立法时，必须体现与保障立法的科学性与民主性，这是实现城市法治的法律前提。

程序正义是法治城市的表征。社会公平正义的实现，需要法的正义予以保障，而法的正义离不开立法程序的正义。法治作为人类社会治理的一种方式，其根本目的在于通过法律之治、程序正义来保障人权，因此，法治并不只是意味着有一套纸面上的规则，更需要以正当化的程序来实现这种规则，正所谓"正义不仅要实现，而且要以看得见的方式来实现"。

法治意识是法治城市的基础。民众是城市的主体，城市建设需要民众具备与之相匹配的文明素质。而以崇尚法治、信仰法治为理念，以自觉守法和依法办事为行为习惯的法律素质则正是民众综合素质的核心内容。纵观法治化程度高的城市，其民众法律意识均较强，不仅体现在个人权利意识上，更是体现在规则意识上。习近平同志曾指出："要坚持把全民普法和守法作为依法治国的长期基础性工作。"民众是依法治市的主体和力量源泉，只有使民众发自内心地对法律信仰与崇敬，依法治市才有深厚根基。如果民众没有法治意识，法治只能是无本之木、无源之水。

法治是国家治理体系和治理能力的重要依托。培根说过，一次不公正的审判，比十次犯罪所造成的危害还要严重，因为犯罪不过弄脏了水流，而不公正的审判则败坏了水的源头。事实是最有力的说明，严格执法、公正司法是法治信仰最好的支撑。法治城市的未来就是法治中国的未来。“让法治成为城市治理新常态”就是城市发展的应有之义，必须把法治建设贯穿于城市发展的始终。

45 励精图治，铸就法治城市

从农村到城市的生活巨变，是现代法律规范的起源。城市生活打破了个人的血缘与地缘关系，形成了契约与权力关系。法律结构随着城市复杂性的进化而变迁，最终形成法治。

“依法治国，建设社会主义法治国家”作为治理国家的基本方略已经载入宪法。改革、发展、稳定，无不以法治为框架，用法治作支撑，由法治来贯穿。城市，作为人类文明的结晶和传承文化的载体，在法治国家建设中无疑承担着重要的责任。

从现代文明的观点来看，决定一个城市的地位或者说品位的最重要指标是，它可以为聚居于此的人们提供什么样的公共设施、公共服务、公民权利义务上演的平台以及城市人口精神与心理舒展的理性空间。支撑这个平台和空间的是制度、是法律、是围绕法的精神展开的具体而生动的市井生活。放眼全球，凡是文明、和谐、宜居的现代化城市，必然是法制健全、公民法律素养高的城市。因此，法治是跨越时空界限的共同城市精神，是所有世界城市治理建设的不二选择。

法治城市是现代化国家的重要组成单元，其基本含义是指在城市实行依法治理，确立法律在城市社会调整体系中的核心地位，实现法律对城市社会关系的全面调整和控制。创建法治城市是贯彻依法治国方略的基本要求，是实现城市科学发展的根本保障，是建设品质之城的重要指标，是加强和创新社会治理的内在需要，是依法行政、公正司法的客观要求。

法治是现代社会的一项重要标志，是全面建成小康社会的保障，法治也是许多经济社会发展目标能够实现的保障。法治城市的未来，也是法治中国的未来。法治城市建设是一项宏大复杂的系统工程，必须精心谋划，突出重点，整体推进，确保取得实实在在的成效，努力实现“人人守法、依法执政、依法行政、公正司法、依法治理”的目标。在建设法治城市的进程中，我国部分城市的法治化与世界城市相比较，已经做到了某种程度的“形似”，或者说法治城市的基本要素正在趋于完善。但在实质意义上，尤其在法治程度上呈现出不小的差距。

法治城市是一种理想的社会状态，是在丰富法律文化基础上的良好法律制度覆盖整个社会经济、政治、文化和社会各领域并保持理性运行，富有城市地方特色的社会文明状态。何以建设中国的法治城市？笔者认为：第一，要破除“认识之冰”。切实提高法治城市建设工作重要性、长期性、艰巨性和社会性的认识，建立起强有力的法治城市创建工作领导体系，树立“大社会”观念，塑造法治城市的法治精神。第二，增强“法治权重”。有立法权的市要坚持科学立法、民主立法，建立起比较完善的与国家法律法规相配套的地方性法规，使各个方面工作有法可依，有章可循。第三，把权力关进“笼子”。法治城市首先要求政府必须是法治政府，只有政府首先实行法治，才有可能实现城市的法治化。我们要将法治的核心转向“依法治官、依法治权”，防止权力的缺失和滥用，建设有序、公信、高效、民主的善治政府。第四，戴上“紧箍咒”。结合当地实际建立和完善法治指数等法治指标评估体系，将依法治理的全部内容实在化、具体化、现实化，使其具有可操作性，用“度量衡”来检验创建成果，让法律的必要性和可行性更自然地融化成公民本能，让法治真正内化于市民的日常生活，成为这座城市的一种基本素养，成为市民的生活方式。第五，提升“公信力”。执法的关键是严格，既不滥用职权徇私枉法，也要避免行政不作为，不搞人情执法、“钓鱼执法”以及形形色色的执法经济。第六，办好“惠民事”。人民群众对法治的感知，很大程度上来源于切身体验。只有完善和健全公共法律服务、法律援助、司法救助，让老百姓打得起官司，让群众合理诉求及时就地解决，全社会遵法守法才会渐成风尚。因此，我们要坚持把法治惠民利民作为创建的根本出发点和落脚点，以法治惠民促进发展成果群众共享。第七，练就“协调功”。经济、政治、文化和社会建设既是法治建设的基础，是法治建设的载体，也是法治建设的目的。法治城市建设必须与经济建设和其他工作结合在一起，使其相互促进，相得益彰。

总之，法治城市建设是法治国家、法治政府、法治社会深度有效推进的基石。良法善治是人民群众翘首以盼的美好愿景，回应着公平正义的群众诉求，诠释着现代治理的题中之意，激发着改革发展的前进动力。

46 不断深化法治政府建设

我国的法治建设由于长期受传统观念的影响和经济发展的约束，还存在着很多不尽如人意的地方，尤其在现实生活中，有法不依、执法不严、违法不究、徇私枉法、司法不公的现象司空见惯，以权压法、以言代法、信访不信法的情况时常发生，职权法定化程度不高、行政立法的法治性不充分、行政执法尚未形成制度体系、权利救济制度不健全等依然存在。可以说，现在比以往任何时候都更加需要发挥法治在国家治理和社会管理中的作用，比以往任何时候都更加需要国家机关、社会组织和全体人民共同参与、共同建设、全面推进社会主义法治国家建设。

习近平总书记曾经鲜明地指出："法治和人治问题是人类政治文明史上的一个基本问题，也是各国在实现现代化过程中必须面对和解决的一个重大问题。纵观世界近现代史，凡是顺利实现现代化的国家，没有一个不是较好解决了法治和人治问题的。相反，一些国家虽然一度实现快速发展，但并没有顺利迈进现代化的门槛，而是陷入这样或那样的'陷阱'，出现经济社会发展停滞甚至倒退的局面。后一种情况很大程度上与法治不彰有关。"这一深刻精辟的阐述不但高度总结了中外历史的基本经验，也深沉地表达了我国未来发展必然追求、推进和践行法治的坚定信念。它表明，我国已经在长期争论不休的人治与法治两种治理模式之间做出了明确取舍。

要建成法治国家，建设法治政府是其中关键。法治政府建设是法治国家建设的重要组成部分，是中国特色社会主义法治体系建设的重要内容和基础环节，是我国政府施政的基本目标。加快法治国家建设，很大程度上要通过大力推进法治政府建设、保证行政机关依法行政来实现。建设法治政府的核心就在于将政府打造成为符合现代世界行政潮流发展的民主型政府、有限型政府、善治型政府、责任型政府和平权型政府。诚如英国著名行政法学家威廉·韦德所说，法治政府意味着：一方面，政府行使权力的所有行为，即所有影响他人法律权利、义务和自由的行为都必须说明它的严格的法律依据；另一方面，政府必须根据公认的、限制自由裁量权的一整套规则和原则办事。法治政府就是行政机关能自觉运用体现最广大人民根本利益的法律管理国家事务、经济文化事业和社会事务，按照合法行政、合理行政、程序正当、高效便民、诚实守信、权责统一的要求，做到有权必有责、用权受监督、违法受追究、侵权要赔偿。法治政府必然是一个“有限政府”“高效政府”，要求政府不仅要做到职能科学，不越位、不缺位、不错位，把自己该管的事管住、管好、管到位，而且要做到权责法定，法无授权不可为，法定责任必须为，提高行政效能和服务水平。法治政府必然是一个“阳光政府”“服务政府”，不仅要求加强政府信息公开工作，提高政府工作透明度，而且要求不断完善政务公开制度，“全面推进政务公开，坚持以公开为常态、不公开为例外原则，推进决策公开、执行公开、管理公开、服务公开、结果公开”。正人必先正己，己正才能正人，要想使整个社会尊法守法、依法办事，政府首先得尊法守法、依法行政。也唯有如此，一个风清气正、公平公正的社会才能逐渐形成。

近些年来，法治政府建设稳步推进、成效显著。同时，必须清醒地看到，法治政府建设在依法设定权力、行使权力、制约权力、监督权力等方面还存在不少“短板”，在全面正确履行政府职能和严格公正实施法律法规等方面亟待加强。党的十八届三中全会强调“建设法治中国，必须坚持依法治国、依法执政、依法行政共同推进，坚持法治国家、法治政府、法治社会一体建设”，凸显了深入推进依法行政，加快建设法治政府在法治中国建设中的突出地位。党的十八届四中全会通过的《中共中央关于全面推进依法治国若干重大问题的决定》，将“深入推进依法行政，加快建设法治政府”确定为全面推进依法治国的六项重大任务之一。贯彻依法治国基本方略，全面推进依法行政，建设法治政府、法治国家和法治社会，是我们党治国理政从理念到方式的革命性变化，具有划时代的意义。2015年12月27日，中共中央、国务院联合印发了《法治政府建设实施纲要（2015～2020年）》，已经描绘出2020年基本建成法治政府的宏伟愿景、总体轮廓和行动方案，规划了建设法治政府的总蓝图、路线图、施工图。这是我国第一份自“十三五”开局之年首个颁布的用于规范法治政府建设的中央文件，它以五年计划的形式进行任务部署，标志着我国法治政府建设进入了与全面建成小康社会同步规划、同步实施、同步建成的决定性阶段。法治政府建设正展现出前所未有的“加速度”。

没有法治政府建设，就会出现“钓鱼执法”“养鱼执法”、野蛮执法和暴力执法，而不会有严格执法和文明执法。没有法治政府建设，没有各级政府的依法行政，执政党依法执政的目标和任务不可能实现。法治政府建设作为我国政府治理理念、治理模式和治理实践革命性变革的目标追求，不仅是全面推进依法治国和促进国家治理现代化的重要举措，也是法治国家、法治政府、法治社会一体建设的关键环节。加快建设法治政府，既要面对人治传统多、政府自身利益扩张、政府驱动动力不足、体制机制缺陷等诸多问题引发的挑战，更要把它置于全面推进依法治国和促进国家治理现代化的顶层设计之中，从创新政府治理理念，厘清政府与市场的治理边界，依法全面履行政府职能，强化依法行政制度建设等方面推进政府治理现代化。

法治政府建设是全面推进依法治国整体工程中的主体工程。没有法治政府这项主体工程建设，全面推进依法治国总工程就是残缺不全的，法治政府这项主体工程建设不成功，全面推进依法治国总工程就不可能成功。把法治政府建设自觉纳入“四个全面”战略布局，重视行政组织法治的完善，提高行政立法质量，改进行政执法体制，落实公民权利救济以及提高与实践良性互动的行政法学理论研究水平，乃是今后建设法治政府、迈向行政法治的几个主要抓手。建设法治政府的核心是依法治权，应当紧紧围绕约束规范公权力这一主题，提高政府决策的科学化、民主化、法治化水平；严格规范文明执法，确保法律的有效实施；建立多元化的畅通的法律救济渠道。建设法治政府，应当秉持现代民主法治的眼光，通过深化改革积极推进观念更新和制度创新，推动行政法制在社会深度转型期获得更大的革新发展；促进行政法治目标的完整实现，实现法治政府建设与创新政府、廉洁政府、服务型政府建设相结合。

建设法治政府使命光荣、任重道远。我们应当树立创新与共享的中国特色行政法治发展新理念，注意研究法治政府建设的新情况、新问题，解放思想、大胆实践、开拓进取、久久为功，运用法治思维和法治方式引领改革发展破障闯关、推动民生改善和社会公正，以更加奋发有为的精神状态，推动法治政府建设一步一个脚印向前迈进，为全面推进依法治国、建设社会主义法治国家做出扎扎实实的贡献。

47 城市形象该如何定位

城市形象是一座城市内在历史底蕴和外在特征的综合表现，是城市总体的特征和风格。城市形象既是一种客观的社会存在，又是一种主观的社会评价。一方面是城市的内在素质和文化底蕴在外部形态上的外在表现，另一方面又是城市内外公众对城市的现状和未来发展趋势做出的总体的、抽象的、理性的概括和评价，并且公众的看法和评价将影响城市的生存与发展。其中，城市的内部和外部公众包括城市的常住人口和非常住人口，即市民、外来务工人员、外来商务人员、游客和其他关心该城市发展的人。影响城市形象的因素是多方面的，包括政治、经济、社会、文化等。城市形象的组成要素包括城市景观形象、城市功能形象、城市经济形象、城市文化形象、城市政府形象、城市市民形象、城市市容形象和城市潜能形象等若干子形象。城市形象的结构可简要概括为城市理念形象、城市行为形象、城市视觉形象，并且这三部分结构与城市形象的各子系统相互融合交叉。综合以上分析，城市形象具有综合性、相对稳定性、可变性、长期性、时代性、特色性、多样性、标识性、公益性等特征。优美的城市形象，不仅对提高城市知名度，创立城市品牌，提升城市品位，繁荣城市经济，有着十分重要的作用，而且对于增强城市实力，优化城市功能有着重要的促进作用。

城市形象定位是城市形象的集中体现，反映了一个城市的特色和内涵。城市形象塑造旨在通过塑造城市特色，将城市形象定位推向市场，吸引更多的外部资源和城市顾客，以促进城市经济发展。美国营销学家艾·里斯和杰·特劳特（Ries & Trout）1969 年 6 月在《广告行销杂志》

发表的《定位：同质化市场突围之道》一文中首次使用“定位”一词，用来指在产品模仿日盛的市场环境里新的市场竞争策略和手段。1981 年艾·里斯和杰·特劳特出版了《广告攻心战略——品牌定位》一书。对“定位”一词做了如下解释：定位是你对潜在顾客心智上所下的功夫。也就是把产品定位在你未来潜在的顾客心中。定位是一项内心中用以决定是否让其进行系统组织的门户，其观念是基于传播，只能在适当的时间及适当的环境之下，才能得到沟通。定位是“一种逆转的思考方式”，不以你自己为出发点，而是以潜在顾客心智状态为起点。定位策略很注重产品与其目标顾客（即目标受众）之间的关系链接：通过定位使产品在目标受众心目中占据一个特别的位置。这个位置在一定程度上应该是独特的、是其他竞争对手很难轻易取代的。而城市形象的塑造就是为了使每个城市有其鲜明的、对手难以替代的特征或优势，以避免城市形象的雷同与接近。从这个角度来看，将定位策略恰当运用于城市形象的塑造就有了现实的意义。

我们认为，城市形象定位指的是在与别的城市相比较的基础上，从本城市的现状和历史出发，充分挖掘本城市的各种资源，并对关乎城市发展的各种因素进行综合分析，着眼于城市的历史、现在、未来的继承和统一，按照特殊性、科学性的原则，找到城市的灵魂和精神，选取富有个性的城市形象资源加以凸显放大，确定城市建设的目标和方向。城市形象的定位是城市形象管理的基点，准确的城市形象定位能够反映一个城市的特色和优势，激发城市的内在潜力，为城市特定时期的发展提供目标指向。无论是城市的外在形象还是内在形象，其内涵和外延都表现为城市个性的张扬，即追求差异化的城市形象。差异化的城市形象体现在城市规划和形象的设计之中，而城市差异化的形象设计的先决条件是科学的城市形象定位。

城市形象来源于城市的建设程度，但又不仅仅限于此，它更多地来源于公众评价。虽然城市建设者们不遗余力地自认为建设了良好城市形象，但未必得到公众的认可。这其中的原因来源于城市定位不准确。城市形象定位不准，不可能塑造出具有十足魅力的城市形象。准确的城市形象定位对城市形象塑造具有十分重要的意义：首先，能够提高城市的知名度和美誉度，使城市获得更多的经济、政策支持；其次，有助于城市整合各个方面的资源打造品牌城市；再次，有利于增强市民的凝聚力和自豪感，使市民在城市建设中更多地发挥聪明才智；最后，能够为公众提供差别化利益，通过定位向公众传递与众不同的信息，使城市的个性清楚地凸显在公众面前，从而引发他们的联想与支持。

因此，城市政府应该从城市实际出发，对城市形象做出科学的、有城市特色的、符合城市历史文化的定位。第一，应从思想上正确地认识城市形象，才能准确地定位城市形象。城市形象定位的着眼点是城市精神理念、城市的性质和城市的社会经济发展战略目标。城市形象定位反映着城市的灵魂，是城市优势的浓缩，更是城市发展的指向，城市形象的定位对于城市形象管理和城市的开发有着深远的意义，城市政府对此必须给予足够的重视，城市形象的定位并不是为了夸大城市实力而做的广告，所以城市政府应认清本城在全省、全国甚至全球的地位，明确城市的现今发展阶段。政府有关职能部门和决策者应以科学的发展观和清晰的全局观，抓住城市发展的机遇，以明确的思路指导关乎城市未来发展的定位。

第二，科学把握城市形象定位的基本原则。一是准确性原则。由于区位条件、经济水平、历史角色、文化底蕴、人文风情、产业优势、发展前景等具体需求等存在多方面差异，定位城市形象应当视具体情况而定，城市所确定的形象必须符合自己的真实市情，决不能名不副实。二是导向性原则。富有导向性的城市形象，应对广大市民具有激励性，对城市发展具有推动作用。所以，导向性是城市形象定位不可缺少的原则之一，有组织地进行城市形象定位必须考虑形象的导向性问题。三是统一性原则。城市形象有总体形象和次级形象之分，但城市形象首先是城市整体化的精神与风貌，是城市全方位、全局性的形象。所以次级城市形象只不过是根据城市优势的某一方面得出的定位结论，不管它多么鲜明和重要，但是它绝不能超越和替代总体城市形象，而只能从属于和服务于总体城市形象。四是"合法性"原则。一个城市形象定位是否能够得到认可和具有持续的竞争力，取决于该形象定位的权威性，即取决于利益相关者，尤其是民众对于该形象定位在一定程度上的认可和接受。

第三，城市形象定位要抓住城市的特色。城市形象是一座城市以物质和非物质为载体的各种信息向人们（包含城市的内外公众）传递与交流的外在形式与综合反映，是融合时间、空间与人共同建构的有别于其他城市的代表该城市特质的整体形象。城市的特色是丰富多彩的，有历史的、传统的；有民族的、地方的；有时代的、新兴的；有景观的、环境的；也有产业的、功能的；等等。从世界各地已经形成的特色城市的个性和共性看，特色城市大致可分为五种类型：一是政治型城市，如纽约、日内瓦等；二是经济型城市，如鹿特丹、香港等；三是文化型城市，如威尼斯、戛纳等；四是宗教型城市，如耶路撒冷、麦加等；五是旅游型城市，如桂林、苏州等。特色是城市过去和现在的浓缩，是物质实体和历史文化的提炼，是城市形象的精髓和灵魂，也是一个城市独特的优势，对推动城市发展具有十分重大的意义和作用。城市的特色是在城市的发展过程中形成的，是城市极富价值和竞争力的个性所在，具有稀缺性，城市形象定位必须维护好城市的特色。每个城市都有自己的独特的地理环境、产业结构、民俗风情，城市政府能否把握并突出城市的特质，是城市形象定位成功与否的一个决定性因素。世界上没有两片相同的叶子，更没有两座相同的城市。因此政府要充分认识到城市特色的可贵，在城市形象定位中不能盲目仿效其他城市，而应以特色为旗帜，对城市的环境、历史地域条件、产业以及民俗等特质作深入的研究，有所侧重地显示出强烈且鲜明的城市风格。

第四，在城市形象定位过程中应贯彻“以人为本”的理念。市民是城市的主人，城市政府在定位城市形象时必须以人的需求为出发点，为人而追求，本着利民、便民的原则进行操作，塑造“以人为本”的城市形象，使城市形象定位有利于创造出适合市民生存发展的空间环境和人文环境。市民是城市形象的最直接评判者，具有“用脚投票”的权利，所以城市形象为了能获得人的肯定和赞许必须以人为本，实现人的长远利益和发展。

城市政府应积极培养市民的主人翁意识，提高市民的综合素质，实现人的全面发展，使城市形象在定位时就有丰厚的现代人文精神，使良好城市形象的根基更为稳固。

48 以质量品牌提升城市竞争力

在经济全球化时代，质量和品牌已经成为制造业乃至国家核心竞争力的象征，代表着国家的信誉和形象。党的十八大提出“要把推动发展的立足点转到提高质量和效益上来，促进形成以技术、品牌、质量、服务为核心的竞争新优势”。2015 年 10 月 26 ~ 29 日，党的十八届五中全会将“以提高发展质量和效益为中心”作为“十三五”时期我国发展的指导思想，《中共中央关于制定国民经济和社会发展第十三个五年规划的建议》中 19 处提到质量。我国经济发展进入新常态后，在保持中高速增长的同时实现提质增效升级，一个重要途径就是要深入持久地实施品牌战略，着力打造具有全球影响力的中国品牌。习近平总书记多次强调要推动中国制造向中国创造转变、中国速度向中国质量转变、中国产品向中国品牌转变，充分揭示了发展品牌经济的现实意义，指明了新常态下我国经济发展的历史方位。2016 年 4 月，国务院办公厅印发《贯彻实施质量发展纲要 2016 年行动计划》(以下简称《计划》)，对 2016 年重点工作做出明确部署，强调要以提高发展质量和效益为中心，开展质量品牌提升行动，加强供给侧结构性改革，推动建设质量强国。《计划》围绕“质量与品牌”的核心任务，分别从“增强质量和品牌提升的动力”“优化质量和品牌提升的环境”“培育质量和品牌竞争新优势”“夯实质量和品牌提升的基础”和“实施质量和品牌提升工程”五个方面进行具体部署。《计划》全文不足 6000 字，“质量”与“品牌”却多次出现，其中仅“品牌”一词就出现达 45 次之多。《计划》的发布，充分体现了党和政府狠抓质量与品牌建设的信心与决心。

“质量”不仅指产品质量、工程质量、服务质量、环境质量，还包括经济、社会、文化、生态等方面的质量。“城市质量精神”是城市质量发展理念的高度提炼，是一个城市历史发展、人文传统、城市面貌、社会风气、市民素质、价值观念、道德行为、精神气质等各方面的综合反映，是城市市民在质量方面所认同的精神价值和共同追求。质量铸就品牌、赢得市场。一个企业需要品牌，一个城市同样需要名片，没有好名声、好信誉的城市就不可能吸引好的企业。相反，城市有了自己的知名度，有了品牌，就可以吸引到更多的投资，形成更大的竞争力。品牌不仅是企业的无形资产和利润之源，也是城市乃至国家的一种竞争战略资源。创建品牌，既是城市竞争的战略需要，更是顺应时代的理性选择。品牌就是生产力、文化力、软实力，更是一种竞争力。品牌对行业与企业来说，是市场竞争制胜的金钥匙；对城市来说，则是城市发展的标杆和旗帜。维也纳——“音乐之都”，巴黎——“时尚之都”，斯德哥尔摩——“梦幻之都”，香港——“动感之都”……响亮的品牌显示了这些城市独特的超凡的魅力。

城市品牌是什么？简而言之就是城市给人心灵的一种烙印。城市品牌是城市个性化的沉淀，是在竞争激烈的市场中所引起的顾客偏好的重要识别特征，是城市在长期的经营或服务过程中形成的无形资产，是一种系统合力的体现，对城市受众乃至整个社会都有着巨大而长远的影响，能极大地提高顾客的生活质量，体现城市的生存能力，并可以带动所在地域的经济发展，有利于增强国家的经济实力，是城市竞争力的核心，最终可促进整个人类社会的进步。城市品牌是城市竞争力的综合反映和集中体现，是城市各项竞争力要素的凝聚和升华，并对提升城市竞争力产生巨大的推动作用；而城市竞争力则是城市品牌的重要基础和有力支撑，并成为提升城市品牌的重要着眼点和着力点。

质量与品牌代表着产品满足顾客需求的程度，代表着市场竞争力。“质量为先”本质上是顾客需求为先、市场竞争力为先，体现了“市场决定资源配置”的重要思想。质量是城市的生命，关乎经济发展、民生保障和社会稳定。质量是发展的根本，是城市竞争力的核心！没有质量的企业是不会有竞争力的，同样，不追求质量的城市是不会有生命力的。质量反映出一个城市的综合实力，是企业和产业核心竞争力的体现，也是城市文明程度的体现；既是科技创新、资源配置、劳动者素质等因素的集成，又是法治环境、文化教育、诚信建设等方面的综合反映。在建设制造强国的进程中，质量和品牌建设任务重大，需要解决的问题依然很多。我们要加快步伐，紧紧围绕质量为先的战略主线，以增强企业质量提升和品牌培育能力为重点，全面推进质量和品牌建设，实现制造强国的战略目标。

城市质量品牌追求的是长期的存续和发展，是持续的竞争力，而非短期的竞争优势。因此，我们要高举质量品牌发展的大旗，凝聚共同的价值追求，充分地挖掘城市蕴含的潜力与能量，把城市最核心价值以“高质量、优品牌”的形式展现给世人，再通过宣传使“质量立市、品牌兴市”深入人心，形成质量和品牌张力，凝聚成促进城市发展的推动力，并通过从“数量规模型”转向“质量品牌型”城市发展道路，来实现经济、政治、文化、社会、生态等方面的全面发展，构筑起城市发展新的核心动力和竞争优势，赢得未来主动权。

49 不断深化品质城市建设

人们对美好生活的追求由来已久，诗意栖居是人们对宜居生活的终极追求。人类对生活品质的追求形成了一部城市发展史，尤其是工业革命以来，随着经济社会的快速发展，城市越来越成为人类主要的居住地。亚里士多德就曾说：“人们为了生活来到城市，为了生活得更好留在城市。”因此，“让城市更有气质，让生活更有品质”，也成为每一任城市决策者所追求的目标之一。

城市是人类文明发展与进步的历史标尺，理解城市的形成与发展过程是理解现代人类文明进化的重要前提。随着城市化进程的加快，城市的发展理念和管理模式正在自觉向内涵求突破、向质量求发展的方向转变。《雅典宪章》提出城市四大功能分别为居住、工作、游憩和交通。城市就像一个生命体，景观面貌是城市的“形”，功能内涵是城市的“神”。形神兼备、秀外慧中的城市，才是有品位的城市，才是“让人来了还想再来”的城市。一座城市的形象和影响，有多方面的构成要素，也由多方面的原因决定，诸如社会经济的发展状况，市容环境的美丽程度，历史文化的积淀深厚等。这些因素中所蕴含的内在精神的融化与聚合，就是城市的境界。一个有很高境界的城市，才是有高品质的城市。

纵观我国改革开放 30 多年来，城市更多强调其生产功能，导致物质财富不断增加，市民的收入水平稳步提高，但市民幸福感却在下降。随着大城市病的出现，人们开始不得不面对糟糕的空气、拥堵的交通以及冰冷的水泥森林，于是人们开始找寻那些适合居住的城市，为的是生活，而不仅仅是生存。国际城市最新的研究成果表明，高品质的生活环境是未来城市的核心竞争力，在这种背景下，宜居城市、幸福城市、生态城市、休闲城市、花园城市等成为新时期城市转型的新方向，其实质均是提高市民生活品质。因此，品质城市成为新时期城市转型的新目标和新方向。

按照新的城市转型目标和方向，我国很多城市开展了风风火火的“城市美化运动”，以图尽快提升城市品质，改善生活环境。但实际中，却存在着一些错误观念：一是品质城市建设要大手笔，大气派；二是品质城市建设就要现代化、高档化、贵族化、国际化；三是品质城市建设重点要抓好城市物质空间建设才能显出政绩。于是，尽管城市建设活动如火如荼，人们的幸福感却没有提升，品质成为部分人的品质，人性的关怀和关注缺失。被城市化大潮裹挟的中国城市，空间的格局和人群的联结，不断被打破、分化、重组，这个过程不断产生新的物理空间和社会空间，同时不断制造着分裂的痛楚和冲突的撞击。我们迫切需要认同。

城市品质就像一把标尺，衡量着一座城市规划、建设、管理、服务等各方面建设的质量与效果。城市品质应当包含经济发展品质、社会文化品质、生态环境品质、公共服务品质、人民生活品质等要素。因此，品质城市不单单是建几个漂亮的公园和广场、修几座摩天高楼，而是一个系统工程。一座城市的“品质”，起码要具备殷实、安全、方便、舒适四个特征：“殷实”就是要有很好的经济发展基础，“安全”就是要实现生产安全和生活安全，“方便”就是要提高公共服务水平，“舒适”就是要生活惬意而幸福。霍华德的《明日的田园城市》之所以成为经典，是因为他道出了人们对都市生活的美好向往：城市，不应仅仅是防卫、交易、生产和栖身的功能性空间，而应是人们追逐理想、缔造精致生活的品质空间。品质城市，不仅能够提供疏密有致、自然生态和人工创造物相融合的物理空间；更能让人们内心安详、梦想驰骋，让人们营造张弛有度的节奏、编织诗性精致的生活；让人们找到精神上的回家之路，生发出家园的认同感和归属感。

因此，我们要深化对城市发展规律的认识，把品质作为主导城市发展的灵魂。要坚持品质立市，让城市更有品质，树立追求卓越、以质取胜的发展理念，以“精致建设、精明增长、精细管理、精美品质”为导向，把规模优势、环境优势转化为品质优势，从注重发展速度向速度与品质并重转变，切实把城市功能做实、内涵做深、质量做优，促进多元文化交融汇聚，提高市民素质和文明程度，要使我们的城市变得越来越"有根、有魂、有面子、有底气、有温度、有亮度、有价值"，建设发展更有质量、文化更具品位、城市更富魅力的生态型、健康型、智慧型、宜居型、宜业型和宜游型品质城市。特别是要围绕城市品质发展的主题，着力探索建立一套可操作、可考核、可测评、可调控的、行之有效、先进合理、科学权威的"品质城市"建设评价指标体系，使之成为提升城市品质的重要抓手，确保城市品质发展有部署、有落实、有成效，推动城市经济社会转型。

50 提升城市品牌影响力

纽约象征着财富，自然会有花旗、摩根士丹利；底特律是汽车城，通用、福特、克莱斯勒就齐聚于此；硅谷象征高科技，惠普就在这里的一间车库里创建了IT帝国；巴黎化身为时尚与浪漫，欧莱雅与香奈尔则芬芳弥漫；法兰克福掌握着顶尖的机械制造技术，奔驰则选择在这里下线……一个企业需要品牌，一个城市同样需要名片，没有好名声、好信誉的城市就不可能吸引好的企业。相反，城市有了自己的知名度，有了品牌，就可以吸引到更多的投资，形成更大的竞争力。

当今地球已经形成了一个由无数城市节点组成的城市网络，我们凭借着一种有效的工具在城市网络中有目的地前行，这就是城市品牌。清晰的城市品牌系统不仅使人们能够方便迅速地迁移，更是资金、技术等资源流动与分配的最重要指引。城市品牌不仅为单个城市自身提供了一种标识，对于“网络”中的其他城市来说，它还提供了一种参照系，使得整个“网络”更具层次性和方向性。品牌是城市竞争力的制高点。城市竞争力是一个系统概念，它涵盖城市生产、生活、贸易、教育、文化等各个方面，建立在城市形象的质量和可达性上。世界范围内，城市竞争已经逐渐聚焦在城市的品牌之争，城市品牌越来越受到城市管理者的关注，因为城市品牌是城市综合实力的体现。不管这座城市愿不愿意，商业化社会的进程必然将城市带入一个开放后的市场交易平台之中，如果这座城市不想被淘汰，就必须像营销产品一样营销这座城市，并把城市做出品牌，进而继续保持自己在市场竞争中的地位。城市品牌是21世纪城市建设、规划和发展的新概念、新理论、新动力。进入21世纪之后，各级城市对此更是深有感悟，城市品牌化的进程正在加速。

随着城市化进程的加速，一个城市能否更高地提高市民的生活质量，能否为它的居住者提供更多的就业机会和发展机遇，摆在了我们面前，也就是一个城市到底有没有价值，有什么样的价值？这是值得考虑的一个问题。而城市的品牌是城市价值的直接体现，所以城市品牌的经营也就提到日程上来，在城市化进程加速的过程中，人们对城市的生活状况、交通状况、经济状况、文化状况提出更高要求的同时，也是对城市品牌影响力的一个最基本的要求。城市品牌的经营开始于城市竞争力的提升，城市品牌也是城市的无形资产，具有不可替代的个性。它可以增强城市的凝聚力、向心力，可以提高市民对城市的归属感、自豪感和荣辱与共的思想；提高城市品牌影响力，可以提高城市的社会知名度、美誉度和城市的核心竞争力。城市品牌与城市竞争力密切相关，城市品牌化是城市管理的一项重要议题和任务，也是提升城市竞争力的有效手段和战略性杠杆。

对一座城市而言，品牌就是一笔巨大的无形资产。在扩张城市知名度、展现城市特点、增强城市魅力、提升居民凝聚力、吸引高新人才、吸引外来资金、拉动旅游发展、带动经济增长等诸多方面，精准的城市品牌都能发挥出无可替代的作用。城市品牌追求的是长期的存续和发展，是持续的竞争力，而非短期的竞争优势。打造城市品牌，形成和提升城市核心竞争力和"软实力"，已经成为每个城市领导集体关注思考的焦点。打造独特的城市品牌，吸引与城市发展相关的资源来帮助城市创新迭代，是城市保持旺盛生命力和强大竞争力的关键。城市品牌化可以为城市吸引更多的人才、技术、资金，使得城市更具发展的后劲、紧跟时代的步伐。世界上的著名城市均因品牌化战略而出现"马太效应"，即发达的城市越来越发达，产业特征越来越明显，相关人才和资源越来越集中，例如世界金融中心纽约、世界科技之都硅谷、世界浪漫之都巴黎。

城市品牌是城市软实力、影响力、传播力的统一体。要成功地塑造城市品牌，首先要进行城市品牌定位，品牌定位是品牌塑造的前提和基础。在我国，许多城市的管理者越来越注重城市品牌的选择与塑造，杭州是

“人间天堂”，大连定位为“浪漫之城”、青岛被称作“品牌之都”、成都是公认的“休闲城市”、鄂尔多斯是“资源富矿”，正是有了明确的城市品牌定位，这些城市才更具有个性，更具有吸引力，更具有竞争力！

对城市品牌定位之后，再通过有效的宣传和开展各种活动来提升城市品牌的知名度和美誉度，最终才能形成一个著名的城市品牌。城市品牌的塑造要靠一座城市整体的努力，城市品牌的塑造过程实际上就是一座城市全面发展的过程。城市品牌的选择是城市品牌定位的延续，即将定位的结果进一步细化，在众多城市资源中选择最能形成城市独特竞争力的品牌组合。这实质是一个决策的过程，也是众多利益群体互相博弈的过程。城市品牌的选择绝不是可以随意行事的，而是有准则可循的。

在城市品牌创建过程中，一些城市重视城市外表要素的设计、主要表现和辅助表现等方面的投入，但却忽视城市品牌理念的提炼与塑造，结果使城市品牌失去根基，导致城市品牌缺乏认同。城市品牌认同是建立在城市、符号、产品、人四个概念基础之上的，核心是城市理念。城市品牌认同包括基本认同和延伸认同。基本认同是精髓，且不因时间而流逝和消失，城市品牌塑造能否成功，首要取决于基本认同。品牌基本认同重点在于品牌精神以及它所折射出的基本信仰和价值观。品牌的延伸认同是品牌基本认同在品牌整合营销沟通中各要素的具体体现，它为城市品牌内涵注入丰富的表现形式，使城市品牌认同表达更完整，城市品牌理念更清晰。

城市品牌的重要性并不仅仅在于它的知名度，更重要的是它的美誉度，而城市品牌的美誉度来源于城市的竞争力，城市只有拥有自身的独特竞争力，其城市品牌才有足够的价值依托，也就是城市品牌的核心竞争力，否则城市品牌只能是一个空壳。如果把城市比作一个人，那么在举办大型活动和培育城市竞争力这两种城市品牌开发模式中，前者就代表人的服装、外表，后者就代表人的内涵、个性。人的外在美可以通过短时间内表现出来，而人的内涵和个性都需要长期以及各方面的培养和磨炼才能形成。同样的，城市竞争力的培育也是一个长期而且复杂的过程。城市竞争力提升和培育模式有多种，可以是以产业集群来开发城市品牌，可以是以高新科技来打造城市品牌，可以是以环境优化来提升城市品牌，还可以是以文化积淀来提炼城市品牌。

城市品牌是一个城市发展过程中文化积累的结果，也是一个不以人们意志为转移的必然结果。城市品牌是城市个性化的沉淀，是在竞争激烈的市场中所引起的顾客偏好的重要识别特征，是城市在长期的经营或服务过程中形成的无形资产，是一种系统合力的体现，对城市受众乃至整个社会都有着巨大而长远的影响，能极大地提高顾客的生活质量，体现城市的生存能力，并可以带动所在地域的经济发展，有利于增强国家的经济实力，是城市竞争力的核心，最终可促进整个人类社会的进步。

当今时代是全方位、全球化竞争。借助形成独一无二的优势打造城市品牌，近期内是可行的；而从城市营销角度看，如果失去长远发展目标，自然形成的城市品牌会随着时间老化和落伍，并不能给城市带来跨越式发展。城市营销要求用市场的眼光、经营的思路来不断激发城市活力，对城市的资源、资产进行资本化的增值运作和管理，优化城市功能、环境，提高城市的区域平台价值，从而增强城市竞争力，实现城市和谐发展。

51 城市设计提升城市品质

30年多来中国城市建设突飞猛进、一路高歌，与之相伴的是众多城市风貌特色逐渐消失，以传统建筑、景观为依托的群体记忆随着大拆大建荡然无存。特别是，旧城改造过程中新建建筑往往与原有街区发生冲突矛盾，传统城市的空间肌理被破坏得支离破碎。中国城市和建筑要保持自己的品格、色彩、气质与风范，就必须力戒“千城一面”的同质化趋势。反思现状，“新派”建筑泛滥，不仅与城市周边整体环境相差甚远，还极大地伤害了公众的审美观；尽管愈演愈烈的建筑“乱象”，早已引发社会各界的不满和“吐槽”，但扭转中国城市与建筑被非主流文化扭曲的状态还尚待时日。两院院士吴良镛曾说：“一部城市建设史，也可以从城市设计角度来写，即写成一部城市设计史。”表明城市设计应贯穿于整个城市规划、建筑设计的链条之中。

城市设计，就是对城市形态和空间环境所做的整体构思和安排。它介于城市规划和建筑设计之间，是落实城市规划、指导建筑设计、塑造城市特色风貌的有效手段。《雅典宪章》提出城市四大功能分别为居住、工作、游憩和交通。纵观我国改革开放30年来，城市更多强调其生产功能，导致物质财富不断增加，市民的收入水平稳步提高，但市民幸福感却在下降。城市就像一个生命体，景观面貌是城市的“形”，功能内涵是城市的“神”。形神兼备、秀外慧中的城市，才是有品位的城市，才是“让人来了还想再来”的城市。城市发展也存在供给侧改革的问题，未来城市发展将从“城市扩容”进入“提升品质”时代。高品质的生活环境是未来城市的核心竞争力，提高城市品质成为城市转型的新目标和新方向，而城市设计正是提升城市空间品质的有效手段。

开展城市设计是国外一些城市的普遍做法。比如，欧洲对于自己的城市颇感自豪，人们为这些城市所共有的悠久历史、社会凝聚力、多样性等特征感到骄傲。伦敦、阿姆斯特丹、巴黎等许许多多的城市，对于欧洲来说，其首要的本质特征就是这些历史各异、建筑各具特色的著名城市所构成的网络。与世界其他地方的城市相比，欧洲的各大城市在建设规模、城市设计发展历程、城市设计目标设定等方面都具有明显的差异。改革开放以来，我国天津、深圳等城市也积极开展了城市设计工作。比如，2008年启动建设并于2012年投入使用的天津文化中心项目，从思考、决策、实施建设的全过程，在功能定位、总体布局、整体空间、可持续发展、设计统筹等方面，表达了对城市设计核心价值观的思索。

城市设计作为我国当前城乡规划体系中不可或缺的重要部分，在随着市场经济日趋完善的情况下，面临着必须将城市空间理想转化为现实，大力提升城市设计成果在城市开发过程中的可行性、可操作性的迫切问题。2015年世界城市日的主题就是“城市设计，共创宜居”。城市设计正在融入可持续的城市化进程中，需要城市管理者与建筑师、规划师乃至公众互动，更要发挥城市设计对经济社会发展和科技创新的新驱动作用。2015年中央城市工作会议指出，要提升规划水平，增强城市规划的科学性和权威性，促进“多规合一”，全面开展城市设计，完善新时期建筑方针，科学谋划城市“成长坐标”。当前，在控规阶段开展城市设计已经得到了业界的认可，城市设计“法定化”也被提到了城乡规划工作的议程中。2017年3月，国家住房和城乡建设部下发文件，将北京、哈尔滨、南京等20个城市列为首批“城市设计试点城市”。由于我国城市数量多、差异大，很多地方对城市设计工作缺乏经验。因此，城市设计容易走进一些误区：一是将城市设计限定于规划、建筑等形态化设计；二是停留在理念层面，缺乏执行进深，项目建设以工程可研为主导；三是以控制性思维执行，以规范为成果，缺乏机制对城市活力的引导。城市设计是手段、工具，不是目的、目标，要做有用的城市设计，让城市设计有用，切实指导和规范建筑工程、公共环境和空间等。为此，住房和城乡建设部通过开展试点，因地制宜开展城市设计，为更大范围开展城市设计工作积累经验，提高各地城市设计水平。

入选城市设计试点的城市自 2017 年 2 月开始，两年内将重点围绕创新城市设计管理制度，从制度上保障落实城市规划、指导建筑设计、塑造城市特色的目标，探索适用的城市设计技术路径，保证城市设计科学合理、好用、适用。通过探索城市设计，精细化管理城市各类空间，保护城市历史格局，延续城市文脉，传承历史文化。结合城市“双修”（生态修复、城市修补）、城市设计工作，促进城市转型发展，提高城市的人居环境质量，从而全面提升城市质量。

经历了世界历史上规模最大、速度最快的城镇化进程之后，我国城市发展步入新时期。规划设计学科的未来导向何方，将是新时期需要思考与探求的关键问题。城市设计是一门实践性较强的科学，要通过在不同城市探索，在城市不同地区探索，积累城市设计的经验。而新时期的城市设计工作区别于以往的传统城市设计，将更注重依法推进，更注重融合自然生态和以人为本，更注重体现空间立体性、平面协调性、风貌整体性和文脉传承性，是新型的城市设计。城市设计应跳脱纯形态、工程可研和控制性思维的形式窠臼，而是以驱动性为主，这样就不会牺牲城市的活力。未来城市设计最重要的目标就是“提高城市空间品质”。因此，住房和城乡建设部鼓励各试点城市“因城”开展城市设计，既要以问题为导向，也要以目标为导向，解决城市存在的具体问题，实现对城市格局、风貌和各类空间的精细化管理，通过城市设计指导建筑单体设计，规范城市建设，塑造城市特色，提升城市品质。

52 建构城市营销公共性价值实现机制

21世纪，城市已成为人类最主要的居住场所。在经济全球化和区域一体化日益开放的背景下，世界各地的城市都致力于提高城市竞争力以促进国家经济的良性发展。人们开始重新认识城市发展的内在驱动力问题：是什么给城市带来发展和竞争力？是什么使居民、旅游者和投资者感到满意？如何发挥城市的潜能并使之活跃化和协调化？如何创造有特色和有吸引力的城市？在全球化的今天，城市营销的影响越来越大，已有越来越多的城市通过其地理、文化和政策优势来推销自己。

城市营销，是在世界步入科技信息时代，全球经济一体化速度日益加快，市场经济条件成熟时期，国家、地区、城市间增强竞争力、和谐发展的必然选择。城市营销突破了大众化的产品—市场—消费行为在地域间的传统界限和利益追求，为城市资本的空间性、形象性、综合性运营和效益最大化开创了新的研究课题，也是实现城市资源优化配置的最佳途径。

现阶段由于城市化进程的快速发展，使城市营销的作用也不断提升。同时，各个城市之间的竞争与合作也更加频繁，为了能够在未来的城市竞争中获得优势，各个城市正通过各种途径来不断提升竞争力。然而，在各地城市营销实践中存在诸多不足，尤其是存在公共性价值缺失，主要表现为：城市营销的观念薄弱，城市治理效能不高；严重混淆或误读城市营销与城市经营；城市营销过于注重城市外在城市形象，而忽视城市内涵；城市营销功利化、政绩化倾向明显；等等。在一个城市的“城市营销”中，政府作为城市公共事务的管理主体在城市营销的利益相关者中处于核心地位，对城市的经济发展和社会建设发挥着举足轻重的作用。然而，在转型期地方政府企业化的背景下，城市营销逐渐演化成为某些地方政府土地财政的工具，追求短期的政绩效益，从而忽视了公共利益的实现与维护，也为城市未来的发展留下了隐患。

目前，城市营销已成为城市管理的一种新方法与手段，并进入公共管理的视野。城市政府要克服既往城市营销公共性缺失的局限，就需要构建科学规范的城市营销机制。这一机制核心的价值追求应当是实现和发展公共利益。因此，城市政府需要以公共利益作为营销的出发点和归宿，对其做出制度安排。

第一，强化城市营销观念，树立全面系统的城市营销观。观念是行动的先导。城市营销观念是城市管理者在组织和谋划城市的营销管理实践活动时所依据的指导思想和行为准则，是对市场的根本态度和看法，是一切经营活动的出发点，也是一种商业哲学或思维方法。简而言之，营销观念是一种观点、态度和思想方法。城市营销从根本上讲，关键是要求城市管理者解放思想，学习和借鉴营销企业的观念来营销城市。这就要求城市有关部门要把城市自身的规划设计、城市发展、城市管理与城市营销的理念有机地结合起来，积极地尽可能地把城市营销的各个层面的要求融汇在城市建设与管理之中，或者通过多种途径和形式使城市营销的理念为城市的管理者、组织和机构、城市居民所接受，并有效地加以实施。要真正克服观念老化、思想不解放、认识片面等问题，把营销城市理念贯穿于城市设计、管理、经营、发展的各环节之中并长期坚持下去。在当前城市竞争力的角逐中，城市各界人士均需树立营销意识，运用市场经济手段经营城市资产，实现城市建设、城市管理的良性循环与发展，切实提高每一位城市消费者的满意度，以实际行动提升城市竞争力。城市各界需要将城市的未来视为面向市场的产品，针对目标市场进行开发、包装和营销，使自己的城市在消费市场中成为“俏销的商品”。城市管理者更是要站在城市整体的角度深入把握“城市消费者”的行为特征，将政策制定建立在对市场的深入理解之上，通过城市营销，发挥城市整体功能，提升城市整体价值。全面系统的城市营销观，就是要明确城市营销功能的整体性、主体的多元性、过程的连续性。重视功能的整体性就是要综合考虑城市的政治、经济、文化、社会功能等各个方面，不能有所忽略；重视主体的多元性就是兼顾政府、企业和公众多方利益；重视过程的连续性就是注重城市营销活动按步骤分阶段实施，不能盲目超前，着眼于城市竞争力的长期培育。

第二，突出政府在城市营销中的主导地位，提高政府营销能力。城市政府既是城市营销活动的组织者、指挥者，又是城市公共利益的维护者和公共产品的提供者，即兼有营销者身份的城市经营者。城市政府担负着推动城市营销的任务，特别是在经济全球化的背景下，中央政府对经济事务的控制减弱，激发并迫使各级城市政府更多地直接面对国际竞争，通过城市营销提升城市的竞争力，这就更加突出了城市政府作为营销主体的主导地位。城市政府营销能力是个综合的概念，指的是城市政府为了实现城市营销目标促成城市价值和城市消费者价值双重实现的能力。城市政府营销能力反映出城市政府认识市场、开拓市场，综合运用营销战略和策略，围绕获得更多的价值收益在吸引、拥有、控制和转化资源、占领和控制市场等方面与其他城市所进行的竞争的能力。城市政府营销能力的提高，是提升城市竞争力的内在要求；是城市适应市场竞争和增强竞争优势的重要利器；是聚集城市力量的重要支撑。城市的力量来自于城市的资源，城市资源包括有形资产和无形资产，通过市场化运营，把有价值的资本要素进行优化组合，使静止的资产富于活力，能够实现资产增值，促进城市经济社会发展，满足城市居民不断提高的物质和文化生活的需求。总之，作为城市营销的主导主体，城市政府营销能力的强弱，直接关系到城市政府营运城市资产能力的大小，关系到城市营销策略制定水平的高低，以及营销策略能否正确实施，从而影响城市在竞争中的地位。

长期以来，我国政府机构属于全能型，结构庞杂，实行靠权威单向度命令式的行政模式，与公众沟通不足，相对隔离于社会，政府营销意识薄弱。改革开放以来，这种情况逐渐有所改观。特别是近几年来，我国日益重视公共领域的营销问题。中国向世界营销和平崛起就是一个典型的例证。实践证明，有效的政府营销可以增加政府资源，提高政府效率，增强城市的吸引力，从而促进城市营销。并且，采用政府营销手段也有助于解决长期以来我国政府机构臃肿，效率低下，政务不透明以及缺乏公众参与等问题。目前，在我国城市管理中，政府营销的观念和实践日渐增多。不少城市政府创造了先进的、值得推广的营销经验。从发展趋势上看，城市政府开展营销活动还有待于进一步推进，其工作重点应在于：政府理念转变，建立服务型政府；政府职能再造，建立企业家政府；政府视野转型，实施国际化发展战略；强化营销意识，树立“整体营销”观念；推行营销创新，提高营销效率；政府科学行政，提高执行能力；建立学习型政府，树立可持续人才发展观，等等，从而提高城市政府高效、廉洁、规范、人性化的服务水平，形成良好的组织形象、公务员形象和公共政策形象，提升政府的信誉，扩展政府与公众间良好的关系，使城市政策和城市发展环境成为吸引资源、扩展资源的媒介，增强城市的活力和发展能力。

第三，从多元化角度重视城市营销主体的选择，提高城市营销效益。城市营销是一种公共治理行为。依据现代公共治理理论，在城市营销中，应考虑通过多个层面构建城市营销机制，实现城市营销的多元化推进。城市政府、企业、社会组织、居民是其价值的设计者与推广者，共同构成城市营销的主体，他们对城市的认可与否，对城市的满意与否直接关系着城市形象的传播。政府部门是城市营销中的基本力量和利益单元。由于城市之间的竞争日趋激烈，城市的发展愿望往往与其财政实力、社会经济现实产生尖锐矛盾。在这种情况下，城市政府通常是城市营销的积极倡导者和主要发起者。同样的道理，地方社区政府自然欢迎上级城市政府启动城市营销政策，而作为上级的地区政府，也通常会对所辖城市政府的营销热情和营销计划给以鼓励和支持。除城市政府外，企事业单位和市民都可以承担城市营销的角色。经济全球化时代，企业（包括非国有企业和国有企业）与其所在地区的联系纽带往往更加紧密，表现为企业越来越重视所在地所提供的经济发展环境、本地与外部其他地区和城市所建立的社会、经济联系，以及所在地区的地区形象和品牌等方面。企业部门的参与，能使公共部门更多地借鉴营销技巧和商业思维，同时也能增进城市营销的资金保障。教育科研机构的介入，将使城市营销获得更多的理论与方法支持，降低营销实践风险，发挥其谈判参与者的沟通价值。行业协会、商会等公众组织的特点是成本低，又具有自发、自愿的信念力量，所以往往成为城市营销的积极动力。企事业单位和社会组织借助于自己的产品和服务，使人们在使用产品和服务的同时，也从一个侧面认识了城市。个人也可以在城市营销中发挥主体的作用。个人（如居民、投资者、专业人才等）则更多地通过“以脚投票”的方式来表达对城市生活环境的选择和期望。个人参与城市营销活动，可以促进政府和市民的双向沟通，深化对政府城市营销政策的认同，使城市营销更加符合市民的利益和要求。城市营销多元化主体行为要力求协同联动。尤其是城市政府组织体系的营销机构（如外宣办、招商局、旅游局等）、企业组织和社会组织（如行业协会、商会等）这三类城市经济运行主体，作为重要的城市营销主体，必须协同联动。城市营销的参与主体和利益相关者是一个复杂的网络化的结构，通过协商、协调、合作和激励的方式来进行城市营销的组织与控制，是实现城市资源的最优配置，减少交易成本，进而提高城市营销效益的有效途径。

第四，城市营销需要以提升城市核心竞争力为战略方向。城市营销的目的是要增强城市的竞争力，增加城市的财富，营销城市当然是要让城市赚钱。城市营销应以形成城市特色和优势为发展方向，增强城市核心竞争力。城市核心竞争力，是一个城市逐步积累和发展的、同其他城市相比较而独具的，能够对各类要素实施更加优化有效的控制、整合、激活、转化，不断创造价值、造福居民的综合能力，是由组织资源按照市场要求通过一系列合理政策、制度、法规等联结构成的高度有序的整体配置规制，是城市实现潜在资源、要素向现实竞争优势持续转化的核心有机运作系统。我们在评价一个城市是否具有核心竞争力，通常主要是指这个城市与其他竞争城市相比是否存在竞争优势，竞争优势是竞争比较的结果，核心竞争优势则是领先竞争对手较大，不易被其赶超的竞争优势。城市所取得的核心竞争优势，是城市与竞争对手竞争时核心竞争力的外在表现，城市核心竞争力则是城市核心竞争优势的内在支持。因此，城市核心竞争力是城市持续竞争优势的源泉，对城市的发展起着关键性作用。形成城市核心竞争力至少需要从以下几个方面入手：首先，对城市功能进行科学的定位。城市功能定位受到自然条件、经济实力、主导产业、行政区划、公共政策等因素的影响。在考虑这些因素的基础上，对城市主导功能和特殊功能进行科学的定位。主导功能在城市诸功能中居于突出地位和起主导作用，特殊功能则为某个城市所特有。主导功能和特殊功能影响着城市的其他功能，决定着城市的性质和方向，也决定着城市的独特风格及其在城市体系中的地位。其次，注意挖掘城市的文化底蕴。城市文化是城市的无形资产。城市文化可以为城市增添灵性、创造性和活力。城市营销应重视城市自身特有的历史文化的保护、合理开发和使用，扩大其知名度，在国内外创出有独特、深厚历史文化价值的城市品牌。拥有底蕴丰厚的城市文化，可以为城市竞争力增添不竭的精神源泉。再次，构建诚信有序的公共伦理与法治环境，积淀城市社会资本。在城市营销领域，对于城市政府和公众来说，社会资本相当重要。政府与公众之间的互动也应建立在彼此互信的基础上。城市社会资本的积聚，除了伦理层面的引导外，法治也发挥着重要的作用。稳定有序的法治环境，是一种城市竞争力的软环境，而形成良好的城市软环境则是城市发展的重要条件。

53 城市包容性发展需不断深化

“知其雄，守其雌，为天下溪。”人如此，城市亦如此。城市是集政治、经济、文化、社会和生态于一体的综合性的现象和实体，有着漫长的发展史，也有独特的建设史。有时候，城市的竞争力，并不在于拥有多少资源，而在于如何成为资源自由交流的平台和洼地，在于能否汇聚全国性乃至全球性的资源。城市的竞争力来自城市的创新能力，而城市的创新能力来自城市的包容力，因为城市的创新能力和城市的外来者有关。没有包容，创新就是无根之木，城市转型发展就更无从谈起。

一个城市最重要的价值是包容性。包容表现为两方面，即个人的包容和制度的包容。前者比如“己所不欲，勿施于人”，在人与人的交往中，多容忍他人，多体谅他人，多理解他人，学会为他人着想；后者则是在公共政策中要尊重外地人的利益，让外地人不仅可获得经济物质条件的满足感，还能迅速融入当地文化，融入当地生活圈子，安居乐业，获得深层次的满足感。

包容是衡量一座城市和谐度的重要指数。包容的人文环境和城市品格，增强市民的荣誉感、认同感和责任感，最大限度地凝聚智慧和力量，激发市民的积极性、主动性和创造性，形成推动城市全面进步的巨大群体力量。衡量一个城市是否具有博大胸怀、是否具有包容性，人口结构是最直观的维度，特别是能否容纳外地人、能否广纳四方豪杰，是判断一个城市包容能力的最核心标准。城市和各种人群包括土著、外来人和流动人口之间，理应形成良性的互相依赖依存的关系。对待外来人口的善意，帮助各种群体在这种开放环境下获取公平的发展机会，既是发展的条件，又是发展的目标。比如，一直以来，深圳都是一个充满活力的城市，也是中国最著名的移民城市，以其博大开放的文化、融汇百家的气度，率先成为中国设计创意之都。但是，自 20 世纪后期开始，随着深圳发展战略的变化，其包容性有所下降。其实，作为一座典型的移民城市，深圳的人口结构中，“本地人”和“外来人”的含义是相对的。对于深圳这样的开放性城市来说，不一定非要做城市中的贵族，要进一步淡化“本地人”和“外来人”的区分，放低姿态，知雄守雌，为天下溪，更可吐纳天下，成就雄浑博大。

城市发展需要包容，包容是城市的文化品格。一个富于包容精神的城市，其生命力的源泉在于源源不断地从其包纳的对象中吸取深邃隽永的文化活力。这种活力是一种精神，也是一种灵魂，往往通过对象所包含的文化基因和文化潜质积累并发挥出来。我们知道，北京是一个复杂的城市，这里有三个世界：第一个是权力世界，第二个是老北京势力，第三个是以 CBD 为代表的民间世界和外来世界。目前，权力、传统与市场三大力量的博弈，使北京的包容度和开放性充满争议。未来，北京应抑制权力之手，更加开放包容，而非逐步走向封闭。

“流水不腐，户枢不蠹”。一座城市如同一个人，只有在不停息的活动中才能保持青春和活力。一旦停顿下来，城市的生命力就会僵化和枯竭。比如天津，取消蓝印户口以及限房限车，被认为不智之举。天津处于北京之边，在中国的市场体系和权力体系中都很难自处，唯有加大开放力度，在包容中探索新路，在包容中孕育创新，在包容中兼收并蓄，建设包容之城，容纳四方人才，才有可能在区域竞争中胜出。

城市的快速扩张，难免会造成“碎片化”生存的群体，这部分群体与其故土之间的承续被城市所切断，游离状态的生活也使这部分群体较难获得发展的公平与机遇。但一个“包容性的城市”则不同。在这个城市中的每个人，不论财富、性别、年龄、种族或宗教信仰，均能利用城市所提供的机会参与生产性活动。包容性是一个城市可持续发展的根本动力，也是城市人际环境的根本取向。城市的形成过程实质上是把人类在社会生活和实践中获取的成果不断包容积累的过程，在此过程中的那些落后的、不利的因素会在认识和检验中被消除掉。一般来说，创造、张扬新因素的主导趋势是包容，控制和阻抑旧因素的主导趋势是排异。当城市的组成对象和元素处于内在的紧张时，其包容度就趋小而排斥性增大，而当内部呈现松弛状态时，其包容度就大，排斥性就小。城市包容性发展决不仅是城市经济的增长和城市规模的扩大，更要有社会的进步；不仅是城市整体上的发展，更是组成城市的主体——人的全面发展；不仅是财富的创造，更是财富的共同分享。城市的发展应是不断满足城市主体——人的生存和发展的需要，而城市是由不同的异质个体所组成的一个相对比较大的、相对稠密的、相对长久的聚居地，不同的个体之间容易产生矛盾和冲突，这就需要城市的发展要具有包容性，正确认识到个体之间的差异，通过建立包容性的城市环境，加大对弱势群体的关注力度，逐步解决存在的不公平、不公正的问题，使每个人都能共享城市发展的成果。

“海纳百川，有容乃大。”城市包容力不仅是衡量一个城市协调能力的重要方面，是城市管理者是否以民为本公正行政的重要标尺，同时也是城市历史文化和现代文明的重要检验标准。要通过有效的政策激励和保障机制激发全民的创新创业热情，吸引人才，营造城市发展的持久活力，真正实现想干事的人有机会、能干事的人有舞台、干成事的人有地位。让城市更加包容，就是要大力提倡兼容并包敢闯敢试的创新文化，营造宽容失败、崇尚开拓的氛围，建立容错机制，为担当者担当、为干事者撑腰，永葆不竭的创新动力和创造激情。要加强城市硬软环境建设，树立包容大气的城市形象，大力推进城市人文精神建设，不断提升城市文化品位，形成团结互助、扶贫济困、理解宽容、融洽和谐的良好社会风气。

包容彰显城市的境界、胸怀和气度，为城市赢得发展的良机。塑造包容的城市精神，是不同城市在更高层次上展开竞争的一种新态势。无论是“十三五”还是“十四五”，我们的城市都应该以包容性发展为主线。当然，城市践行包容性发展战略面临多重制度瓶颈，亟须从政府绩效评价制度、财政税收制度、社会保障制度、基本公共服务均等化制度、城乡发展一体化制度、收入分配制度等关键环节探索制度重构的路径选择和配套政策。

54 以精细化提升城市管理水平

“天下难事，必作于易；天下大事，必作于细。”随着我国经济社会不断发展进步，人民日益增长的物质文化生活需要对城市管理提出了一个个课题，城市管理中一个全新的课题即“精细化管理”，不可回避地摆在我们面前。

2015 年 12 月，习近平总书记在中央城市工作会议上强调，抓城市工作，一定要抓住城市管理和服务这个重点，彻底改变粗放型管理方式，让人民群众在城市生活得更方便、更舒心、更美好。他要求各级政府和领导干部从以人为本、共建共享的理念出发，从管理和服务入手，着眼于人民群众的根本利益，建立和完善精细化的城市管理模式。2017 年，习近平总书记在参加十二届全国人大五次会议上海代表团审议时提出，要强化依法治理，善于运用法治思维和法治方式解决城市治理顽症难题，努力形成城市综合管理法治化新格局。城市管理应该像绣花一样精细。“城市管理应该像绣花一样精细”，这一形象比喻就为破解城市管理困境开出了良方，也为城市管理指明了新方向。

城市化是经济社会发展的必然结果，也是衡量一个国家发展程度如何的重要标志。而城市管理则是提高城市承载能力，体现城市精气神的关键所在。当下，城市管理水平明显滞后于社会经济发展速度，一些城市在规划和管理过程中，往往忽视了一些细节，给市民带了各种不便。诸如道路指示牌不规范或者严重破损，经常让一些人“摸不着头脑”；井盖设置不合理，管理跟不上，不仅影响道路美观，“井盖吞人”事件也时有发生；下水道设计不科学，每逢雨季，就开启城市“看海”模式。这些看上去不起眼的细节问题，恰恰是当下人民群众最不满意的问题之一，也充分暴露出我国城市管理水平还不够精、不够细。这些小的细节，如果不加以重视和解决，就会成为城市发展的大难题。

改革开放以来，我国经历了大规模、超快速的城镇化进程，与资源集聚、商业蓬勃结伴而来的，是孩子们呼吸一口清新空气都成为奢望，每天几个小时的通勤害得上班一族人困马乏，外地游客站在车水马龙中踯躅慌张，白发老人心焦生活无人照料，城市居民的幸福指数没能像高楼大厦拔地而起般快速提升。在城市之殇久治不愈时，精细化城市管理理念的提出可谓正当其时。

精细化管理是相对于现存管理的改进、优化和提升，它是相对于粗放感觉的精致、精准地改制，是相对于传统管理的某种程度的延伸和拓展，是对管理细节的精致化，和对管理末端的全覆盖和精准化的管理。城市精细化管理，是将精细化管理思想引入城市管理领域的一种全新管理方式，能够细化城市管理空间、量化城市管理对象、规范城市管理行为、创新城市管理流程，实现城市管理活动的全方位覆盖、全时段监管、高效能管理。城市管理的宗旨是什么？就是要提升城市管理水平，使之与不断发展的社会经济、人民日益增长的精神和物质需求趋于平衡，使城市管理的成果不断造福人民，也就是以人为本。城市居民的衣食住行，都是城市管理的范畴，群众利益无小事，没有哪个方面是不重要的。只有钢筋水泥的城市是冰冷的，让市民住得舒服、行得便利、吃得放心、身心健康愉悦，才能积聚城市可持续发展的内在动力，让每个人乐于与城市共荣共生。

提升城市管理水平，使城市管理的成果不断造福人民，从而不断满足人民对城市环境及城市管理的需求无疑是城市管理的宗旨。城市管理涉及的范围广、程度深、质量高，涉及城市居民的衣、食、住、行等方方面面的切身利益，城市管理者只有有效地解决市民需求的细节问题，把人民生活满意不满意、赞成不赞成作为衡量自身工作的最基本标准，才能体现以人为本的特色，照顾到大多数，也才能将城市精细化管理的理念渗透到整个城市发展的方方面面。精细化管理让城市不断提升颜值，与繁华的街道、高歌猛进的经济指数相比，精细化管理之下的城市更加温润人心。

城市管理是一项系统复杂的宏大工程，更是一门精细的艺术。管理者只有如匠人般苦下精雕细琢的功夫，用精细化管理的药方治疗城市粗放发展引致的痼疾，才能使我们的家园变得更加和谐温润。通过精细化管理，摒弃传统的粗放式管理模式，改变经验式的管理模式，引入现代精细化管理手段，对管理进程进行导引、调节、控制，从而便于及时发现问题，及时矫正管理行为，从而能够有效地提升管理效率，迅速改善城市市容市貌，从而改善城市生活环境，不断满足城市居民对城市管理的期待与要求。城市精细化管理，是对现行城市管理体制、方式、方法的改进优化和提升，是对城市运行、发展各影响因子变化的精准的预判和把握，是对管理细节、末端和管理第一线的精准的规制和掌控，是对个体行为和偶发事件的及时、精准的把握、预判和处置，把其负效果控制在最低水平，是确保城市稳定、健康、有序、高效运行的高水平管理。

城市精细化管理是一种管理理念、管理技术，还是一种管理文化。说它是一种管理理念，是因为它体现了组织对管理的完美追求和对工作严谨、认真、精益求精的思想贯彻；说它是一种管理技术，是因为它需要对常规系统进行细化、改进、提升、优化，不是凭经验、感觉、判断进行粗放式管理，而是要运用标准化、程序化、数据化、科学化的手段，使管理的各单元精确、高效、协同及持续运行，让有限的资源发挥出最大效能；说它是一种管理文化，是因为它建立在常规管理基础之上，并把常规管理引向深入，通过规范流程、规范运作、优化资源、量化责任、监督控制，实现经营活动的有序竞争，达到目标效益最佳化。

当然，城市精细化管理，必须适应城市发展。随着经济社会发展和城市化进程的加快，我国出现了一批大城市、城市群乃至特大城市，对城市管理能力提出了更高的要求。尽管近年来城市管理工作取得了长足进步，但管理标准不高、精细化管理不够、城市序化问题突出等短板依然存在，原来粗放的管理模式已经无法适应现实要求，需要精细化、服务型的管理职能。因此，我们要以更精致、精细、精准的管理理念，补齐城市管理的短板，并把有效的、关键的城市管理细节沉淀下来，固化为一种城市管理制度、一种常态城市管理机制，使城市管理和服务成为一种品牌，提高城市管理部门和政府的公信力，从而推动城市经济和社会发展，增强城市的核心竞争力。特别是在现代城市中，要强化智能化管理，提高城市管理标准，更多运用互联网、大数据等信息技术手段，全面提高城市科学化、精细化、智能化管理水平，持续用力、不断深化，提升社会治理能力，让城市更有序、更安全、更干净、更有活力。

55 城市管理要真正以人为核心

伴随着城镇化的推进，越来越多的人来到城市。何以触摸城市之心，如何感受城市之善？答案不是经济的增长、地标建筑的堆砌所能涵盖的。城市为何而建？如何管理？2015年中央城市工作会议给出了答案：做好城市工作，要顺应城市工作新形势、改革发展新要求、人民群众新期待，坚持以人民为中心的发展思想，坚持人民城市为人民。中共中央国务院《关于深入推进城市执法体制改革改进城市管理工作的指导意见》也明确指出：坚持以人为本。牢固树立为人民管理城市的理念，强化宗旨意识和服务意识，落实惠民和便民措施，以群众满意为标准，切实解决社会各界最关心、最直接、最现实的问题，努力消除各种“城市病”。

因此，现代化城市管理重点应当从重物质设施的布局转为重人性化管理。通常我们讲的“为人民管城市，而不是为城市管人民”，体现的就是以人为本。以人为本的现代城市管理理念，是指在城市管理机制的构建与运作中，确立以公民的意愿实施和评价的标准，公民以中心主体参与城市管理，发挥决定、支配和主导作用。以人为本，就是以人为基础，以人为根本，以人为核心。突出以人为本，坚持城市的核心是人。人是社会生产力和文化发展的主体，也是最终受益者，以人为本的发展思想要求政府在城市管理中以更好、更多的公共产品满足不同层次群众的公共需求，实现公众利益的最大化。

城市需要管理，人的谋生等基本权利需要保障。城市管理要以“方便市民”为基本出发点，不仅注重对市政、环卫园林、绿化等静态“物”的日常管理和维护工作，更要注重对作为被管理主体的“人”的动态服务。

管理城市坚持以人为本，以民生为本，应当想方设法为弱势群体排忧解难，让更多的人衣食无忧，安居乐业，以求整个城市长治久安，持续均衡快速地发展，这才是构建和谐宜居城市的题中应有之义。

城市开启了人类藏匿在蛮荒时代的所有更高潜能，人们聚集到城市，是为了过美好的生活。城市是我国各类要素资源和经济社会活动最集中的地方，全面建成小康社会、加快实现现代化，未来中国发展必须抓好城市这个“火车头”。而“以人为核心”是现代城市管理发展的最重要趋势。尊重城市发展规律，并切实把“以人为核心”的城市观贯穿于整个城市管理的全过程，我们重点要从三个方面入手：一是尊重于人。我们的城市管理在规章制度制定、执行中要充分考虑同时作为执行对象和服务对象的市民的生活风俗、习惯及其思想状况，“想其所想，急其所急，解其所惑”，使其得到充分的尊重。二是服务于人。我们进行城市管理，说穿了就是服务于整个城市的发展，服务于整个城市的人们。三是归属于人。城市，是人们集聚和归属的一个区域。城市管理是为了满足城市功能的发挥及其发展的需要，城市管理归属于城市。

人的自由流动，曾造就了城市过去的辉煌；而人的安定与活力，将决定城市的未来。作为决定城市发展和进步的主体，又是客体的城市人们——市民，理应成为城市管理的归属，这是以人为本的根本体现。中央城市工作会议要求，一定要抓住城市管理和服务这个重点，不断完善城市管理和服务，彻底改变粗放型管理方式，让人民群众在城市生活得更方便、更舒心、更美好。

梁思成曾说过：“城市是一门科学，它如人体一样有经络、脉搏、肌理，如果你不科学地对待它，它会生病的。”也就是说，城市不是无生命、冷冰冰的钢筋水泥，城市是有心灵的。如果在城市里只能住火柴盒大厦，走只有水泥栏杆的宽阔马路，那么这个城市就没有灵魂。一个城市有包容、有温情才是城市，城市要为他的居民谋利益。因此，在城市管理的过程中，我们必须坚持以人为本，把“向人民负责，为人民办事，受人民监督，让人民满意”作为城市管理工作的出发点和立足点，把亲民、爱民、为民的观念贯穿于城市管理始终，用心善治，提升“城市温度”，让城市更有人情味，使广大市民从传统的“被管理者”真正成为城市管理的主体，并“诗意栖居”在城市。

56 创新与完善城市治理

进入21世纪以来，随着城镇化的加速发展，城市问题和城市管理挑战日渐凸显，我国的城市管理实践开启了“从政府到治理”的探索和转型。党的十八届三中全会通过的《中共中央关于全面深化改革若干重大问题的决定》明确指出，“全面深化改革的总目标是完善和发展中国特色社会主义制度，推进国家治理体系和治理能力现代化”。2014年2月，习近平总书记发表了关于《完善和发展中国特色社会主义制度，推进国家治理体系和治理能力现代化》的重要讲话。2014年10月，中共十八届四中全会正式发布了关于《全面推进依法治国若干重大问题的决定》。2015年12月，中央城市工作会议指出，要全面贯彻党的十八大和十八届三中、四中、五中全会精神，坚持创新、协调、绿色、开放、共享的发展理念，完善城市治理体系，提高城市治理能力，走出一条中国特色城市发展道路。2016年2月，中共中央、国务院《关于进一步加强城市规划建设管理工作的若干意见》指出，创新城市治理方式。

城市是一个国家的缩影，也是经济发展的载体，同时也是国家参与国际竞争的主要承担者。推进国家治理体系和治理能力现代化，落实到城市体制上，就是要实现“城市管理”向“城市治理”的伟大跨越。城市治理是国家治理和社会治理体系的重要内容。适逢中国现代化转型的关键时期，城市治理模式的反思与重构是亟待解决的难题。破解难题仰赖于理论的与时俱进与实践的锐意进取。完善城市治理机制，推进城市治理体系和治理能力现代化，是转变城市发展理念和方式的重要举措，是增强城市软实力、全面建成现代化城市的必然要求，有利于提高城市政府履职能力，提高人民群众依法参与管理城市事务的能力，实现城市各项事务治理制度化、规范化、程序化。

以民为本，民生优先，提升市民获得感是城市治理的核心。现代化城市需要让生活更美好，让市民更幸福。为此推进城市治理体系和治理能力现代化，必须创新城市不同领域的治理模式，特别是要从传统的自上而下的行政管控模式的禁锢中解放出来，让全体市民发挥多方参与、共同治理的积极性、主动性、创造性，共享城市改革开放的发展成果。城市是人民的城市，“人民的城市人民建，人民的城市人民管”。在城市治理过程中，只有真正做到人民城市人民管，落实惠民措施，提供便民服务，突出民生优先，实现改善民生与社会治理的良性互动，减少和消除社会问题，才能让城市成为市民全面自由发展的空间。

重新定位城市政府职能是城市治理的前提。城市政府在职能上要实现从“划桨人”到“掌舵人”的转变，从万能政府到有限政府的转变。詹姆斯·N. 罗西瑙在《没有政府的治理》一书中说，“治理与政府统治不是同义词，它们之间有重大区别。治理是指一种由共同目标支持的活动，这些管理活动的主体未必全部是政府等公共机构，也不一定依靠国家的强制力量来实现。同时，这个目标也不一定出自合法或正式规定的职责与机制，未必需要依靠强制力量克服挑战而使别人屈从。治理是一种内涵更为丰富的现象，既包括政府机制，也包括非正式、非政府的机制”。城市治理要求从片面强调政府在社会管理中的单方责任向同时强调政府、市场、公民共同承担社会责任的转变。政府要通过简政放权，把职能真正转变到经济调节、市场监管、社会管理和公共服务上来。

多元主体协商共治是城市治理的基础。城市是所有市民的生活共同体和命运共同体。推进城市治理体系和治理能力现代化，由传统的管理变成现代的治理，最核心的是治理主体多元化。城市治理和城市管理最主要的差别是主体的变化，城市治理强调社会力量参与城市管理。过去的城市管理格局中，管理者、被管理者的角色区分很明显，管理者基本上就是政府部门，其角色类似家长，而市民则是被管理者，也就是行政相对人。政府的城市治理理念要从过去那种偏重于政府本位的管制控制思维，转变到民众本位的协同治理思路上来。从社会系统工程的角度出发，城市治理的主体要由单中心向多中心转变，建立起以政府为主导，有营利企业、非营利组织或非政府组织、社会公众等多元主体参与的城市治理方式。城市治理的系统工程，需要多主体、多机制、多方式、多依据的现代执法观念和制度，才能更有效地推动发展，实现法律效果和社会效果的统一，这是行政管理创新和社会管理创新的共同要求和契合点。多元化、合作性的城市治理模式是现代城市治理方式变革的趋势。因此，我们要积极转变城市治理理念，形成政府、社会、公民等多方主体参与、良性互动的现代城市治理格局，使政府有形之手、市场无形之手、市民勤劳之手同向发力，构筑和谐人居城市。

57 优化大都市区协调治理

在追求城市经济发展的今天，大都市区模式被很多专家推崇为最有效率的城市发展模式。由于打破了传统意义上城市规划的限制，大都市区能够最大限度地吸引人力、物力和财力，发挥单一城市区域无法企及的聚集力量。这种发端于美国的城市模式通常由中心城区和数个郊区整合而成，体现了多中心格局的新型城市化发展理念。

大都市区的形成和发展是城市化进程中的重要特征。与大都市不同的是，大都市区超越了单一城市的边界范围，相对于城市权威的单中心性，大都市区的权威是多中心和分割的。随着经济全球化和区域一体化的推进，大都市区在国家经济与区域空间体系中的地位日益重要，已经成为一个国家社会、政治、经济、文化等多元空间载体。大都市区凭借综合性和整体性优势，构成一国经济增长的中枢。从世界范围来看，大都市区日益发展成为一种重要的城市地域形式。

中国作为后发国家，其城市化水平仍落后发达国家大约20%，这就意味着在未来相当长的一段时期内，人们向大都市区集聚的脚步仍无法停止。与发达国家城市化阶段要经历两个阶段一样，中国的城镇化正在经历从传统城市化阶段进入大都市区化的阶段，其典型表现是工业企业从相当多的大城市迁出，大城市周边出现一些新兴城镇，形成新的人口和产业集聚，出现跨行政区划的通勤族。例如，目前每天有数十万居住在河北燕郊、江苏昆山的居民分别到北京和上海上班。在市场机制的驱动下，中心城市功能扩散与城乡统筹发展的趋势、"汽车社会"与"地铁时代"的来临正在推动大都市区形成。大都市区的规模扩展与基础设施投资、房地产业发展、产业结构升级、人力资本与创新能力的集聚与外溢将成为经济持续增长的动力。然而，随着各种功能在大都市区的集聚，又使大都市区承受着过多的压力。除了各类资源在大都市区整合，为人们提供了多元化分享平台外，与大都市区过度集聚相关的诸多问题，如交通拥挤、环境污染、物价过高、竞争过度、风险加剧等将处于高发期。大都市区域是带动城市经济发展的发动机，其潜在效应不言而喻，但其在治理层面也存在诸多困难。

现代社会已进入全球风险社会，大都市区则是风险的常发之地。大都市区在社会结构、空间结构、产业结构、人口结构等方面存在复杂性，这导致大都市区往往成为各类风险聚集的中心，极易引发各种公共安全事件。在大都市的快速进程中，城市社会问题和城市病始终挑战大都市区的治理能力。一般而言，大都市区社会风险具有高度复杂且不确定性高、扩散速度快、经济社会危害大以及风险危害不断放大等特征。这使得城市治理不能再沿用传统的治理思路和治理方式，而需在风险早期识别、风险治理以及善后处置等各环节进行彻底的转型。随着北上广等超大城市经济快速发展、城市化进程加快、城市日益开放、国际化程度不断提升，各种来自于日常公共生活、技术、制度等领域的社会风险问题越来越凸显。近年来，许多危害公共安全的重大事件发生在这些大都市区之中，因此推进大都市区治理能力现代化是一项现实而紧迫的任务。

一般认为，相比强调地方民主自治的西方国家，中国的文化与制度传统是讲求集权与协调，长期形成了中央政府对地方政府、上级政府对下级政府的强大层级状控制体系，因此在中国更容易实现大都市区的协调治理。其实不完全是这样。在全球化、市场化、城市化等多种因素的复合作用下，中央政府与地方政府之间，以及地方政府之间的府际关系已经发生了巨大的变化，尤其是各个地方政府在税收、政绩考核等体制激励作用下已经演化成高度“企业化”的主体，这就给大都市区的协调治理带来了巨大的障碍和挑战。随着中国大都市区越来越积极地嵌入全球生产网络与全球城市网络，纽约、伦敦乃至亚太区域的新加坡、首尔等全球城市内部的经济社会"二元化"特征，在中国大都市区进行"蛛网扩散"，成为外部性的诱致变量。与此同时，在中国大都市区空间治理的内在力量博弈过程中，始终表现"组织化"惯性与"市场化"力量的双重挤压与撕扯。中国大都市区发展中存在着封闭性与恶性竞争、公共产品与公共服务拥堵、发展中社会缺位、行政区划壁垒与行政区经济、区域内不断强化的行政壁垒等问题，治理瓶颈日渐凸显，严重制约着大都市区的持续发展。

总结中国目前大都市区治理失效的原因，可以归纳为如下几个主要方面：一是自上而下的等级状体系，缺乏横向协调的机制。中国的行政体制呈现出围绕上级政府的高度分割型。这种情况给大都市地区多市镇政府间的有效协作，带来了制度性的障碍。二是缺乏行使区域性职能的政府，各自追求属地利益。在大都市区内，缺乏真正行使区域协调性职能的政府组织，非政府组织独立性又不强，治理主体"权""利"界限不明。在没有统一的区域政府实行区域统治的结构现状下，大都市区域的政府还是遵循各自的职责进行我行我素的"碎片化"管理。三是政府职能繁杂，条块职能不清，政府治理碎片化问题严重，区域问题解决难度大。条块性的管理行为被各级政府肢解，被打上严重的地方本位主义烙印，人为设置行政障碍，画地为牢，使城市之间的经济关系逐渐离散，导致各城市均以行政区域为界，相互封闭。地区间条块分割严重，各级行政区自上而下形成层次状体系而缺乏横向协调机制，这给大都市区各发展单元间的有效协作带来了巨大障碍。四是法律法规的不适应。中国一些城市的空间结构正在大都市区化，但国家的城乡规划法律和规划体制尚不能适应这一变化。

党的十八届三中全会将治理体系和治理能力的现代化作为全面深化改革的总目标，建立完善由多元主体参与的跨区域城市协调发展机制，是提升政府治理体系和治理能力现代化的重要内容。由于在一定区域范围内实现单个城市无法达到的规模经济和集聚效应，建设区域协作组织和机制，可以使地理位置、生产要素、产业结构各不相同的城市承担各自的经济功能，实现社会治理层面的协作。对大都市区的治理既是创新大都市区行政管理体制，促进城市化与区域发展的必然要求，又是推进国家行政改革与发展的重要方面。因此，大都市区要实现效率性、包容性、可持续发展，应科学制定规划，遵循分期开发的原则，改善基础设施与市政公共服务，与中小城市协调发展。大都市区治理改革要加强顶层设计，完善区域城市协调发展的政策引导机制；要明确各治理主体职能，避免省直管县改革可能导致的区域分散化治理，克服政府治理碎片化造成的各种不适应；要培育大区域治理理念，不应局限于纯粹的制度改变，要注意因地制宜，建立起长期合作机制；要充分利用省直管县、调整地级市职能的机遇，打破行政区划界限，突出横向协作，设立大区域管理制度，构建大区域协调机制，进一步构建具有中国特色的双层制大都市区治理体系。

58 城市社区功能复兴迫在眉睫

城市社区是指城市一定生活空间的居民所形成的以区域为纽带的社会共同体。城市社区是城市社会赖以存在和发展的重要基础，它的发展状况一定程度上标志着这一城市的现代文明程度和社会生活质量。

城市社区是城市社会的细胞，或者正如人们常说的那样，是社会的一个“全息缩影”。透过社区，人们能够观察到千变万化的社会现象，能够倾听到社会生活浪潮发出的呼声，党和政府对社会成员的服务管理，也有赖于通过社区得以贯彻落实到千家万户。正因为此，党的十八届三中全会提出“推进国家治理体系和治理能力现代化”的战略任务，并且要求统筹城乡社区建设，促进群众在城乡社区治理中依法自我管理、自我服务、自我教育、自我监督。习近平总书记在定义现代化城市时，给出了三个定语：和谐宜居、富有活力、各具特色。离开了人在城市中健康多彩的社区生活，哪一个都无法实现。

城市社区建设具有社会性、地域性、自治性、依存性和群众性等基本特性，其基本功能包括政治功能、服务功能、社会保障功能、学习功能、文化功能和经济功能等。从客观上看，城市社区功能建设和复兴，是现代城市发展、社会发展的必然趋势。随着改革开放的深入和社会的不断发展，我国传统的单位制逐渐松动并走向消解，单位的大量的政治和社会功能转移到了社区，“单位人”回归为“社区人”，城市居民政治权利的实现方式也随之发生了改变，社区成为居民实现各项政治权利的场所。城市社区对较好地满足居民需要，扩大就业，实现“小政府、大社会”的管理格局，充分发掘和利用社区政治资源等起着重要作用。同时，由于社区是处于城市政府和居民之间的中间层次，居民生活在社区中，所以社区就成为政府联系社区居民的主要载体，通过服务社区架起了一座联系的桥梁。社区社会保障是整个社会保障体系的最后一道“雄关”，它对于那些身陷生活困境而又无能为力的人们来说无疑具有至关重要的意义，是城市社会保障的最后一道“安全网”。充分发挥社区的文化功能，不仅可以有效抵制各种非主流文化和不良亚文化在社区中的传播，而且对社区人文精神的形成和整个社会文化的繁荣都有极为重要的作用。社区经济作为一种优化的资源配置方式，可将社区内互不相连的各种经济成分变为利益共同体，建立一种新的经济生产方式，从而带动社区乃至更广区域的经济发展。只有社区经济的发展，才有真正意义上的社区发展。

社区作为城市的基本单元，承载着城市建设发展的繁重任务，担负着协调人与经济、社会、自然等各种关系和谐相处的重大任务，是构建和谐社会的基础单位。社区是国家结构中最基本的社会单元，是社会构成的基础，是社会管理最主要的基层载体。随着城市社区建设的逐步深入以及都市社会运动的兴起，城市社区除了作为日常生活的共同体以外，一方面被建构为国家治理的基本单元，另一方面被赋予治理单元、市民空间以及日常生活共同体的三重性。因此，加强社会管理的重心在社区，改善民生的依托在社区，维护稳定的根基在社区。

随着市场化、信息化、城市化的加速发展，社区在加强城市管理、服务市民生活、提升文明程度、发扬基层民主等方面的作用越来越突出，而我国社区在社区党组织建设、社区财政投入机制、社区参与、社区工作队伍建设、社区与政府的职责划分及社区服务等方面存在许多不足，与日益加快的城市化进程不相适应。因此，城市社区建设、管理及功能复兴非常重要，其状况直接影响到城市和社会的发展。社区和谐，城市就和谐，社会就和谐。在加快我国城市化建设进程、构建和谐社会和建设美丽中国的过程中，社区具有不可替代的重要作用。

城市社区建设与功能复兴需要政府的力量、市场的力量和社会的力量共同推动，由于城市社区建设是一项公益性很强的事业，理应主要依靠政府的力量。政府在城市社区建设和管理中职能的越位、缺位和错位都会导致城市社区功能失调、错位和缺失，不能真正发挥其功效。城市社区建设所处的发展阶段及当前中国社会结构和体制转轨的宏观背景，决定了现阶段我国城市社区建设必须得到必要的支持和切实的指导，方能健康发展，这其中政府的作用是最为关键的。政府职能作用发挥得充分、合理与否，将直接关系到我国城市社区建设的进程与质量，这一点必须引起方方面面的足够重视。

随着新型城市社区大量形成并在社会运行和管理中作用日益凸显，社区治理以多元、民主、合作为特征，能够更好实现公共利益而逐渐取代传统行政主导模式，成为社会管理模式的转型方向。当然，城市社区建设、管理以及功能复兴是一项伟大而艰巨的任务，它需要社会各阶层、各方面力量的通力合作、尽职尽责。只有这样，才能把城市社区建设成为生态环境优美、社区服务完善、文化教育发达、社会秩序稳定、公共安全可靠、人际关系和谐、生活质量优良、居民安居乐业，并充分体现社会主义社区建设新成就的新型城市社区。

59 城市社区建设需整合六大功能

中国社会正处于从传统型向现代型转变的过渡时期，城市社区成为人们安居乐业的重要场所和实现社会整合的基础单元。因此，充分发挥现代城市社区的功能是一项特殊而价值颇大的计划和项目。鉴于城市社区建设具有社会性、地域性、自治性、依存性和群众性等基本特性，城市社区健康发展需要整合六大功能，即政治功能、服务功能、社会保障功能、学习功能、文化功能和经济功能。

第一，政治功能。“政治是经济的最集中表现。”作为社会物质利益关系总代表和总保障的政治，其根本任务和主要内容是对社会资源进行强制性的分配，在社会资源分配过程中——这种分配过程不论在国内社会还是在国际社会，反映人与人之间的物质利益关系。与经济对社会资源的分配是通过市场为媒介、以价值规律为中轴而进行的、在表现形式上显得比较“自由”“平等”的分配形式不同，政治是一种以公共权力为后盾对社会资源作出强制性、权威性分配的一种特殊形式。社区的政治功能是指社区在保持国家政治生活的稳定和发展方面所具备的各种功能。从最根本的意义上说，城市社区的政治功能产生于其在国家的政治体制结构中的地位。城市社区的政治功能，首先是它的政治稳定功能。现阶段我国正处在改革开放时期，改革过程中必然引起社会利益分配的重新调整，不可避免地出现社会分化，引发各种社会矛盾和问题，这些矛盾和问题如果不能及时有效地解决，将会直接影响到政治稳定和政治发展。城市社区通过开展大量细致的宣传动员和思想政治工作，落实政府的各项决策，有效化解各种矛盾，协助政府维护社区乃至整个城市社会的稳定。其次是政治传导功能。

国家所制定的各项政策能否收到成效，达到制定政策的初衷，关键的是这些政策能否被社会了解和接受，在社会中得以贯彻和执行。社区自治组织可以帮助政府有关部门把国家法律、政策的基本原则和精神落实到社区居民，使居民了解、接受并能自觉地遵守，从而为国家各项法律和政策的顺利贯彻执行打下坚实的基础，对国家政治和社会的良性发展起到保护作用。最后是社区的政治参与和政治表达功能。我国人民是国家的主人，享有宪法和法律赋予的参与国家和社会管理的权利。随着单位制度的结束和“后单位制”时代的到来，单位的大量政治和社会功能转移到了社区，“单位人”回归为“社区人”，城市居民政治权利的实现方式也随之发生了改变，社区成为居民实现各项政治权利的场所。城市社区对较好地满足居民需要，扩大就业，实现“小政府、大社会”的管理格局，充分发掘和利用社区政治资源等起着重要作用。城市社区的政治功能不是空的，要体现在社区的各项具体工作中，体现在社区建设、社区思想政治工作、社区群众工作、社区精神文明建设中，体现在为群众的服务中。

第二，服务功能。在现代城市中，社区具备许多功能，而这些功能的发挥主要是通过社区服务这条途径来实现的。服务是社区最主要的功能，社区服务是社区建设的重要内容和基础性工作。社区是处于城市政府和居民之间的中间层次，居民生活在社区中，所以社区就成为政府联系社区居民的主要载体，通过服务社区架起了一座联系的桥梁。城市的社区服务大致包括这样两种形式：一种是政府服务于社区，它包括对社区的宏观指导、规划，建设资金的投入和各种福利的服务，它的终极目标是居民公众，但必须通过社区这个中介。另一种是社区内部服务，它包括人际相互服务和社区为居民提供的服务。

政府为社区服务首先需通过社区组织了解社区的情况和居民的需求，这样才能及时地解决与人民群众生活有关的各种问题。一个现代城市管理将来要实现“小政府、大社区、大服务”的模式。政府在转变职能的同时管理重心开始下移，通过对社区的服务，一方面可以加强政府与市民的联系，另一方面市民也可以通过社区来表达自己的意愿，对政府行为提出建议和实施监督。

社区内的服务活动是加强社区居民之间联系的又一主要任务。社区内的居民和组织既是社区建设的主体又是服务的对象，这种人际相互服务体现了社区的互动性。社区服务的目的是提高社区居民的生活质量，增进社区公共福利；社区服务的基本方式是以社区成员的自助、互助为基础，利用社区内外资源，开展各种福利性质的服务。从社区服务的内容来看，尽管大家的归纳不同，但其内容涵盖方方面面却是不争的事实。社区服务系列基本上分为：为老年人服务系列、为残疾人服务系列、拥军优属服务系列、精神病看护康复服务系列、综合治理和司法调解服务系列、便民利民服务系列、为妇女少年儿童服务系列、医疗卫生服务系列、社区文化服务系列、为各界人士服务系列等。社区通过服务为居民的生活提供各种便利条件，为驻区单位创造良好的工作环境，使他们意识到社区利益与他们的自身利益密切相连，从而达到社会整合的目的。

第三，社会保障功能。社会保障是社会（国家）通过立法采取强制手段对国民收入进行分配和再分配而形成的专门社会保障金，对基本生活发生困难的社会成员给予物质上帮助，以保证社会安定的一系列有组织的措施、制度和事业的总体。社会保障作为一种社会功能，关系到全体社会成员的切身利益并对社会的安定、经济的发展产生影响，是社会制度的集中体现。它的基本宗旨在于维持每一个社会成员所需的最基本和最低生活水平，在社会学家看来社会保障具有稳定社会的功能。目前，我国社会保障体系大致分为两个子系统：基本社会保障和补充保障。基本社会保障可分为社会保险、社会救助、优抚安置和社会福利四个部分；补充社会保障包括单位补充保障、社会互助保障和个人储蓄积累保障三个部分。这两部分共同构成了我国社会保障体系的主要内容。它们就像一张安全网，对整个社会的弱势群体给予最低生活的保障，维持着整个社会的安定与稳态运行。但是，以上社会保障体系只涵盖了法定社会保障、单位系统补充保障的社会保障内容，却忽视了现代社会保障体系中的一个重要组成部分——社区社会保障。所谓社区社会保障，是以社区为主体和载体，对受保对象进行管理服务；多渠道筹集资金，对享受了法定社会保障、单位系统补充保障后，基本生活仍发生困难的社区成员给予经济上的两次补充托底保障，以保证社区安全的一系列有组织的措施、制度和事业的总称。从定义中可知，社区社会保障是整个社会保障体系的最后一道"雄关"，它对于那些身陷生活困境而又无能为力的人们来说无疑具有至关重要的意义，是城市社会保障的最后一道"安全网"。

社区化的社会保障区别于现行体制的体制特征，是在现行社会保障制度的总目标和操作目标之下，给予社区根据自身的需要构建补充保障项目和选择操作方式的权力，推动社区自行调集配置各种资源，形成由政府、企业和非营利组织共同参与的社区合作机制，提供社会保障补充项目的供给。由于传统的单位制度在社会生活中的影响在短时期内还无法消除，体制内保障功能依然存在，因此，社区的社会保障功能相应地分为体制内保障功能和体制外保障功能两个部分。体制内保障功能是指社区协助政府为社区内部已经进入社会保障体制的居民如离退休人员等提供各种服务的功能。就本质而言，这是国家社会保障体制向社区中的延伸。体制外保障功能是指社区为在国家社会保障体制之外的弱势群体提供各类服务时所具备的功能。

第四，学习功能。历史进入了新世纪，终身教育已成为社会的共识。国际21世纪教育委员会"把与生命有共同外延并已扩展到社会各个方面的这种连续性教育称之为'终身教育'"。终身教育包含了在人的一生中所经历的各种教育，作为社会的人在生命的不同时段都能获得接受教育学习知识的机会。有些城市提出了在21世纪要建设学习型的城市，而作为城市的基础社区当然必须具备这样的功能。建设学习型城市，推进"大教育"。社区的学习功能是可以大有作为的。《辞海》中称："教育是社区现象，起源于劳动，是适应传授生产劳动和社会生活经验的需要而产生、并随着社会进步而发展起来的。一定社会的教育是一定社会的生产力、生产关系和政治的反映，同时又对它们给予影响和作用。原始社会对年青一代的教育是在生产和生活实践中进行的。奴隶社会出现了独立的教育机构——学校……”很显然，学校是教育机构，并不代表着教育全部；教育也不只是在学校里，同时也在“生产和生活实践中”，在社区中。

学习型城市应当具备这样一些特点：满足不同人对教育的不同需求；教育资源向全社会开放；教育设施为全民共享；不同的时间都有学习的机会，而且学习方便环境良好。这些都离不开社区的学习功能。社区的学习功能主要表现在以下几个方面：（1）社区居民道德素质的培养功能。社区居民的素质如何，直接决定着一个社区的品位、形象，现代社区居民必须通过学习，必须具备不断学习的能力，必须具备在变化的环境中与他人相处的能力和创新能力。在从工业社会向知识社会过渡的过程中，道德教育发挥着重要的作用，而伦理准则和道德规范产生影响的主要场所在社区。例如，西方传统的宗教在社区中的扩张，随着社区中以教堂为中心的道德气氛的发散，润滑了工业经济中人群的利益摩擦，消解了经济竞争中人际的孤独，抚慰了人们物质丰富后的寂寞，从精神的层面满足了人们的寄托。（2）促进社区教育发展的功能。马克思指出，教育“不仅是提高社会生产的一种方式，而且是造就全面发展人的唯一方法”。文化教育对促进社区居民素质的提高、对促进社区风气的转变是极为重要的。马克思、恩格斯指出：“人是环境和教育的产物，而改变了的人是另一种环境和改变了的教育的产物。”但是，“环境正是由人来改变的，而教育者本人一定是受教育的”。教育对提高居民素质具有特殊的作用。社区既要依靠社区的学校、幼儿园、图书馆等途径进行文化灌输，更要注重通过社区的良好风气、文化传播去潜移默化地影响。通过社区教育，促使居民热爱自己的社区，关心自己的社区，并积极主动的建设自己的社区。社区教育是社区营造永续发展的续航力。通过社区教育，增强居民的凝聚力、把社区良好的风尚、悠久的历史传统继承下来，从而推动社区的发展。（3）终身学习的组织功能。学习作为人的生存与发展概念，将持续人的一生，成为持续的、终身的学习活动。终身学习体系作为一个社会系统，在纵向上包括少儿学习、青少年学习、成人学习和老年学习，体现人生各个阶段上下衔接、持续发展的特征；终生学习体系在横向上包括个人学习、家庭学习、学校学习、社团学习、企事业单位学习等，这些学习组织的载体构成一个学习的网络，形成一个终身学习体系。美国学者布鲁克非得（Brookfield）曾将广泛的社区教育分为三类，即为适应民众需求而办理的（Adult Education for the Community）、以社区为学习资源的（Adult Educationin the Community）、为社区发展而开办的（Adult Education of the Community）等三类社区教育。这样的社区教育体系是能够满足社区发展和居民终身学习的双层需要，如果配以社区学习的规章制度和动力机制，是可以提供和保障社区居民充分的学习权利和机会。社区通过尽可能多地调动居民的社区意识和主体性，创造社区的学习环境和条件，即开发社区教育资源和营造学习风气，促进社区主体与学习条件的交互作用，使社区居民时时处于学习氛围之中，人人处于学习组织之中，使学习成为社区居民终身的需求与乐趣。（4）人际关系疏离的弥补功能。社区学习是一种人的社会化过程，是一种人与人之间的真实情感的互动，是人际面对面的情感交流和体态语言的交流过程，在学习中体现着人类亲情和人类之爱，远程学习的所有缺陷几乎都可以在社区学习中获得弥补。

第五，文化功能。文化是城市社区人与人之间的桥梁。从文化辐射功能和影响范围的角度来看，社会文化体系分为国家民族文化、区域地方文化和城市社区文化三个层次。具有鲜明民族特色的国家文化是宏观层次的文化形式，具有浓郁地域特色的地方文化是中观层次的文化形式，具有鲜明城际特点的城市社区文化是微观层次的文化形式。社区文化是"指通行于一个社区范围之内的特定的文化现象，包括社区内的人们的信仰、价值观、行为规范、历史传统、风俗习惯、生活方式、地方语言和特定象征等。社区文化是构成社区的重要因素之一""社区文化是社区的地域特点、人口特性，以及居民长期共同的经济、社会生活的反映""社区文化实质上是地方文化的具体体现"。由此可见，社区居民的行为规范、生活方式、风俗习惯和价值信念构成了社区文化的理论内核。无论是行为规范、生活方式还是风俗习惯、价值信念都不是单个人的原子化行为所能产生的，而只能是来自于社区居民群体的长期持续互动所产生的社会关系网络中。以前，社会文化体系只明晰了宏观层次的国家民族文化和中观层次的区域地方文化，而对微观层次的城市社区文化视而不见。殊不知，城市社区文化是整个社会文化体系中极为重要的组成部分，具有基础性、群众性、广泛性和草根性的重要的地位，发挥着其他文化内容或文化要素不可替代的重要作用。社会主流文化要同社区基层文化互动、整合，才能起到引导的作用；反过来，只有实现社区文化与主流文化的认同，社区文化才能健康发展，而主流文化也获得群众参与的广泛性支撑。城市社区文化是沟通雅文化和俗文化的桥梁和纽带，是实现文化形式与内容雅俗共赏特质的重要载体和环节。城市社区的文化功能主要是指社区在传播主流思想文化和培育社区性文化过程中所具备的功能。一个社会所需要的先进思想文化一方面靠各种专门机构如学校、培训机构、大众媒体以及文化传播公司等来完成，另一方面要靠其他社会组织来完成。社区的文化功能一方面体现在社区作为国家行政体系的重要组成部分，是国家主流思想文化传播的重要渠道和阵地，这具体表现为通过在社区内开展各种主题性的宣传教育活动，大力宣传社会主流文化、抵制腐朽文化，在社会当中树立正气，凝聚社会力量，塑造新型公民。另一方面，社区通过开展大量有益的社区文化活动，间接宣传社会主流文化和大众文化，对广大居民进行思想道德教育和人文主义教育，营造一种充满温情的社会氛围，培育集体主义精神，增强社区的自豪感、归属感和凝聚力，有效消除由于社会急剧分化而形成的社会离散现象。正如安东尼·吉登斯（Anthony Giddens）所认为的那样，进行社区建设“不仅意味着重新找回已经失去的地方团结形式，它还是一种促进街道、城镇和更大范围的地方区域的社会和物质复苏的可行办法”。“社区是根、居民是本、活动是魂”，充分发挥社区的文化功能，不仅可以有效抵制各种非主流文化和不良亚文化在社区中的传播，而且对社区人文精神的形成和整个社会文化的繁荣都有极为重要的作用。

第六，经济功能。社区的经济功能主要是指社区在社会经济发展中所具备的功能。社区经济是指在特定的区域范围内，以社区居民为服务主体和组织主体的主要来源，调动社区内外一切可用资源，以灵活多样的运行机制来配置资源，以社区居民福利最大化为目标的，可进行成本与效益核算的一切活动。社区经济的发展能够最大限度地满足生活在社区中居民的工作、学习、娱乐和生活等方面多元化的需要，提高社区居民的生活质量。社区经济是城市经济和地区经济的重要组成部分，对城市和地区经济的发展有导向作用、拉动作用。社区经济是以服务业为主的经济，可以容纳大量人口就业，是社会安定的重要保证，是提高居民生活质量的重要途径。社区经济有稳定性、递升性的特点，因为居民的生活需求是长期的，并且随着社会经济和文化的发展而稳步提高。社区经济的社会效益是广泛而又巨大的，文化方面的服务可以促进市民文化生活的改善和基本素质的增强。社区的经济功能主要表现在两个方面：一是社区组织通过各种方式直接参与到本社区的经济活动当中，推动着本社区的经济发展。二是表现为社区通过政治功能、服务功能、社会保障功能和社区文化功能的充分发挥，为社区经济的发展提供一个良好的外部环境，间接地为本地区经济的发展起到推动作用。理论和实践都表明，人类的发展和经济水平的提高息息相关。社区环境的改善、社区服务的优化、社区教育的普及、社区生活质量和文明程度的提高以及“文明社区”的创建等活动都离不开社区经济的发展，都必须有相应的经济基础和财政实力。社区经济作为一种优化的资源配置方式，可将社区内互不相连的各种经济成分变为利益共同体，建立一种新的经济生产方式，从而带动社区乃至更广区域的经济发展。只有社区经济的发展，才有真正意义上的社区发展。

总之，只有功能齐全的社区，才能改善社区居民的生活质量，才能成为原有“单位体制”和“街区体制”的替代组织。

60 我们需要什么样的城市现代化

伴随现代化的飞速发展，城市空间成为人们日常生活、学习和发展的重要地理标识。对经济发展速度的盲目追求和对城市、城市空间认知的缺位，正在使城市空间成为我国现代化进程中政治、经济、文化矛盾与冲突最集中的地方。空间与人的发展的失衡，空间的过度同质化，空间的“权力”特征和对自然空间的掠夺，日益成为我国现代化进程中城市空间研究的突出问题。回归人的需要，尊重城市的本质，包容异质文化的多样性，回归城市与自然的生态平衡，将成为我国城市空间正义追问中人们对空间发展的期待。

城市现代化是现代化的组成部分。城市是现代社会的载体，是经济、政治、文化和社会现代化的物质表现，但城市现代化又不等同于一般意义上的现代化，因为城市特殊的地位与作用决定了城市现代化在国家或地区现代化进程中独特的地位和作用。区域发展的不平衡性告诉我们，现代化不可能同时在所有国家和地区、以相同速度、相同水平推进。在一个国家或地区内，城市是区域发展的中心和国民经济的主体，城市的现代化进程对整个国家或地区的现代化进程起着决定性的推动作用。城市现代化是当代城市发展的普遍追求，既是整个社会现代化进程的产物，也是社会发展进步的重要标志，在当代社会中具有重要的地位和作用。

城市作为一个生产要素集中的结点，它具备经济发展的聚积优势和规模效应，城市里的经济发展也会改变一些传统的社会结构和生活方式。因此，城市现代化与城市经济的发展关系极为密切。一般认为，城市现代化只是城市的“形式”、外表，其实不然。城市现代化主要是指城市发展的“质量”方面，而我们通常重视的仅是城市发展的“数量”方面，如国民生产总值、国民收入、财政收入达到多少等。这种理解是片面的、不完全的！城市现代化绝不只是城市物质文明现代化，同时也应是城市精神文明的现代化。我们知道，现代化的城市是由人来建设的，也是为人服务的，人是社会活动的主体，也是城市社会的主体，人的素质高低决定着城市现代化的发展水平。因此可以说，没有人的现代化就不可能有城市的现代化！

城市现代化伴随着城镇化而不断演进。城市现代化是现代化在城市这个特定空间地域上的投影，是城镇化的进一步延伸，也是城镇化发展的高级形态。我国城镇化虽然没有形成系统而完整的理论与战略模式，但是其发展的过程却表现出了本土化的某些特色："小康社会"的建设为我国城市社会的来临奠定了基础，并提出了区域社会走向现代化的模式和路径；"全面小康社会"的建设创造了现代化发展的平台，促进了以中产阶级为主体的市民社会的发生与发展；城市现代化出现了多类型的区域性的差序发展格局，局部地区的城市化和城市现代化为我们整体现代化的发展提供了样板。2015年中央城市工作会议指出：全面建成小康社会、加快实现现代化，必须抓好城市这个“火车头”，把握发展规律，推动以人为核心的新型城镇化，发挥这一扩大内需的最大潜力，有效化解各种“城市病”。城镇化是中国现代化的必由之路！目前，我国正在从整体上进入城市社会和现代化社会，而其要解决的关键问题之一是如何从现代化过程转变为具有“现代性”属性的社会。

现代化和城镇化既是两个并行不悖、独立运行的发展过程，又是一个相互影响、交叉融合的进步过程。尽管如此，但城市现代化不同于城镇化：城镇化是指人类生活方式由乡村生活方式向城市生活方式的转变，是资源在乡村和城市的均衡配置过程；而城市现代化则是指城市本身质量的提高。在城镇化建设中，大力发展绿色建筑和低碳、便捷的交通体系，推进绿色生态城区建设，提高城镇供排水、防涝、雨水收集利用、供热、供气、环境等基础设施建设水平等，在一座城市的现代化进程中都是不可或缺。比如，海绵城市——新一代城市雨洪管理概念，就是城市现代化建设中的一个缩影，是指城市在适应环境变化、应对雨水带来的自然灾害等方面具有良好“弹性”。一个城市越是现代化，历史文化越重要。城市中的历史文化遗产作为千百年来人类文化创造的精华，有其无法替代的美学韵味，是现代城市中最引人入胜的文化景观，是构建现代化城市的良好人文环境。现代化的城市既是各种文明汇集、冲突和融合的场所，是一个多元文化的熔炉；也是现代文化的传承中心，是城镇化在文化层面上推进的重要动力。如果说自然生态致力于构建环境友好型社会，文化生态致力于构建人文关怀型社会，那么建设一个环境友好型与人文关怀型相统一的社会，正是一个现代化城市的独特魅力所在。

值得注意的是，鉴于我国城市现代化是一个相当复杂的理论和实践问题，那么在推进城市现代化的实践中，我们要切忌目标上的“理想化”、理解上的“简单化”、过程中的“形式化”、结果上的“两极分化”。

61 互联互通是城市发展的关键

一镇一盛会，一网一世界。随着首届世界互联网大会（2014年11月19日至11月21日）在浙江乌镇圆满落幕，这场围绕"互联互通、共享共治"为主题展开的世界级头脑风暴，在国际互联网棋局中留下了独特的中国印记。这是迄今为止中国举办的规模最大、层次最高的互联网盛宴。"互联网是人类共同进步的希望""网络空间也应该互联互通，让信息自由并安全地流动"……不同声音均指向一个共同主题：互联互通，共享共治。"互联网日益成为创新驱动发展的先导力量，深刻改变着人们的生产生活，有力推动着社会发展""互联网真正让世界变成了地球村，让国际社会越来越成为你中有我、我中有你的命运共同体"，中国国家主席习近平这些论断道破了互联网发展的真谛。中国是全球化的后来者，也是全球化的受益者、贡献者。互联互通，奏响了中国式全球化贡献的时代最强音。

纵览人类生存发展的历史轴线，互联网的勃兴可谓倏然一瞬。然而就在这短短"一瞬"，网络已经深刻影响了我们的思维方式、行为方式，并正在积极改变着社会的组织结构、交流结构。今天，互联网进入哪一个行业，就对哪一个行业进行重塑再造；无论置身城市或辗转乡村，人们无法想象"断网"的生活。网络深蕴化腐朽为神奇的能量，重新定义了"只有想不到，没有做不到"。

早在1776年，著名经济学家亚当·斯密（Adam Smith）就写下了这样一句名言，在今天看来，它与当初发表时同样成立："良好的道路、运河和通航河道有助于降低运输费用，使一国偏远地区与城镇周边地区更接近于同一水平。因此，这是最重要的改善。"这句话来自于亚当·斯密的

《国富论》，它揭示了互联互通最关键的两项益处：一是高效、高性价比的资源流动；二是减轻一国内部以及国与国之间的不平等。互联网让世界联系得如此紧密，让任一个角落的喜怒哀乐传递给远方无数不相识的人群，也就让命运共同体的意识更加强烈。多些这样的意识，多些共同面对与共同合作，共同建设美好家园，无论网上网下，那么，互联网就一定能更好地造福人类。

随着城市数量和城市人口的不断增多，城市被赋予了前所未有的经济、政治和技术的权力，从而使城市发展在世界中心舞台起到主导作用。虽然城市在人类发展中起着越来越重要的作用，但如今城市的运行模式是否能够适应未来的发展？是否能够解决面临的挑战：低效的城市管理方式、拥堵的交通系统、难以发挥实效的城市应急系统、远不完善的环境系统、监测体系，等等。当城市面临这些实质性的挑战时，城市必须应用新的措施和能力使城市管理变得更加智能。城市必须使用新的科技去改善他们的核心系统，从而最大限度地优化和利用有限的能源。因此，城市发展也必须要有一个互联互通的视角。

互联互通是区域内城市相互联系相互合作的基础与纽带。互联互通包括实体、政府和民间的互联互通。实体的互联互通包括交通、通信、能源等基础设施，政府的互联互通包括贸易投资便利化的规则，民间的互联互通包括教育、旅游等人际交流。互联互通战略是城市建设特别是城市群建设的重要环节，它将加速区域一体化的发展进程，进而推动城际间、区域间的经济一体化建设进程。城市之间的互联互通将彻底地改变整个城市的运作方式，真正构筑互联互通城市合作网络，在互联互通中共享共治。

“我们自己就是未来的种子。”明天的互联网，究竟是阿里巴巴的宝库还是潘多拉的魔盒，取决于今日的行动。2013 年，中国互联互通平台的建设脚步逐步加快，南昌、淮安、天津、沈阳、三亚、无锡、驻马店、凯里等 27 个城市先后加入互联互通的“大家庭”，城际间互联互通的综合服务框架初现雏形。2016 年年底，我国大中型城市初步实现了公共交通一卡通的跨市域、跨交通方式使用。到 2020 年，我国将基本实现全国范围内公交一卡通互联互通，全国联网。

全面提升区域城市之间互联互通水平是实现城市经济全面、均衡、可持续增长的重要方式与途径。21 世纪是城市的世纪，“只有当城市成功的时候，整个国家才能成功”。联合国环境规划署署长伊丽莎白曾指出：“必须明确，城市的命运不仅仅决定一个国家的命运，而且还决定我们所居住的整个地球的命运。千万不要忽视城市的可持续发展，否则将把人类带到一个危险的境地。”让我们携起手来，不断深化交流合作，让互联网更好造福国民，让城市变得更加美好。

62 深化全民阅读 打造书香城市

当代社会的发展，城市化是重要标志之一。越来越多的人涌入城市定居、生活和工作——城市与人前所未有地融合于一体。在美国学者刘易斯·芒福德的经典论著中，文字和城市被视为推动人类进步的两个伟大发明，因为前者记录世事变迁的历史，后者承载柴米油盐的生活。书籍是人类无语的朋友，高尔基说过："每一本书是一级小阶梯，我每爬上一级，就更脱离畜生而上升到人类，更接近美好生活的观念，更热爱书籍。"书之于当今社会，是人类从愚昧走向文明的桥梁。"腹有诗书气自华，最是书香能致远"，读书对人气质的涵养、心智的启迪具有潜移默化的作用。培根说：读书足以怡情，足以博彩，足以长才。其怡情也，最见于独处幽居之时；其博彩也，最见于高谈阔论之中；其长才也，最见于处世判事之际。

一个有底蕴的现代社会，应该是一个阅读社会；一个有魅力的城市，应该是一个散发着书香的城市。作为一个有着悠久阅读传统的国家，中国在进入现代社会的过程中不应该忘记阅读，一个城市也同样如此。党的十八大以来，开展和推动全民阅读，连续被写入党的十八大报告、政府工作报告、"十三五"规划纲要等多个重要文件。倡导全民阅读，是关乎民族复兴、社会和谐乃至人类进步的大事。正所谓"数百年旧家无非积德，第一等好事还是读书"。特别是党和国家领导人身体力行，倡导阅读，带头阅读。习近平总书记多次谈到自己的读书爱好，认为读书"让人保持思想活力，让人得到智慧启发，让人滋养浩然之气"。习近平总书记向全党全社会发出了"中国要永远做一个学习大国""依靠学习走向未来"的号召，强调指出：“我们的党要上进，我们的国家要上进，我们的民族要上进，就必须大兴学习之风”，“要增强学习的紧迫感和自觉性，力戒浮躁，少一点应酬，多用一些时间静心读书、静心思考，使自己才不枯、智不竭。”“全民阅读”是一个历史性很强的概念。在传统社会里只有“精英阅读”，没有真正意义上的“全民阅读”。可以说，“全民阅读”是一场与传统社会迈向现代社会、传统人转变为现代人相辅相成的“阅读革命”。

国家和民族需要文化支撑，城市发展同样需要文化润养。德国诗人弗里德里希·荷尔德林有一句名言：“人，诗意地栖息在大地上。”这句话从一位哲人到另一位哲人被耐心地诠释了多年以后，德国哲学家马丁·海德格尔说：“诗意已远远不止是一种艺术追求，而成为生命的终极哲学的重要依据，是使有限的生命寻得永恒的家园。”一个有底蕴的现代社会，应该是一个阅读社会；一个有魅力的城市，应该是一个散发着书香的城市。人因阅读而高贵，城因文化而温润。市民在书香城市里诗意地栖息，文化的暖意在市民心头静静地流淌。

城市功能的生命力很大程度体现在城市的文脉上。所谓“城市文脉”，就是指一座城市的文化及文化传统——不仅仅是指当时存在的文化，还包括过去的文化。城市文脉是一座城市的气质和精神，是形成和积淀城市性格的文化基因。如果文脉断裂，城市的特色、风采和精气神也将黯淡无光。建设永恒的城市家园需要崇文向善的书香沐浴，需要绵绵不绝的城市文脉，需要启智增慧的文化熏陶，需要承继传统的文化润泽。而阅读是民族文化传承的重要手段，是城市精神发育和城市文脉传承的基本途径，是城市凝聚力和创造力的重要源泉。

文脉是城市的品牌和个性，是创造与建设现代特色城市的基础和财富。美国城市文化学家伊里尔·沙里宁有句名言：“让我看看你的城市，我就能够说出这个城市的居民。城市形象所凝聚的是独特在文化上追求的是什么。”在城市发展过程中，广泛的阅读活动能提升城市的文化品质。书香弥漫的城市才有品位，有句话说得好，“一个充盈书香的城市，才是一个富有精神气质的城市，才是一个富有创造活力的城市，才是一个富有文化魅力的城市”。全民阅读彰显城市文化自觉。我们要以阅读改造城市公共空间，培育、拓展和延伸公共阅读空间，让书成为公共元素，营造城市的阅读氛围，提升城市的文化品位，让城市到处流淌书香，让阅读无处不在，让书香浸润城市。

书籍向我们展现一个精彩的世界。古人曾说：书中自有黄金屋，书中自有颜如玉。因为书籍，使我们从无知走向成熟，从野蛮走向文明。知识是人类进步的阶梯，一个民族的兴衰与读书息息相关。书香代表城市的朝气。一个不阅读的民族是一个没有前途的民族，一座没有阅读氛围的城市也是一座没有朝气的城市。阅读对人成长的影响是巨大的，一本好书往往能改变人的一生。而一个民族的精神境界，在很大程度上取决于全民族的阅读水平。书籍能让人以五尺之躯、短短几十年光阴，驰骋于古今中外，触摸经天纬地的人类文明。书香弥漫的城市最有魅力，崇尚阅读的国家最令人敬佩。李克强总理曾指出，全民阅读“不仅会增加发展的创新力量，而且会增强社会的道德力量”。作为一个有着悠久阅读传统的国家，中国在进入现代社会的过程中不应该忘记阅读，一个城市也同样如此。我们拥有几千年的深厚历史积淀，阅读不应成为文化传承链条中断裂的一环，否则我们的集体记忆和个人记忆将无所依归。中国人“忠厚传家久，诗书继世长”的传统文化精神，理当穿越时空，完全融入当代城市生活中，让读书成为个人、家庭、社会的共有风尚；让读书获得知识，提升个人与城市品质、厚度与精神，成为全体市民的共识与追求，应是一座城市精神文明建设的重要根基。

没有书香充盈的城市，必是思想的荒芜之地。一座城市的兴衰发达，不在于有多少高楼、多宽的马路，关键在于其文化的竞争。阅读可以让一个城市充满智慧，智慧的城市才能创造出前所未有的精神财富和物质财富。阅读让城市更美丽，更加充满魅力。阅读决定市民素养和修为，塑造城市精神和气质。热爱阅读的民族必将自强于天下，热爱阅读的城市可以获得发展的不竭动力，热爱阅读的人们可以在阅读中点燃梦想实现梦想。

阅读传承文明，书香浸润人生。从某种意义上说，一座城市的文明史，就取决于我们的读书史。在万千变化的时空里，唯有书香最持久，书香最悦人，书香陶冶人，终日与书香为伴的人，他们的灵魂也必然有馨香飘出，弥漫在城市里的书香必将成为这座城市最有朝气的文化标签，而一个充满书香的城市，必然美好、向上、有生气。培育书香城市，形成全民阅读之良好风尚，将有助于一个国家走向富强，有利于打造“书香中国”。只有登高望远，行于大道，以科学理论为指引，以现代化实践为沃土，以实现中国梦为动力，我们才能在国家阅读力、创造力的竞争中赢得主动。让书香洗涤人们的心灵，提高人们的道德修养。书香，让城市变得更加美丽！只要我们团结奋斗，开拓创新，久久为功，一个人人因读书而精彩，家家因书香而幸福，城乡因书香而美丽的书香中国，就一定会展现在世人面前，焕发出中华文明复兴的夺目光彩！

63 幸福城市才是最好的城市

幸福吗？如何幸福？从古至今，人类从未停止追问。一般认为，幸福是个人在需求和欲望得到满足时产生的愉悦感。从根本上说，个人是幸福的主体，幸福应当是一种个人的主观体验。幸福是人类追求的终极价值，也是人类探讨的永恒主题。人类发展的历史，说到底，就是一部争取幸福的发展史。正如保尔·霍尔巴赫（Paul Holbach）在《自然的体系》（*System of Nature*，1770）所言，“我们的一切教育、思考和知识，都不过以怎样能获得我们的本性所不断努力追求的幸福为对象”。在人类历史的长河中，大概没有什么别的东西能像追求幸福那样燃起人们的热情。幸福是人生的最终目的，追求幸福是每个人类个体具有的天赋权力。千百年来，人们从未停止过对幸福的憧憬和追求。正因为如此，人类才显得壮美与伟大，人类也才得以在历史的长河中不断保持并弘扬作为万物之灵的崇高和荣光。

幸福是什么？幸福是有人爱，幸福是有事儿做，幸福是有梦想……近几年来，幸福成为世界的热门话题。中国人现在也要面临如何幸福的大问题了。在经济学上，人均收入 3000 ~ 5000 美元是一个分界点，在这个点之前，国民幸福感会随着 GDP 的增长而递增。我国过去 30 多年的经济腾飞，确实给我们带来了前所未有的幸福体验。但随着临界点的到来，幸福感不再跟随 GDP 的增长而同比例增长，甚至会带来幸福感的下降，转变为抛物线（倒“U”型的曲线）。

财富和幸福之间的关系与选择的问题，是每一个人、每一个家庭、每一个企业、每一个单位、每一个城市、每一个国家，以至于全人类都要思考和选择的头号大问题。人民群众的物质生活水平，是其幸福生活的基础条件。正如亚当·斯密所说：如果一个社会中的大部分成员贫穷而又悲惨，这个社会就谈不上繁荣幸福。没有必要的经济收入和财产，幸福生活就无从谈起。俗话说："钱不是万能的，但没有钱是万万不能的。"要使人民群众过上一种富足的生活，就要大力发展经济，就要转变经济增长的方式，改善民生。这与政府的发展战略直接相关，在中国尤其如此。那么，国家认为发展了，老百姓一定幸福；企业认为，有效益了，一定幸福；老百姓认为，挣了钱一定幸福。这有没有道理呢？有道理，改革之初，国民经济面临崩溃，老百姓温饱问题没解决，把发展作为硬道理，让一部分人先富起来，是完全正确的。但是如果一个国家、一个民族、一个家庭、一个人，都把占有财富作为唯一的价值目标，这个社会将是什么样呢？那就是人与自然矛盾恶化，人与人关系恶化，人与自我关系恶化。

这些年我们注意到一个"困惑"：随着一个国家的经济发展，人均收入水平也一定会越来越高，但这个国家的居民并未相应地变得越来越快乐。与此同时，如果我们去做横向比较的话，也并不是说收入水平高的国家的居民就一定更快乐。我们对财富与幸福感关系的实证考察显示，财富的增长并没有带来城市居民幸福感的同步增长，也不存在居民幸福感水平随着地区富裕程度的提高而提升的趋势。这不能不促使我们对传统经济学的这一假定进行反思。财富并不能简单地等同于幸福。当一个社会财富积累达到一定程度时，如果没有社会、文化、精神等领域的相应跟进，民众普遍的幸福感提升也不会预期而至。从社会满足民众需求的角度看，马斯洛（A.H.Maslow）的生理需求、安全需求、社交需求、尊重需求和自我实现需求五个需求层次理论可以较好地做出解释；但仅从这个角度来解释，则无疑忽略了社会精神供给和个体的自主满足及自我调整对于幸福感获得的作用。

当前，不知不觉间，一种全民焦虑的氤氲开始蔓延，从城市发酵生长，伴随着城乡劳工交流而向乡村扩散，很多人开始逃遁，寻找新生活，也有很多人硬扛着，在社会大机器流水线上支撑。自感不幸福的人越来越多，几乎每个人都处于不安全感、无归属感的忐忑中。到底是什么原因，开始让众人感觉不幸福呢？为什么现在许多人拥有更多的物质和财富，幸福感却在下降？作为城市管理者，需要看到，人们越来越重视公共环境、公共服务、社会整体文明度等这些公共幸福指数和感受，政府等公共服务者，有必要通过提升服务、改善生活、保障环境等一系列手段，让市民的幸福感更上一层楼！“建设幸福城市，提升城市幸福感”就是一个重要的抓手！

幸福城市是指在能使人们体验到幸福感的城市。城市幸福感体现的是市民对所在城市的认同感、归属感、安定感、满足感，以及外界人群的向往度、赞誉度。幸福作为一种主观感受，每个人的体会各不相同，但人人都希望找一个宜居宜业的城市安家，幸福城市反映了大多数人的民意诉求。那么，什么样的城市才是幸福城市？如何给出一个幸福城市的评定标准呢？世界杰出华商协会主席卢俊卿提出了“一二三四五幸福城市理论”：一个中心是以市民幸福为中心；两个法则即既要爱情法则，更要亲情法则；三个层次分别是物质、情感、精神三个层次；四大支柱是指政府、市民、企业和社会组织；五大标准分别是：物质有保障、环境利健康、情感有寄托、人际共和谐、社会普公平。

现在，越来越多的城市喊出了“建设幸福城市”的口号，幸福城市已经成为城市管理者的建设目标。那么，建设幸福城市的主体是谁？是不是只事关政府？建设幸福城市，政府当然责无旁贷，但是，建设幸福城市是一项涉及范围广泛的工程，而人民群众又是历史的创造者。建设幸福城市，人民群众的力量缺之不可。人人共建、人人共享，是经济社会发展的理想状态。习近平同志提出的“五大发展理念”，把共享作为发展的出发点和落脚点，指明发展价值取向，把握科学发展规律，顺应时代发展潮流，是充分体现社会主义本质和共产党宗旨、科学谋划人民福祉和国家长治久安的重要发展理念。

“治天下也，必先公，公则天下平矣。”城市不是越大越好，不是高楼越多越好，也不是 GDP 越高越好，而是越幸福越好。民生感受是幸福城市最好的诠释。“民为邦本，本固邦宁。”民生是人民幸福之基、社会和谐之本。民生连着民心、民心凝聚民力，做好保障和改善民生工作，事关群众福祉和社会和谐稳定。建设幸福城市，增进民生福祉，我们必须坚持发展为了人民、发展依靠人民、发展成果由人民共享，作出更有效的制度安排，使全体人民在共建共享发展中有更多获得感，增强发展动力，增进人民团结，朝着共同富裕方向稳步前进。

民生幸福是城市幸福感的根基。“人们来到城市是为了生活，人们居住在城市是为了生活得更美好。”我们一切工作的出发点都是为了人民，让人民群众在城市生活得更方便、更舒心、更美好。幸福是个体的主观感受。以城市为主体，建设“幸福城市”，需要首先厘清城市与个人幸福之间的关系。城市对于个体而言，一方面是个体的生活方式，另一方面又是对个人生活能够加以调节和控制的行政单位。以城市为主体，建设幸福城市，其内在含义应该是城市提供平台，让个人追求幸福。共享不只是理想，而有实实在在的内容。这就是以推进社会公平正义为前提，以推进扶贫脱贫、缩小收入差距为抓手，以推进区域、城乡基本公共服务均等化为保障，以推进共同富裕为目标。只有让发展成果公平共享，全面小康才能凝心聚力；只有让人民幸福安康，城市才能在现代化道路上稳健前行。坚持共享发展，让发展更有温度、让幸福更有质感！这是“民之所望，施政所向”。

64 共建美好城市　共享和谐发展

2016年10月31日是第三届“世界城市日”。“世界城市日”是联合国首个以城市为主题的国际日，是首个由中国政府倡议设立的国际日，它来源于上海世博会的精神遗产，以上海世博会“城市，让生活更美好”作为总主题。“世界城市日”的设立，旨在提升国际社会对世界城镇化进程的关注，推进城市可持续发展，应对气候变化挑战，促进相关国际合作，让不同国家、组织之间相互分享交流，相互学习借鉴，携手建设更加绿色、宜居、便利、和谐的城市。目前，“世界城市日”已成为国际社会宣传城市可持续发展理念、共同探讨构建宜居和谐城市、应对城市化带来的各类挑战的重要平台。

21世纪是城市的世纪！城市是人类文明进步和经济社会发展的重要平台，是各类要素资源和经济社会活动最集中、最活跃的地方。当前，全球有一半人口居住在城市，预计到2050年，全球城镇化水平将提升到70%～80%，届时会有更多的人口以城市为家。然而，在城市发展史上，从未像今天这样面对如此多的危机。人们对理想城市的认知和定义开始发生根本转变，宜居生活成为近年来全球城市面向未来的共同趋向。特别是在全球城市发展的过程中，巨型城市的数量在不断增加，发展中国家的超大型城市不断涌现，这些超大城市如何完善城市功能、优化城市治理、提升城市能级、实现更具效率、更富有包容性、更可持续的发展，将是全球城市发展领域的一项重大课题。

“共建城市，共享发展”（Sharing Inclusive Cities），这是2016年“世界城市日”的年度主题。这一年度主题揭示了实现城市可持续发展的重要路径与终极目标，同时也与第三届联合国住房与可持续发展大会公布的“新城市议程”中所强调的“包容性城市”和“包容性目标”相一致，重点关注经济包容共享、社会保障融合、民众参与城市共治等核心内容。

城市在飞速发展，人类居住环境却持续恶化，城市的无序扩张已经严重影响到人们的生活质量。绿色可以成为城市纽带，将低碳、循环和富有弹性的城市可持续发展重要内涵有机地衔接起来。通过绿色发展，努力形成总量适宜、布局合理、功能完善、景观优美、特色突出、经济节约的城市宜居宜业生态环境，让城市变得更美更宜居。

包容性城市是联合国提出的世界城市发展的新目标。所谓包容性，是指外来人不仅可获得经济物质条件的满足感，还能迅速融入当地文化，融入当地生活圈子，安居立业，获得深层次满足感。包容性城市首先意味着共享，共享经济增长的成果、共享平等的社会权利、共享均质的公共服务。包容性城市同时意味着参与，这是基于社区脉络的广泛参与，从而令发展成为包括政府、公司、社会组织和民众的共同参与而实现的社会改善和社区复兴。美好的城市生活，离不开共享，让每一个人都享有人生出彩的机会；共享要求共建，要充分调动和发挥各方面的积极性、主动性、创造性，集聚促进城市发展的正能量。

政府、社会、市民是城市建设的三大主体。无论过去还是未来，在城市发展和建设的过程中，政府始终是主导，提高各方积极性、尊重并鼓励公众更多参与城市决策和建设，则是城市发展思路的重大进步，是“以人为本”精神的重要体现。只有政府、社会、市民同心同向行动，政府有形之手、市场无形之手、市民勤劳之手同向发力，才能切实提升城市的管理和运营水平，才能真正实现美好城市的共建共享。“共建城市，共享发展”要求我们善治下的人与城市理应成为有机的和谐共生共同体，那就是“我们的城市，共同的家园”(Our City，Our Community)。

“城市是人类最伟大的发明与最美好的希望，城市的未来将决定人类的未来!”哈佛大学经济学教授爱德华·格莱泽在城市学畅销著作《城市的胜利》中的表述，如今正在中国城市发展中得以印证。回顾改革开放以来中国城市发展历程，我们看到的是一幅波澜壮阔的画卷，勤劳的中国人民用智慧和汗水铸就了城市建设的辉煌。同时我们也要认识到，中国作为一个发展中的人口大国，在城镇化过程中还面临着人口、资源、环境等方面的挑战。伴随着中国城市化进程加快发展而来的各种“城市病”，尤其需要政府、社会、市民齐心协力、共治共管。2015 年 12 月，中央城市工作会议指出，城市工作是一个系统工程，要转变城市发展方式，完善城市治理体系，提高城市治理能力，解决城市病等突出问题。2016 年 2 月，中共中央、国务院发布的《关于进一步加强城市规划建设管理工作的若干意见》，这是中央城市工作会议的配套文件，勾画了“十三五”乃至更长时期中国城市发展的“路线图”。

和谐城市与宜居生活，是当今世界城市发展的理论与实践的重大课题。创造和谐城市、宜居家园，让蓝天白云常驻城市，让花园绿地布满街头，让全体居民居有所住，让交通畅通便捷，让人们在城市中更加幸福地生活，已经是全世界的共识。和谐是中国文化的重要内涵，实现和谐的城市发展和宜居的城市生活，是中国人民孜孜以求的愿景。

因此，在充满挑战和战略机遇的全球城市发展趋势下，我们要坚持“五大发展理念”，更加重视城市的可持续发展，切实加强城市规划、建设和管理，共建共享和谐宜居、富有活力、特色纷呈的现代化美好城市。当然，构建全民共建共享的城市建设、治理、发展格局，需要政府科学谋划，转变发展模式，依靠创新转型，坚持创新发展、绿色发展、韧性发展、集约发展、和谐发展、共享发展；要扎实推进海绵城市建设，加强城市地下综合管廊建设，强化污水大气垃圾等环境综合治理，着力修复城市水生态、涵养水资源；要加强历史文化遗存和工业遗产的保护利用，留住城市记忆，彰显人文魅力，塑造城市特色；要坚持问题导向，提标文明创建，加快智慧城市建设，创新治理方式，创优管理服务，创造优良环境，提升城市管理精细化水平。城市共享发展，需要全民共建，需要全体市民共同关注、共同参与——人民城市人民管，政府要从“划桨人”变成“掌舵人”。只有政府、社会、市民同心同向行动，政府有形之手、市场无形之手、市民勤劳之手同向发力，才能切实提升城市的管理和运营水平，才能真正实现美好城市的共建共享，实现“城市，让生活更美好”的共同愿景。

也许这样，未来城市将不再“孤单”，居民可以满心享受城市共建共享时代。

致谢

感谢知识产权出版社宋云等同志，为本书的编辑和出版付出的辛勤劳动和汗水，他们的敬业精神和工作效率令人钦佩！

感谢我的父母，他们含辛茹苦把我养大，他们是老实本分的农民，他们质朴的为人处世原则教我如何踏实做人，激励我勤奋工作。

感谢我的爱人历晓琪女士和女儿陈诺，是她们给了我一片灿烂的阳光，让我有幸福的陪伴，让我的工作充满温馨和乐趣。

感谢关心和爱护我的每一位领导、同事、亲人和朋友，是他们让我感受到生活如此丰富多彩，是他们让我在平淡的工作中感受到无穷快乐和无比幸福。

感谢因对我要求严格而心存异议的每一位“对手”，是他们时刻鞭策我不断前进，并让我学会了克制和忍耐，是他们使我的理想之花激荡出壮美的浪花，也是他们使我和缓的心灵奏鸣出激扬的旋律。

陈柳钦

2017年7月